Psicoterapia de niños y adolescentes

ISABEL MARGARITA HAEUSSLER

IRENE LÉNIZ • CAROLINA BUNGE • MARINA BONFILL

PSICOTERAPIA DE NIÑOS Y ADOLESCENTES

ACTIVIDADES PARA LA PRÁCTICA CLÍNICA

Dibujos: Isabel Margarita Haeussler

Catalonia

ISABEL MARGARITA HAEUSSLER - IRENE LÉNIZ - CAROLINA BUNGE - MARINA BONFILL

PSICOTERAPIA DE NIÑOS Y ADOLESCENTES. Actividades para la práctica clínica/
Isabel Margarita Haeussler - Irene Léniz - Carolina Bunge - Marina Bonfill

Santiago de Chile: Catalonia, 2018
410 pp. 17 x 24 cm

ISBN 978-956-324-604-9

PSICOLOGÍA
Ch 155.6

Diseño de portada: Andrea Blake Rasmussen
Dibujos: Isabel Margarita Haeussler Pérez de Arce
Composición: Ximena Morales Sanhueza

Dirección editorial: Arturo Infante Reñasco

Primera edición: abril 2018
Segunda edición: diciembre 2018
Tercera edición: abril 2021

ISBN 978-956-324-604-9

Registro de Propiedad Intelectual N° A-285394

Santa Isabel 1235, Providencia
Santiago de Chile
www.catalonia.cl Twitter: @catalonialibros

Índice

Prefacio

Llegar al corazón de los niños y adolescentes que están viviendo algún sufrimiento emocional en un determinado momento de sus vidas es la llave que abre la puerta para que estén dispuestos a recibir ayuda. Pero, siendo terapeutas, ¿Cómo tocar su corazón? ¿Cómo lograr comunicarse con ellos? ¿Cómo conseguir que la relación con estos pequeños pacientes sea acogedora, gratificante y cálida? ¿Cómo crear un vínculo lúdico y de confianza? ¿Cómo conseguir que los niños se interesen por el tratamiento y progresen en él? ¿Cómo hacerlo en la práctica? Estas son preguntas que solemos escuchar una y otra vez en nuestro entorno profesional.

A través de mis cuarenta años de práctica clínica he ido diseñando herramientas de diálogo interactivo que han mostrado ser de gran utilidad para la psicoterapia infantojuvenil. Me asombra constatar el aprecio e interés que estas suscitan en muchos de nuestros colegas y en profesionales recién egresados.

Si bien existe bastante literatura en psicología infantojuvenil, faltan textos que expliciten técnicas derivadas de la práctica, que favorezcan una comunicación y motivación más efectiva con niños y jóvenes.

La metodología que aquí se presenta ha sido creada y desarrollada en el contexto de una experiencia clínica sostenida, con el objetivo de fortalecer y enriquecer la forma de hacer psicoterapia infantojuvenil. Surge de la necesidad de contar con técnicas que ayuden a establecer un buen vínculo con los pacientes y una comunicación basada en la confianza y aceptación, para de esta manera dar respuesta a sus inquietudes y dificultades, entregándoles, al mismo tiempo, un apoyo concreto que les permita aliviarse, superar su problema o cambiar su conducta.

El objetivo es proponer recursos sencillos, metafóricos, de escucha al paciente, que puedan ser utilizados en diversas circunstancias y que, al mismo tiempo, faciliten el afianzamiento del vínculo terapéutico y la promoción de cambios favorables y significativos. Estos recursos contribuyen a que el niño o joven pueda mejorar su bienestar socioemocional y lograr una mayor comprensión de sí mismo y de la vida.

La práctica me fue mostrando que para abordarse los temas y situaciones que preocupaban al niño se requería de herramientas lúdicas, simples, accesibles y fáciles de aprender y manejar.

De este modo, los pequeños pacientes me fueron llevando a construir historias o relatos con imágenes, metafóricos, con humor, que se acercaban a dichas temáticas. Poco a poco, fui observando que estos recursos, podían adaptarse a diferentes casos clínicos y los fui ocupando cada vez con mayor frecuencia, aplicándolos a la mayoría de ellos. Al mismo tiempo, los fui compartiendo con otros terapeutas y con colegas que supervisaba.

Al utilizarlos en forma sistemática, pude constatar que conformaba un programa de terapia[1], que podía erigirse como una importante ayuda para nuestros pacientes y para nosotros mismos.

Las personas que se han formado en esta metodología continúan empleándola por años y pasa a ser parte de su repertorio habitual. Tal vez esto se debe, por un lado, a que a través de procedimientos sencillos se abordan temáticas que resultan relevantes y centrales en la vida de muchas personas, y por otro, a que favorecen la interacción positiva y son bien recibidas por gran parte de los pacientes.

Este conjunto de técnicas para niños y adolescentes, que inicialmente fue denominado "Paquete Terapéutico", requería para ser publicado de un trabajo de sistematización, organización y corrección del material acumulado. Al proyecto invité a Irene Léniz y Carolina Bunge, psicólogas clínicas infantojuveniles que fueron conociendo este material en la supervisión clínica de sus casos y aplicándolo en su quehacer profesional. De hecho, desde hace bastante tiempo ellas venían insistiendo en la importancia de publicar estas técnicas y de ponerlas a disposición de otros psicoterapeutas, a causa de su riqueza, utilidad práctica y variedad. Muy luego se unió al proyecto Marina Bonfill, en ese entonces recién llegada de Barcelona, que aportó con su sólida formación psicoterapéutica cognitivo-conductual.

1 Si bien es cierto que las actividades del libro pueden ser utilizadas independientemente y en variados contextos, plantear estos temas, sesión a sesión, permite iniciar y apoyar un trabajo terapéutico sostenido con el niño o joven.

Estas tres profesionales, de manera muy comprometida, ayudaron a ordenar, sistematizar y mejorar este material terapéutico. Ellas contribuyeron significativamente al diseño y organización de la estructura del libro, a insertarlo en un contexto, a perfeccionar la forma de presentación de las actividades y a decantar lo esencial de los contenidos. También a integrar aportes de la psicología del desarrollo, las relaciones objetales y el apego, la psicología humanista, los sistemas familiares y los enfoques cognitivo-conductuales.

Irene Léniz aportó además su experiencia de varios años de aplicación de este material en terapias de grupo, en un centro de salud mental del área sur-oriente de Santiago. Su contribución, su creatividad y su gran compromiso con el proyecto durante más de tres años de arduo trabajo fueron fundamentales para que el libro pudiese, finalmente, cobrar vida y ser entregado al público.

Isabel Margarita Haeussler P. de A.

Agradecimientos

Queremos agradecer a quienes nos han acompañado en nuestra aventura, como psicólogas clínicas, de ayudar a muchos niños y a sus padres a desarrollarse más plenamente como personas. A los psicoterapeutas que utilizan estas herramientas y que nos reportan sus comentarios y sugerencias. A nuestros amigos y amigas del área de la psicología clínica y educacional con quienes compartimos las alegrías y vicisitudes de nuestra profesión y que son un gran aporte cotidiano a nuestro crecimiento académico y profesional. A nuestros padres, maridos, hijos y nietos, que saben cuánto los queremos y que nos revitalizan con su cariño, descubrimientos y observaciones, que de algún modo están presentes en las páginas de este libro. A nuestros amigos y amigas de la vida, que nos han acompañado en los buenos y en los malos momentos y que muchas veces nos han inspirado y ayudado a enriquecer nuestro trabajo. A nuestros maestros, quienes, de diversas maneras, nos motivaron a seguir el camino que hemos escogido en psicoterapia y a desarrollar una práctica clínica integradora que incluye aportes de diferentes líneas y modelos teóricos. A nuestros pacientes, que en el día a día nos enseñan a mejorar nuestras técnicas, nos entregan muchas veces contribuciones originales y significativas en el diálogo interactivo y nos estimulan a permanecer en el arte de la terapia. A los psicólogos clínicos en formación que supervisamos, pues transmitirles nuestra experiencia ha sido parte importante de la motivación para escribir este libro.

Finalmente, deseamos agradecer a todos aquellos que han hecho posible la publicación de este libro. En especial a Verónica Vergara y Editorial Catalonia por el interés y la confianza en nuestra propuesta, y por motivarnos a perseverar, sin presionarnos con el tiempo, lo que agradecemos infinitamente. A Pablo Correa, que nos entregó valiosos aportes, especialmente metodológicos, en las diferentes etapas de la elaboración del libro. A Isabel Correa, quien contribuyó tanto en aspectos técnicos como conceptuales.

A Patricia Zañartu, María Luisa Hanisch, Javiera Correa y Josefina Ihnen, psicoterapeutas, que con mucha paciencia leyeron esta obra de manera minuciosa y creativa y la enriquecieron con sus observaciones y comentarios.

Introducción

Ayudar a niños y jóvenes a sentirse mejor con ellos mismos, producir los cambios que necesitan en sus vidas y construirse como personas integradas, junto con apoyar a los padres que consultan para que se vinculen mejor con sus hijos, es un interesante y gran desafío al que los psicólogos infantojuveniles nos enfrentamos día a día. Hoy en día, estamos enmarcados en un contexto de alta prevalencia de psicopatología en la población adulta[2] e infantojuvenil. Así, por ejemplo, en Chile, un estudio epidemiológico realizado en niños y jóvenes (De la Barra et al., 2012; Vicente et al., 2012) indica una prevalencia general de 22,5%, siendo los más frecuentes el grupo de trastornos disruptivos, seguidos por los cuadros ansiosos.

Esto significa que más de un quinto de la población infantojuvenil de Chile presentaría algún problema de salud mental. Las tasas de suicidio en niños y jóvenes han aumentado en forma notoria y se están observando suicidios infantiles en edades cada vez más precoces. Un informe del Ministerio de Salud de 2013[3] revela que las tasas de suicidio de la población general han aumentado en un 22% en los últimos 10 años. Sin embargo, en el grupo etario entre 10 y 19 años de edad el aumento ha sido de un 53%. Como respuesta a lo anterior, en las últimas décadas se ha acrecentado la conciencia acerca de lo esencial que es dar atención temprana y oportuna a los problemas psicológicos de niños y adolescentes y desarrollar vínculos sanos y sólidos con los hijos. Tenemos la esperanza de que esto conduzca, en breve plazo, a implementar

2 Según datos de la Superintendencia de Salud (2015), del total de licencias médicas tramitadas en 2013 en Chile, las relacionadas con trastornos mentales o del comportamiento ocupan el segundo lugar. A su vez, de las licencias por enfermedades psiquiátricas en 2013 en Chile, el 51,7% son producto de episodios depresivos, el 22,8% por trastornos de ansiedad y el 17,8% por reacciones graves al estrés y trastornos de adaptación. Según la misma fuente, entre 2012 y 2013 las licencias por problemas de salud mental aumentaron un 26,4%.

3 Situación actual del suicidio adolescente en Chile con perspectivas de género. Ministerio de Salud de Chile, 2013.

las medidas necesarias para mejorar la calidad de vida y la salud mental de la población, lo que claramente implica dar a la infancia la atención, los recursos y la centralidad que merece.

Por otra parte, el creciente desarrollo científico en torno a las neurociencias entrega cada vez más evidencia acerca de la interacción dinámica entre las características temperamentales o constitucionales y las experiencias vividas, así como las consecuencias de esta interacción en el desarrollo y en el terreno de la psicopatología. De este modo, ha podido demostrarse que el impacto del ambiente socioemocional y el estrés sobre el sistema neurobiológico y el sistema inmune (entre otros) es de tal magnitud que puede modificar incluso la estructura del ADN. Morath et al. (2014), en sus recientes investigaciones en Alemania, han observado cómo las experiencias traumáticas vividas podrían dañar el funcionamiento genético, a través de una alteración directa sobre las hebras de ADN. Ellos señalan: "Nuestros resultados han mostrado —por primera vez *in vivo*— una asociación entre estrés traumático y alteración de las hebras de ADN" (Morath et al., 2014, p. 289).

Sin embargo, uno de los aspectos más interesantes estudiados últimamente es que la psicoterapia podría tener un efecto reparador a nivel genético, pudiendo producir recuperación de la estructura del ADN en pacientes traumatizados cuyo ADN había sido dañado. Al respecto, Morath et al. (2014, p. 295) indican que los resultados obtenidos por ellos: "También evidenciaron un impacto positivo de la psicoterapia a nivel molecular, por ejemplo, en la recuperación de la integridad de cadenas de ADN". En una línea de trabajo paralela, un amplio estudio internacional coordinado por la psiquiatra británica Susanna Roberts ha mostrado efectos positivos de la psicoterapia a nivel genético y epigenético (Roberts et al., 2015)[4]. Dichos hallazgos refuerzan la importancia, el valor y el efecto de la terapia psicológica en niveles hasta ahora insospechados. Si esto se ha demostrado en adultos, es altamente probable que también ocurra en los niños, dada la plasticidad de su sistema nervioso.

4 Roberts et al. (2015) muestran que la psicoterapia produciría cambios epigéneticos relacionados con la metilación del ADN. Es el primer estudio que demuestra que los cambios en la metilación del ADN pueden ser asociados con la respuesta a terapias psicológicas de una manera genotípicamente dependiente.

Como terapeutas[5], tenemos la gran responsabilidad de ofrecer al niño[6] o adolescente que llega a terapia la posibilidad de aprender y desarrollar recursos para encarar las dificultades que la vida le pone por delante, aliviarse y, si es posible, recanalizar, resignificar y dar otro lugar a sus angustias y temores. Es decir, tratamos de lograr que el paciente pueda convertir crisis, problemas o dolores en oportunidades de conocerse a sí mismo y descubrirse como persona única. Oportunidades que implican, para el niño o joven, crecimiento personal, desarrollo de la capacidad de plantearse preguntas y de hacer frente a temas significativos de su historia personal y que lo interpelan como ser humano. Esto, en un clima de intimidad y en un espacio protegido y seguro para él.

La psicoterapia infantil, como toda terapia, tiene mucho de arte, una apreciable dosis de experiencia y una buena cantidad de conocimientos y técnicas. No basta haber estudiado en profundidad la psicología evolutiva, ni a los grandes maestros, ni conocer numerosas investigaciones sobre los temas que nos interesan; necesitamos también saber cómo hacerlo, cómo acercarnos al paciente y cómo ir construyendo con él un vínculo que facilite el cambio. En nuestra especialidad hay poco material en cuanto a técnicas y metodologías cuyo uso y aplicación frecuente haya sido ratificado con mejoras a nivel clínico y que, además, resulten atractivas para pacientes infantiles y adolescentes.

Como lo señalamos en el prefacio, este libro nace de la experiencia acumulada en casi cuarenta años de psicoterapia con más de tres mil pacientes, niños y adolescentes. Está dirigido a psicoterapeutas y psicólogos clínicos infantojuveniles que quieran ampliar, diversificar y complementar su repertorio de herramientas y sus intervenciones profesionales. Los recursos propuestos permitirán a los profesionales disponer de métodos concretos para trabajar con sus pacientes, orientar sus aplicaciones y respaldarlos en el curso de la terapia.

Las herramientas que presentamos contribuyen al tratamiento de los trastornos más frecuentes en la clínica infantojuvenil, como son los trastornos depresivos y ansiosos, trastornos socioemocionales y conductuales ligados al síndrome de déficit atencional e hiperactividad, trastornos regulatorios de la infancia, trastornos reactivos a experiencias traumáticas, trastornos psicosomáticos y cuadros

5 "El terapeuta": con este término nos referimos tanto a terapeutas mujeres como hombres.

6 "El niño": con este término designamos en forma genérica tanto a niños como a niñas, tal como aparece en diversos textos sobre psicología del desarrollo, para evitar repetir en cada momento "el niño o la niña".

de estrés, entre otros. También muestran su valor en muchos otros problemas que no constituyen un trastorno psicopatológico propiamente tal, como son las reacciones de adaptación a situaciones específicas, dificultades relacionales, de celos o de rivalidad fraterna o incluso estrés frente a la situación escolar.

El libro apunta a la práctica clínica, a contribuir a la mejoría de la salud mental de niños y adolescentes. No tiene como propósito orientar en la clasificación o el tratamiento específico de distintos trastornos o cuadros psicopatológicos, ni tampoco abordar la discusión o los aportes de diferentes orientaciones teóricas a la terapia infantojuvenil. El empleo continuado de las técnicas que se detallan más adelante nos ha permitido constatar que estas facilitan el contacto y la relación con los pacientes. Hemos observado que los niños recuerdan positivamente las actividades propuestas y sus correspondientes imágenes, incluso después de varios años de realizarlas. Esto nos ha llevado a organizarlas, escribirlas y entregarlas para su uso dentro de la comunidad terapéutica.

A continuación, nos referiremos a la estructura de las secciones de este texto.

En primer término, presentamos el marco de referencia que explica el contexto en el cual se sitúan las herramientas terapéuticas. Abordamos nuestra concepción de la terapia como un espacio de juego y de sanación y definimos el rol del terapeuta dentro de este espacio. Planteamos la importancia de aplicar dichas herramientas dentro de un clima emocional de seguridad y confianza, previo establecimiento de un buen vínculo con el paciente. Explicitamos el rol del diálogo y del soporte visual en la terapia, el trabajo con los padres, así como la perspectiva psicológica en la que nos ubicamos. Por último, delineamos nuestra forma de concebir el proceso de evaluación diagnóstica del niño o joven y la entrega de resultados y esbozamos el trabajo terapéutico posterior a este proceso.

Luego, hacemos una presentación general de los recursos clínicos propuestos. Los agrupamos en algunas categorías, los describimos brevemente e indicamos sus objetivos terapéuticos. También incorporamos consideraciones clínicas para el terapeuta y sugerencias y recomendaciones prácticas para el desarrollo de las actividades.

La siguiente sección contiene lo medular del libro: los recursos terapéuticos que hemos desarrollado y probado en nuestro quehacer profesional. Ellos consisten en actividades centradas en temas terapéuticos diversos. En esta parte exponemos, en primer lugar, algunas actividades que ayudan al niño a familiarizarse con la terapia y desarrollar un lenguaje emocional. Después, sugerimos algunas técnicas para promover la expresión libre y disminuir la inhibición en pacientes inseguros o tímidos. Más adelante, nos referimos a aquellas actividades que permiten aproximarse a emociones básicas importantes de reconocer, manifestar y regular, tales como el enojo y el miedo, así como otras que permiten abordar sentimientos más complejos, como la ambivalencia hacia las principales figuras de afecto.

Continuamos con el tema de la necesidad de la independencia y autonomía para niños y jóvenes. Enseguida, entregamos actividades relacionadas con la vida escolar, tanto en cuanto al rendimiento y expectativas de logro, resolución de problemas y peso de las exigencias escolares como con respecto a las relaciones interpersonales y a los diferentes roles desempeñados por el niño frente a los pares, los educadores y la familia en general. Después, detallamos el enfrentamiento de desafíos y problemáticas frecuentes en el contexto familiar, como los celos entre hermanos, el embarazo de la madre, la idealización de los padres o la mentira.

Luego, incorporamos algunas actividades destinadas a fomentar en el niño el desarrollo de la flexibilidad mental, guiándolo a que afronte la realidad de forma holística y la analice desde varias perspectivas.

Más adelante, ofrecemos herramientas que apuntan al desarrollo del autoconocimiento, la autovaloración, la identidad y la integración personal. Finalmente, proponemos actividades que apoyan la elaboración de situaciones dolorosas o difíciles de vivir. Así, abordamos el tema de la separación de los padres y también el de la muerte de un ser querido.

Cada actividad se consigna en forma independiente. Ella incluye una breve introducción explicativa o teórica sobre el tema, seguida de los objetivos que se persiguen. Después, en el procedimiento, se explicita la metodología para poder desarrollarla de manera clara y precisa. Esta comprende un soporte gráfico, constituido por dibujos y esquemas, y en muchas ocasiones una actividad complementaria que la refuerza.

I. Marco de referencia de las herramientas terapéuticas

La infancia es una etapa de la vida que marca al ser humano y constituye un referente al cual se retorna incesantemente. Las experiencias de la infancia se quedan en nosotros y pueden transformarse en recursos y recuerdos positivos, pero también en dolores y angustias que vuelven de alguna manera en diferentes momentos a lo largo de la existencia.

Desarrollarse como un ser humano único y particular, independiente y autónomo, capaz de regular sus emociones y de establecer relaciones interpersonales adecuadas, construyendo una identidad propia en conexión con las propias emociones, junto con insertarse y descubrir activamente el mundo que lo rodea, son tareas fundamentales de la etapa de la infancia y adolescencia. Es un proceso largo y complejo, en el cual el niño recibe, acoge y adopta lo que le entregan las personas significativas y la familia, pero también, al mismo tiempo, se va diferenciando de sus figuras cercanas y construyendo su propio camino. En su contacto e interacción con su entorno, se va enriqueciendo como persona y se apropia de experiencias que se constituyen en su propio bagaje para enfrentar el mundo.

Sin embargo, en ocasiones, durante este período pueden presentarse dificultades que interfieren en el curso normal del desarrollo y la posibilidad de lograr las habilidades esperadas y necesarias en cada área. Estas pueden incluir dificultades para adaptarse a situaciones propias del ciclo vital como el nacimiento de un hermano, problemas de origen biológico como un trastorno del lenguaje, o variedad de experiencias traumáticas.

Dada la plasticidad del niño en este período evolutivo y teniendo en cuenta, además, su alta capacidad de recuperación, resulta muy relevante para los profesionales disponer de recursos terapéuticos originados en la práctica clínica, para su labor con niños y jóvenes.

Estos son recursos que contribuyen a trabajar en terapia con los niños que la requieran, para que puedan alcanzar una mejor expresión, conexión y regulación emocional, organizarse internamente, desarrollar una identidad sana e integrada, establecer relaciones interpersonales adecuadas e instalarse en forma confortable en el mundo en que les tocará vivir.

A continuación, presentamos el contexto en el que se han desarrollado las herramientas terapéuticas que hemos creado a lo largo de nuestra experiencia clínica.

1. El espacio terapéutico y la importancia del vínculo paciente-terapeuta

Entendemos el espacio terapéutico como un espacio interpersonal de sanación, que se instituye en una experiencia enriquecedora y gratificante[7]. En él podemos encontrar momentos de juego, creación, aprendizaje, humor, movimiento, expresión, relajación, entre otros. Así, habrá ocasiones en que el niño recree una función de títeres, otras en que ocupe la bandeja o la caja de arena[8], otras en que pinte o cree objetos con plasticina, otras en que junto al terapeuta invente un cuento o aborde lúdicamente, a través de dibujos, algunos temas relacionados con sus dificultades. En este espacio sanador, Bourquin (2011) señala que el terapeuta no hace el cambio, sino que el cambio sucede.

Lo determinante es que para el niño es su espacio: un lugar significativo, donde se siente protegido, donde puede mirar las cosas que le suceden desde diferentes ángulos, donde puede conectarse con sus sentimientos y apreciar los aspectos positivos que están en él. En lenguaje de Thich Nhat Hanh (2000, p. 59), sería un espacio donde el niño puede "regar los granos de alegría que ya están en él".

Importa que este espacio sea vivido por el niño como una instancia grata y aportadora, aunque a veces haya momentos difíciles. Como terapeutas, tenemos

7 Tanto es así que las experiencias vividas en este contexto pueden llegar a modificar la estructura del ADN, según lo concluyen recientes investigaciones a las cuales nos referimos en la introducción (Morath et al., 2014), siendo incluso altamente probable que esto se traduzca en cambios a nivel estructural en el cerebro.

8 Bandeja o caja de arena: técnica de psicoterapia expresiva y proyectiva con base en la psicología jungiana. Utiliza arena y miniaturas, entre otros, que permiten al paciente desplazar y procesar aspectos intra e interpersonales (Homeyer y Sweeney, 2011).

la preocupación explícita de que el niño no se sienta presionado o llevado a poner en palabras lo que no quiera, no sepa o no pueda enfrentar.

El contexto terapéutico es un lugar privilegiado para observar y estar atentos a lo que el niño está mostrando en sus diversas manifestaciones. En cada cosa que él realiza, él nos está revelando algo acerca de sí mismo, de su identidad: lo que siente, cómo percibe el mundo, quién es él, cuál es su historia (Haeussler, 2015). Puesto que, como indica Boltanski (Biel, 2006, p. 49): "Los seres humanos contamos nuestra propia historia una y otra vez".

Con un tono de voz que a veces puede ser lento y pausado, a veces tierno y cariñoso, invitamos al niño a introducirse en su mundo interno, a preguntarse, a tener curiosidad por lo que ocurre en su vida. Nosotros acompañamos este transcurso de manera libre y poco crítica, aceptando que los avances y retrocesos son parte del proceso. Acogemos la aparición de diferentes estados de ánimo y las diversas temáticas que van emergiendo, haciendo uso del juego y el humor, en complicidad con el niño.

Se va conformando entonces una atmósfera terapéutica, que es diferente a lo que el paciente vive en su cotidianeidad. En esa atmósfera se pueden abordar temas que no se tocan fuera del espacio terapéutico: se llega a una profundidad particular, difícil de reproducir en otros contextos, específica con respecto a ese lugar, ese entorno, esas condiciones y a través de ese vínculo.

La terapia es un espacio donde, eventualmente, el niño puede contemplar sus heridas o dolores presentes o pasados, al compartirlos, expresarlos a su manera y dejarlos ser, aceptando su existencia, para poder sentirse así aliviado, sin peso, sin tensiones en el cuerpo y con paz en el alma. En definitiva, resulta mejor que tales dolores no aparezcan en forma reiterada en la vida, sino que ocupen algún lugar conocido dentro de cada uno. Al respecto Bourquin (2011, p.150) afirma:

> Quien no quiere saber de su pasado está condenado a vivirlo otra vez. Lo pasado le alcanza de nuevo. Una y otra vez, pone en escena sus historias no resueltas, que siguen influyendo en él como imágenes interiores hasta que, por una vez, las contemple con lucidez. Las experiencias negativas no desaparecen, pero pueden encontrar un lugar adecuado en nosotros.

Para el niño, el expresar en forma simbólica esas experiencias en la terapia, a través del dibujo, del juego o de otra manera, constituye un gran alivio. Representa la posibilidad de sanarse de sus heridas y de integrarlas a sí mismo. Le ayuda a ordenarse, a observar de otra forma lo vivido, a resignificar su experiencia, y, al mismo tiempo, se siente validado emocionalmente. Es decir, la terapia puede erigirse como un espacio reparador.

El espacio terapéutico provee al niño que está en dificultad la posibilidad de establecer un vínculo afectivo sano, que le servirá de modelo para establecer otros lazos en el futuro. A través de la relación de proximidad y confianza que se construye con el terapeuta, el paciente que no había desarrollado lazos suficientes en su historia personal tiene la oportunidad de aprender a vincularse en forma sana y genuina (Cyrulnik, 2003).

Allí el niño tiene la posibilidad de abordar el mundo interno propio, de descubrirse como un ser involucrado afectivamente y dejar de ser un desconocido para sí mismo. En dicha instancia puede sentirse visto[9], reconocido, escuchado, leído por un otro cercano o significativo, con una mirada empática que le da existencia, lo que es muy importante para la construcción de la consciencia de sí. Cyrulnik (2003) destaca que una persona para sanarse necesita sentirse acompañada y vista por otro[10]. Incluso este mismo autor señala, en su autobiografía *Sálvate, la vida te espera* (2013), que muchas personas resilientes como él, dada su historia, hubiesen deseado ser vistos y, sobre todo, haber tenido oportunidades de expresar sus dolores y experiencias, sintiendo una acogida cálida y protectora.

Entre el paciente y el terapeuta se produce una relación de complicidad que favorece el desarrollo de un lenguaje emocional común, lo cual es facilitado por el tipo de temas y de metáforas con las cuales trabajamos. Esto se traduce luego en sesión, por ejemplo, cuando un niño, aludiendo a una actividad terapéutica incluida en este libro, nos señala que estuvo con "los anteojos negros" un día en que todo le resultó mal y no pudo rescatar cosas positivas. Ambos, paciente y terapeuta, saben de qué están hablando, en una complicidad lúdica.

---

9 En clínica infantojuvenil se suele dar atención a niños que se sienten poco vistos y comprendidos por sus figuras más significativas y, además, poco considerados en sus necesidades de intimidad, respeto y privacidad al interior de su familia.

10 Al respecto Irvin Yalom (2008), el connotado psicoterapeuta norteamericano, en relación con los vínculos afectivos, afirma que la invisibilidad implica para el niño una gran inseguridad, que lo marcará en forma negativa y probablemente lo hará sufrir en el transcurso de su vida.

La confidencialidad prima en este lugar. El niño necesita sentir y saber que puede confiar en su terapeuta y que lo que él produce en sus sesiones está protegido por el secreto profesional y que nada de lo que él materialice o diga va a ser exhibido ni comunicado a sus padres. Es evidente que, si el paciente lo desea, puede contar lo que él quiere y si su integridad física o psíquica se ven en peligro se adoptarán las medidas pertinentes y se comunicará a quien corresponda.

La terapia se erige para el niño en un espacio protegido donde el vínculo o la alianza terapéutica es fundamental. Allí él puede jugar y trabajar en un clima de seguridad, confianza y calidez emocional, relajado y acogedor, donde se siente valorado, tomado en serio y confirmado en sus vivencias.

Sabiendo que las relaciones interpersonales pueden modelar el funcionamiento cerebral (Schore, 2003; Siegel, 2007) y que son esenciales en la regulación de las emociones y en la construcción de la identidad, podemos estimar lo importante que es para el niño que está en terapia el vínculo con su terapeuta.

En este espacio se produce un encuentro entre dos personas: el paciente y el terapeuta. Coincidimos con Sandor Ferenczi, quien ya en 1932 en su diario clínico decía: "Sin simpatía no hay curación", para indicar la importancia del vínculo de cercanía y fluidez en la relación paciente-terapeuta. Ferenczi (1997) estima que la terapia es trato humano, presupone simpatía y reciprocidad en la relación con el paciente.

Goldstein y Myers (1986) definen una alianza positiva como aquella que muestra sentimientos de agrado, respeto y confianza por parte del paciente hacia el terapeuta, combinados con sentimientos similares de este hacia aquel.

La literatura señala que una sólida alianza terapéutica es indispensable en el buen resultado de un tratamiento psicológico (Ardito y Rabellino, 2011; Frank y Gunderson, 1990; Horvath y Marx, 1991; Safran y Muran, 2005; Santibáñez et al., 2008; Wolfe y Goldfried, 1988).

Lambert y Barley (2001, p. 359) destacan: "Los terapeutas debemos tener en cuenta que el desarrollo y mantención de la relación terapéutica es un componente curativo primario en la psicoterapia, y que esa relación provee el contexto necesario donde las técnicas específicas ejercen sus influencias". Otros estudios revelan que la alianza terapéutica es un predictor de resultados positivos y contribuye en forma sustancial a lograrlos (Arnow et al., 2013; Corbella y Botella, 2003; Falkeström, Grabström y Holmqvist, 2013; Horvath y Bedi, 2002; Keijsers, Schaap y Hoogduin, 2000; Norcross, 2002).

Estudios como los de Horvath y Symons (1991) y los de Lambert y Barley (2001) señalan que el vínculo paciente-terapeuta es el factor que más pesa en el éxito de una terapia y que está por sobre cualquier factor técnico. Gaston, Marmar, Thomson y Gallager (1991) indican que la alianza terapéutica explica hasta entre el 36% y el 57% de la varianza del resultado final de la terapia.

Asimismo, en un metaanálisis donde se revisan estudios que utilizan diferentes instrumentos y que disponen de marcos teóricos y modelos terapéuticos muy diversos, Horvath y Luborsky (1993) concluyen que los dos principales aspectos de la alianza son el apego o cercanía personal terapeuta-paciente y la colaboración y compromiso de ambos con el proceso. Estudios posteriores, como los realizados por Castonguay (2000), Lambert y Okiishi (1997) y Wampold et al. (1997), confirman lo anterior.

En una revisión sobre el impacto de la relación interpersonal paciente-terapeuta en los resultados de terapias cognitivo-conductuales, Keijsers, Schaap y Hoogduin (2000) identifican conductas del paciente o del terapeuta que tienen importantes efectos en los logros del tratamiento. Determinan que las dos variables más significativas son: la alianza terapéutica y "la actitud rogeriana" de empatía, calidez, aceptación incondicional, mirada positiva y autenticidad del clínico.

Otros metaanálisis (Karver, Handelsman, Field y Bickman, 2006; Martin, Garske y Davis, 2000; Shirk y Karver, 2003) han confirmado que la calidad del vínculo terapéutico es lo más importante en el éxito de la terapia y que una buena alianza terapéutica se asocia a resultados positivos en el tratamiento. Además, indican que la calidad de la alianza es más predictiva de resultados positivos que el tipo de intervención. Lo mismo apuntan Castonguay y Bleuter (2006), para quienes los factores que facilitan el desarrollo de las relaciones terapéuticas son los que más contribuyen a la efectividad del trabajo terapéutico.

En síntesis, la abundante investigación sobre el tema coincide en mostrar que la calidad del vínculo terapéutico es la variable integrativa esencial de una terapia. Más aún, la calidad de la alianza paciente-terapeuta es un predictor consistente de logros o resultados clínicos positivos, independiente de los enfoques teóricos y de las mediciones de logros o de resultados.

2. El rol del terapeuta

Es importante que, en el tratamiento, el terapeuta pueda ayudar al niño a acercarse a su propia verdad, es decir, conducirlo a mirarse y reconocerse sin temor, reconocer, expresar, conectarse con sus emociones[11], regularlas, ser coherente consigo mismo y desarrollarse como una persona auténtica e integrada. El mirarse implica para el niño comenzar a saber quién es, conocerse, elaborar su propia narrativa y perder el miedo a mostrarse tal cual es. Pero también requiere aprender a vivir en el presente, entender dónde está situado y hacerse cargo de su vida, sus emociones, sus acciones, su visión del mundo y de lo que quiere ser y lograr. Es evidente que el proceso de construirse a sí mismo, reconocer las heridas y ampliar la propia percepción es un proceso que dura toda la vida. La terapia ayuda al niño a iniciarse en este camino y permanecer en él.

Instamos a los niños a conocer sus emociones y contactarse con ellas, sin temor a juicios y a críticas. Los invitamos a normalizar sus emociones, a permitirse sentir lo que sienten para que, desde este reconocimiento y conexión, puedan ir aceptándolas y regulándolas[12]. En cada uno de los temas que tocamos en este libro, el niño, con ayuda del terapeuta, va sintiendo y dándose cuenta de que lo que le pasa puede ser puesto en palabras y, de esta manera, ordenado. Lo anterior le va proporcionando paulatinamente un sentimiento de tranquilidad y paz. En términos de Winnicott (1965, 1996), la terapia brinda al niño la oportunidad de "sentirse sentido", es decir, estar en sintonía con el terapeuta. Este se alinea con las emociones del niño, las reconoce y acoge.

11 Es tan importante reconocer, expresar y regular emociones que Fonagy y Target (2002) afirman que, en cierto sentido, se podría considerar al proceso de desarrollo infantil como un proceso de acrecentamiento en la capacidad de autorregular las emociones. Schore (2000), por su parte, indica que experiencias negativas o traumáticas en las relaciones de apego tempranas se traducen más adelante en dificultades con respecto a la regulación emocional.

12 Muchas de las complicaciones afectivas e interpersonales que se presentan en la edad adulta —tales como ansiedad, depresión, inseguridad, impulsividad— tienen su origen en dificultades en la regulación emocional, base en la cual con frecuencia suele haber factores biológicos. Tanto es así que más del 75% de los diagnósticos propuestos en el DSM-4 están caracterizados por dificultades en esta regulación (Gross y Werner, 2009). El actual DSM-5 mantiene este mismo porcentaje en sus diagnósticos e incluso agrega una nueva categoría dentro de los trastornos del ánimo: *Trastorno de desregulación disruptiva del estado del ánimo*, que incorpora como característica esencial una desregulación emocional severa, expresada a través de graves accesos de cólera (rabietas, pataletas, etc.), no correspondientes con la etapa del desarrollo.

Carl Rogers (1972, p. 66) en su libro *El proceso de convertirse en persona* refiere:

> En terapia las personas aprenden a escucharse y también a aceptarse. Al expresar sus aspectos antes ocultos, la persona descubre que el terapeuta tiene un respeto positivo e incondicional hacia él y sus sentimientos. Lentamente comienza a asumir la misma actitud hacia sí mismo, aceptándose tal como es, y por consiguiente se apresta a emprender el proceso de llegar a ser.

Este proceso está en estrecha relación con la construcción de una sana autoestima.

Como terapeutas, actuamos como facilitadores de la palabra. Proveemos al niño de palabras que lo ayudan a conectar con lo que está sintiendo. Ya en 1920, Vigostsky (1989) señalaba que la comunicación que establecemos con otros significativos va a formar en definitiva quiénes seremos. Podemos sostener que la narrativa de nuestra vida será construida en base a las interacciones que vayamos experimentando en nuestra cotidianeidad (Siegel y Hartzell, 2004). En este sentido, el rol del terapeuta como facilitador en esta construcción es crucial, porque genera un puente entre el niño y la palabra.

En la terapia debemos ayudar al niño a aceptar los acontecimientos que van sucediendo a lo largo de su ciclo vital. Los seres humanos tendemos a evitar conectarnos con el dolor y con lo que nos resulta difícil. Por eso, no queremos recordar los sucesos que nos han herido en lo profundo, ya que acordarse de ellos es como revivir la experiencia traumática. Peter Bourquin (2011, p. 140) destaca:

> La forma más eficaz de huir del dolor es disociarse, que es separarse interiormente de sí mismo. Entonces uno no siente su parte dolida. Este mecanismo puede ser adaptativo en una situación determinada; el problema es que, a menudo, la disociación se mantiene, aunque ya haya pasado el momento difícil. Es como si las partes de la persona no se integraran de nuevo y quedaran aisladas, volviéndose ella, de alguna forma, ausente.

En este estado, dice el autor que se pierde el contacto con los sentimientos y las auténticas necesidades y, por tanto, también con las personas que tenemos cerca.

En consecuencia, el reconocimiento y la aceptación de dichos acontecimientos es una parte esencial del proceso terapéutico, cuando han existido experiencias dolorosas. En el contacto y la aceptación de la realidad se accede a experimentar los verdaderos sentimientos y a comprenderse a sí mismo en profundidad.

Thich Nhat Hanh (2000) señala que es necesario no ignorar el sufrimiento, puesto que este ayuda a crecer, a liberarse y a alcanzar paz y alegría, pero que tampoco hay que encerrarse en él, puesto que así dejamos de apreciar las maravillas de la vida. Como psicoterapeutas infantojuveniles debemos procurar este contacto con las emociones más profundas en nuestros pacientes, apoyándolos en su proceso de conexión, que les ayudará a reconocerse, aceptarse, sentirse seguros, empoderarse, tomar el control y poder construirse a sí mismos como personas integradas.

Nuestro rol es mostrar al niño un mundo abierto y lleno de posibilidades para desarrollarse y ser, pero también, cuando sea el caso, indicarle vías para que pueda aceptar la vida que le tocó, no pelearse con ella, acogerla como es y como ha sido y asumir la responsabilidad de sí mismo. Para que este proceso ocurra, el niño necesita asumir y aceptar como propias todas las cosas que le ocurren, aun las menos agradables. Todo aquello que niega o rechaza lo puede llevar a separarse de la realidad y a identificarse con una personalidad pequeña y limitada (Bourquin, 2011).

Intentamos dialogar acerca de lo que nos sucede a todos: "A todas las personas nos pasa que". Podemos conversar de un problema con el paciente, por ejemplo, de los miedos del niño o joven, pero no hablamos de "tu problema", ni de "el miedo que tú tienes". Cuando exteriorizamos el problema, el paciente no se siente cuestionado directamente, pues se percata de que el objeto de análisis va a ser "el problema" y no él. Deja de sentirse acusado o señalado, su actitud se modifica y por lo general participa con entusiasmo en la conversación o actividad. Entonces, como lo indican Freeman, Epton y Lobovitz (2001), el niño o joven puede reconocer que lo que ocurre es que "el problema" lo deprime a él y a otras personas y decide hablar del tema y, a veces, puede hacerlo con una franqueza sorprendente.

Nos preocupamos de que el niño sepa y sienta que él es protagonista de su proceso terapéutico y que, para el terapeuta, él tiene un lugar único y central. Necesita sentir y saber que respetamos su intimidad, que el mundo interno que nos ha mostrado es suyo y de nadie más y que ni nosotros ni nadie puede disponer de ese mundo. De esta forma, la información que entregamos a los padres es conversada previamente con el niño, explicándole que sus progenitores requieren entender el proceso que está ocurriendo, para poderlo comprender, respetar y apoyar[13].

Por otra parte, es fundamental que los niños nos sientan cercanos y confiables y que nos dirijamos a ellos con una actitud no enjuiciadora ni crítica. Pensamos que el psicólogo es como un espejo para que el niño pueda verse a sí mismo y mostrarle que es una persona digna de confianza.

En la terapia nos esforzamos por trabajar con creatividad y flexibilidad frente a los requerimientos del niño. Los terapeutas más flexibles tienen más facilidad para adaptar su estilo a las necesidades de cada paciente (Corbella y Botella, 2003). De la misma manera, intentamos ser auténticos, honestos y conectados con las emociones y los sentimientos que van surgiendo en la relación terapéutica. Procuramos trabajar en nosotros la autoconsciencia, la conexión con las propias emociones, así como el mantenimiento de la justa distancia con los pacientes.

El terapeuta debe, cual artista, ir desarrollando su propia manera de enfrentar la situación terapéutica. El estilo de este es importante en el resultado del tratamiento, como lo han destacado numerosas investigaciones. Lazarus, ya en 1971, sostenía que, con frecuencia, los pacientes atribuyen los resultados positivos en la terapia a los atributos personales del terapeuta (en Lambert y Barley, 2001). Así, varios estudios reportan que los pacientes que sienten que su terapia fue exitosa describen a sus terapeutas como cálidos, atentos, interesados, comprensivos y respetuosos (Lambert y Barley, 2001; Strupp, Fox y Lesler, 1969). Factores como su credibilidad, comprensión empática, reafirmación del paciente (dándole seguridad, comprometiéndolo en su terapia), junto con la habilidad para conectarlo con sus afectos, están fuertemente relacionados con el éxito en el tratamiento (Lambert y Barley, 2001).

Por otra parte, muchas veces el terapeuta, además de su actividad clínica, necesita flexibilidad para desempeñar otras funciones vinculadas a su labor con niños y adolescentes y sus padres. Así, por ejemplo, puede efectuar una tarea de coordinación interdisciplinaria entre los diferentes profesionales que componen el equipo que da apoyo al niño, como los profesores del colegio, psicopedagogo, psiquiatra infantil, neurólogo, terapeuta ocupacional,

13 Salvo, como lo indicamos con anterioridad, cuando su integridad física o psíquica estén en peligro.

fonoaudiólogo, entre otros. Puede también asesorar al colegio al cual asiste su paciente, para analizar y decidir en conjunto las formas de apoyarlo durante su permanencia en el establecimiento. Igualmente, puede realizar asesorías o capacitaciones de diversa índole a distintos profesionales, profesores o padres de familia, entre otros.

Finalmente, merece destacarse que para que el psicólogo clínico pueda llevar a cabo múltiples tareas y reafirmar su rol terapéutico debe preocuparse de su autocuidado. Cada día hay mayor conciencia del desgaste emocional que enfrentan los profesionales de ayuda (Morales, Pérez y Menares 2003), y va quedando claro que para que un profesional pueda asistir a otros debe ayudarse primero a sí mismo (Radey y Figley, 2007). Esto lo puede lograr, por ejemplo, acudiendo como paciente a psicoterapia (Durruty, 2005; Pearlman y Saakvitne, 1995). El autocuidado es considerado uno de los factores principales para aumentar los afectos positivos y los recursos físicos, intelectuales y sociales del psicólogo clínico (Radey y Figley, 2007).

Además, para el psicólogo clínico es vital no solo realizar su propio trabajo terapéutico, sino también supervisar sus casos (Aguilar, 1996), trabajar en equipo y en conjunto con otros colegas (Rosenbloom, Pratt y Pearlman, 1999) y mantenerse al día en sus conocimientos.

3. Diálogo y representación visual

En la psicoterapia con niños, a diferencia del trabajo con adultos, la sola comunicación verbal resulta insuficiente y poco adecuada para establecer un vínculo empático que permita que el proceso terapéutico ocurra. En cambio, con los pacientes adultos, se asume como natural que el lenguaje sea la herramienta privilegiada (Baringoltz, 2011; Bunge, Gomar y Mandil, 2011). Es más: la mayoría de los niños no utiliza la expresión verbal como su principal modo de comunicación de sus sentimientos y emociones.

Siegel y Hartzell (2004) señalan que hasta antes de los siete años de edad en el niño habría una preponderancia de hemisferio derecho o "no verbal" sobre el hemisferio izquierdo o "verbal". Estos autores indican: "Antes que el niño entre en una etapa escolar existe una gran inmadurez del cuerpo calloso que conecta los dos hemisferios, siendo muy difícil para el niño poner palabras a lo que siente" (p. 99).

Por tanto, en el trabajo terapéutico con niños se hace necesario asociar el lenguaje con acción, juego, representación visual y experiencia.

La metodología que hemos desarrollado permite al terapeuta plantear al paciente variados temas, acercarlo a conversar y, en lo posible, establecer con él, a través de la representación, un diálogo acerca de contenidos difíciles de abordar, que pueden ser centrales en su problemática. Esto lo ayuda a aclarar ciertos conceptos, entender, procesar y expresar lo que siente o lo que sucede a su alrededor y, además, poner en palabras sus emociones, sentimientos o preocupaciones.

Dado que el juego es una actividad protagónica en la infancia y un importante medio de expresión de emociones y pensamientos, nuestra metodología es lúdica. Se trata de trabajar con el niño o adolescente en un diálogo, una conversación, un relato o cuento, simple y ordenado, que se caracteriza por tener un importante componente visual, a través de la utilización de dibujos, gráficos y esquemas. El lenguaje de las imágenes es más indirecto y proporciona más seguridad que la sola verbalización. Cuando las palabras van acompañadas de imágenes aclaradoras, tienden a ser percibidas como menos amenazantes.

Las actividades no incitan al niño o joven a explayarse verbalmente. Ellas facilitan el acceso a conversar acerca de diferentes contenidos, algunos, incluso, complejos de abordar, como la idealización de los padres, la integración de las diferentes partes de uno mismo, la separación de los padres o la muerte de un ser querido. Frente a imágenes que lo interpelan, el paciente puede consentir más fácilmente a abordar dichos contenidos. De hecho, la teoría de la codificación dual (Paivio, 1971) sostiene que los seres humanos codificamos la información tanto en formatos verbales como no verbales y, si atendemos a ambos formatos, esta es más fácil de retener y recordar.

El niño puede acompañarnos en el relato dibujando o participando verbalmente, pero también puede quedarse en silencio, atento y concentrado, escuchando lo que narramos y observando lo que vamos ejecutando a través de la representación gráfica.

Las imágenes y la explicación verbal van colaborando a clarificar y poner dentro de un esquema y un orden lógico las diferentes temáticas abordadas en el transcurso de la terapia. Este ordenamiento puede aliviar y colaborar en que dichos asuntos se vayan descomponiendo en partes, etapas o situaciones, tal como cuando se desenreda una madeja de lana. De esta forma, muchos temas complejos van perdiendo su poder ansiógeno.

Puede decirse que se trata de una terapia conversacional visual, o una terapia representacional, donde no estamos esperando que el niño se exprese a través del lenguaje, converse en forma espontánea o efectúe un relato. Queremos que nos acompañe en este diálogo, cuento o metáfora que le presentamos y que pueda acercarse y poner en imágenes, gestos gráficos o palabras lo que siente o lo que le sucede. Es conocida la fuerza y el poder de la imagen en la memoria. Este acercamiento es al modo del niño, adaptado a sus características y a sus posibilidades, de acuerdo con la etapa del desarrollo en que se encuentra.

El apoyo visual ha sido para nosotros una herramienta muy útil en el trabajo psicoterapéutico con menores. Sabemos que la imagen abre a la propia percepción. Al respecto, el artista francés Christian Boltanski (en Biel, 2006, p. 48) dice:

> Si, por ejemplo, miramos una foto de un niño en una playa, cada uno de nosotros ve un niño diferente en una playa diferente. Cada observador reacciona de acuerdo con su pasado, sus experiencias profundas, transformándolo en otra cosa. Al final, lo que nosotros vemos es siempre algo extremadamente personal.

Las representaciones visuales creadas en un entorno seguro y en presencia de un terapeuta posibilitan la contención, expresión, exploración y resolución de emociones conflictivas. Malchiodi (1998) señala que es difícil articular las emociones provenientes de situaciones difíciles, pues con frecuencia las palabras parecieran no tener una relación exacta con ellas. Es así como muchos niños y adolescentes van internalizando sus emociones, inhibiendo su expresión, lo cual les causa confusión, desesperanza, ansiedad, depresión. Por lo anterior, en la terapia infantojuvenil es muy necesario utilizar medios plásticos, no verbales, que faciliten la expresión.

La producción de imágenes se utiliza para restablecer la capacidad natural del individuo para relacionarse consigo mismo y con el mundo que lo rodea de forma satisfactoria. A través de la visualidad se puede "hablar" del conflicto sin hacerlo directamente, respetándose así el mundo interno y las defensas de los niños. El trabajo con imágenes conecta a la persona con sus propias fuerzas y recursos (Malchiodi, 1998; Marxen, 2011).

Para Naumburg (1997) la plasmación gráfica de una experiencia interna puede funcionar como soporte para una posterior elaboración verbal. Según esta autora, a muchos pacientes les resulta más fácil hablar de su mundo interno si mientras tanto dibujan, pintan, moldean o se explayan sobre sí mismos a partir de una imagen. A otros, el proceso de dibujar les sirve para desbloquearse y emprender una exploración verbal de su vida emocional.

En nuestra experiencia hemos aprendido que no solo hay que tener en cuenta lo que el niño verbaliza mientras trabaja, sino que también hay que considerar que las imágenes hablan por sí mismas. Todas sus creaciones: dibujos, esculturas y construcciones, nos dicen cosas acerca de él y le dicen a él cosas acerca de sí mismo. La imagen es terapéutica en sí, dándonos, además, información relevante para la terapia. En sí misma, la producción de representaciones visuales puede proveer al niño recursos para enfrentar, asimilar y regular lo que siente. Las imágenes se graban y su significado metafórico tiende a perderse en la memoria.

4. Perspectiva terapéutica

Partiendo del hecho de que los niños son seres en desarrollo, nos colocamos en una perspectiva evolutiva, trabajamos con nuestros pacientes basándonos en los aportes de la psicología del desarrollo y de la psicopatología, y sobre eso tomamos elementos que provienen de diferentes orientaciones dentro de la psicología.

Como psicoterapeutas nos enfocamos principalmente en ayudar al niño a avanzar en cuanto a lograr los hitos o características del proceso evolutivo infantil, que le permitan desarrollarse en forma sana, equilibrada y armónica, incluyendo tanto recursos y habilidades socioemocionales como cognitivas.

Nuestra atención se centra más en el proceso del desarrollo que en la búsqueda de una categoría diagnóstica con la cual la sintomatología del niño podría coincidir. En los inicios de la intervención, esperamos y confiamos en las capacidades de este y de su familia de evolucionar favorablemente, aprendiendo y adoptando modos más adaptativos de funcionamiento.

La psicopatología aporta el rigor en la observación clínica y la necesidad de tener en cuenta constelaciones de síntomas que ayudan a entender y abordar la problemática del niño. Así, a lo largo del tiempo, en algunas ocasiones, un diagnóstico proveniente de la psicopatología, como las categorías consensuadas del

DSM-5[14] o el CIE-11[15] de la OMS, permite a los padres una comprensión más profunda de lo que le sucede a su hijo. Por ejemplo, en el caso de un niño que no obedece, que no para de moverse en todo el día, que molesta constantemente a sus hermanos y compañeros, que pierde muchas cosas, que es muy desordenado y desorganizado, puede ser de gran ayuda para sus padres el saber que, de acuerdo al DSM-5, todas esas conductas juntas pueden ser sintomáticas de un *Trastorno por déficit de atención e hiperactividad*, y que el niño no las realiza intencionalmente. Esa categoría diagnóstica puede favorecer el entender y aceptar la conducta del niño y las medidas de manejo y apoyo que se sugieran.

Lo mismo puede suceder en el caso de un niño que está frecuentemente malhumorado, irritable, negativo, peleador con sus hermanos, impertérrito, indiferente, con ocasionales explosiones o arranques de rabia desproporcionados, entre otros. Es fundamental que sus padres tomen conciencia del diagnóstico, para así comprender mejor lo que le sucede al niño y no considerar sus conductas como un simple mal comportamiento, entendiendo que esta sintomatología puede corresponder a un tipo de trastorno depresivo infantil llamado *Trastorno de desregulación disruptiva del estado de ánimo*, de acuerdo con el DSM-5.

Además, las categorías diagnósticas facilitan la comunicación entre profesionales para dar una atención integral al menor (por ejemplo, la comunicación con el neurólogo, fonoaudiólogo u otro profesional).

Cuando utilizamos categorías diagnósticas, evitamos al máximo "etiquetar" a los niños y jóvenes, dado el dinamismo que les otorga el ser todavía seres en desarrollo.

Concebimos la terapia desde la acogida al paciente, respetando su trabajo, su ritmo, sus características, en un clima emocional que le permita avanzar poco a poco.

La nuestra es una propuesta de psicoterapia que no es interpretativa ni confrontacional. No efectuamos interpretaciones de las producciones, símbolos o conductas del niño o adolescente que observamos en su juego o trabajo. Tampoco lo confrontamos acerca de los contenidos que muestran sus trabajos, sino que establecemos con él un diálogo lúdico y representacional (a través

14 American Psychiatric Association (APA) (2014). DSM-5. *Manual diagnóstico y estadístico de los trastornos mentales.*

15 Organización Mundial de la Salud (OMS) (2018, en prensa). *Manual de clasificación diagnóstica CIE-11, Clasificación de los Trastornos mentales y del comportamiento.*

de dibujos y creaciones plásticas). Lo que buscamos es que el paciente vaya logrando progresivamente mayor bienestar socioemocional, a través del hacer, jugar, expresar, dialogar o dibujar, relacionándose poco a poco con contenidos difíciles de tolerar o elaborar.

De este modo, no intentamos que analice su producción, no lo presionamos a verbalizar lo que le pasa o lo que siente, ni lo llevamos a reconocer sus temores o ansiedades. Al respecto, Boris Cyrulnik (2003, p. 68) en su libro *El murmullo de los fantasmas* señala que, para sanarse de experiencias traumáticas, la persona no necesita tener que contar en detalle todo lo que le ocurrió:

> Hay una parte del contenido traumático que no queremos contar y así dejar un aspecto sano o vivo. Si cuento la parte maltrecha de mí mismo, voy a arrastrar a la muerte a quienes amo. Me van a rechazar o aún peor van a abismarse conmigo. Entonces, para salvarme y preservarles, no voy a contar más que la parte soportable, aún viva en mí.

Es decir, el autor reconoce que en muchas ocasiones hay una escisión adaptativa y necesaria frente a contenidos traumáticos.

Nuestro trabajo terapéutico es integrador. Como ya lo afirmamos, en la base se encuentran la psicología del desarrollo y la psicopatología, pero también recogemos elementos y explicaciones que surgen desde la perspectiva sistémica, la psicología dinámica (como la teoría de las relaciones objetales y el apego), el enfoque cognitivo-conductual, el enfoque gestáltico y la perspectiva humanista. Tomamos de cada modelo aquellas explicaciones o técnicas que hemos percibido de utilidad para nuestra tarea. Los distintos enfoques/modelos otorgan esclarecimientos en distintos niveles y acerca de diferentes aspectos del desarrollo humano.De este modo, la perspectiva sistémica nos ilumina acerca del desarrollo y el funcionamiento de las dinámicas familiares. La psicología dinámica nos permite la comprensión de algunos procesos intrapsíquicos fundamentales para el desarrollo humano. El enfoque humanista nos entrega una mirada integral y muy comprensiva y empática del sufrimiento de las personas. En el enfoque cognitivo conductual hemos encontrado técnicas terapéuticas con evidencia científica de gran utilidad en el trabajo con niños y adolescentes, y en el gestáltico, técnicas creativas y explicaciones a dinámicas internas e interpersonales.

En nuestro quehacer clínico realizamos una integración de dichos aportes centrándonos en el vínculo y en la calidad del espacio terapéutico. No nos adscribimos a ningún "modelo integrativo" de psicoterapia ni a un modelo teórico específico. La riqueza y diversidad de las distintas corrientes psicológicas nos han entregado la posibilidad de una comprensión y un abordaje terapéutico más integral, creativo y flexible, adaptable a las características de cada paciente.

De hecho, numerosas investigaciones comparativas acerca de los resultados de diferentes tipos de psicoterapia efectuadas hace ya bastante tiempo (Glass y Miller, 1980; Luborsky, Singer y Luborsky, 1975; Shapiro y Shapiro, 1982; Sloane, Staples, Cristol, Yorkstone y Whipple, 1975; Smith y Glass, 1977; Wampold et al., 1997, entre otros) han concluido que psicoterapias con diversos enfoques y metodologías han sido igualmente efectivas.

Chambless y Ollendick (2001) han identificado sobre 150 modelos y enfoques de tratamiento diferentes. Sin embargo, en cuanto a efectividad, las diferencias entre los distintos tipos de tratamiento son menores. Los estudios reafirman que, en cuanto a la eficacia del tratamiento, es difícil encontrar que uno funcione mejor que otro y que, en general, no se ha podido demostrar que un modelo teórico sea superior a otro. Sin negar que, para un cierto número de problemas clínicos específicos, algunos enfoques han mostrado mayor evidencia en relación con la disminución de síntomas o mayor bienestar en los pacientes. Así, por ejemplo, en los cuadros de estrés postraumático (PTSD) se ha visto que la terapia cognitivo-conductual (BTD) y la desensibilización y el reprocesamiento por movimientos oculares (EMDR) han mostrado los resultados más alentadores hasta la fecha (Bryant et al., 2006; Deville y Spence, 1999; Hetrick, Purcell, Garner y Parslow, 2010; March, Amaya-Jackson, Murray y Shulte, 1998; Mendes, Mello, Ventura, Passarela y Mari, 2008; Nilamadhab, 2011).

Como podemos apreciar, existe abundante evidencia aportada por la literatura científica disponible que muestra que, más que los modelos de tratamiento, son los factores que facilitan el desarrollo de las relaciones terapéuticas los que más contribuyen a la efectividad del trabajo clínico.

En síntesis, tal como lo hemos venido describiendo, nos situamos en una perspectiva pragmática e integradora, que utiliza recursos provenientes de distintas corrientes y modelos terapéuticos de la psicología, en un enfoque centrado en las necesidades de los niños, la calidad del espacio terapéutico y el vínculo paciente-terapeuta.

5. La relación con los padres

Los padres son fundamentales en el crecimiento, el desarrollo y la estabilidad emocional de sus hijos (Barudy y Dantagnan, 2010). Sin embargo, no todos los terapeutas infantiles afrontan el trabajo con ellos de la misma manera, existiendo diversas formas de hacerlo.

Hay posturas que van desde enfocarse casi exclusivamente en el niño, en una terapia muy volcada a los contenidos inconscientes, hasta no efectuar terapia con el menor, sino solo con los padres, pasando por una variedad de terapias familiares con participación del niño.

Para nosotros, tal como lo hemos expuesto con anterioridad, la terapia centrada en el niño brinda un espacio interpersonal, único y seguro que ayuda al paciente recuperarse y crecer afectivamente. Allí puede descubrirse a sí mismo, aprender de su propia experiencia de una manera lúdica y experiencial y apelar a sus recursos y fortalezas; en consecuencia, se puede beneficiar en forma considerable. Es evidente que el apoyo directo e individual con el niño en una psicoterapia se complementa muy bien con un trabajo parental.

De hecho, para la gran mayoría de los psicólogos clínicos infantojuveniles, la familia y los padres constituyen un recurso fundamental para apoyar los cambios deseados en la conducta del niño que viene a psicoterapia, en especial cuando están informados y saben lo que se va a abordar con su hijo (Bunge et al., 2011; Oaklander, 1992; Ortigosa, Méndez y Riquelme, 2014). El trabajo paralelo convierte a los padres en aliados, pues están juntos con el terapeuta en un proyecto común.

En nuestra forma de proceder, luego de realizar la evaluación del niño, nos reunimos con los padres y les explicamos en la forma más sencilla, clara y positiva posible los resultados obtenidos, mostrándoles cómo estamos percibiendo y entendiendo la problemática presente en su hijo, su origen o causas probables y las características y conductas asociadas. Junto a ello, les presentamos posibles formas de abordarla. Estas pueden considerar apoyos de diversa índole para el niño, incluyendo, como es evidente, el de los mismos padres.

Desde el comienzo de la psicoterapia individual para nosotros es ineludible involucrar a los padres y hacerlos parte del proceso. Esta participación no se da al interior del espacio terapéutico del niño, ni en sesiones de terapia familiar que incluyan a niño y padres juntos, sino vamos efectuando regularmente sesiones con ellos, en paralelo.

El trabajo con los padres ha sido para nosotros un pilar básico de nuestra forma de hacer psicoterapia, la cual incluye información, psicoeducación y un abordaje clínico con ellos, en un proceso dinámico.

Destacamos la necesidad de llevar a cabo sesiones periódicas con los padres con objetivos precisos, para retroalimentar lo que se está haciendo con el niño. Estas reuniones son, por lo general, con los dos padres juntos, pero algunas veces con cada uno por separado o, eventualmente, sesiones padre o madre-hijo. El trabajo con los padres, efectuado de manera sistemática, coordinada y mantenida en el tiempo, favorece el aumento de la conexión afectiva con el hijo y la regulación de las emociones, propiciando una vinculación más sana y funcional entre padres e hijos. También mejora la comprensión hacia el niño y hacia el proceso de cambio que está ocurriendo en él; contribuye a que los padres puedan "leer" a su hijo y acomodar sus expectativas a su realidad, así como a empoderarlos y aumentar la toma de conciencia acerca del hecho de que ellos están implicados en el problema de su hijo y en sus soluciones; así les proporciona oportunidades reales de crecimiento respecto de su rol parental (Gómez y Paci, 2016).

Por otra parte, respecto al establecimiento de normas y límites, el trabajo parental ayuda a mejorar la coordinación entre los padres, a constituirse en figuras de autoridad para sus hijos dentro de la estructura familiar y a discriminar cuáles actividades pueden favorecer el desarrollo del niño y cuáles lo pueden perjudicar; por ejemplo, en cuanto a tiempo de exposición a la televisión y videojuegos, uso del celular, horas de sueño, salidas nocturnas, etcétera.

En la labor psicoeducativa con los padres entregamos contenidos básicos de psicología evolutiva, desarrollo emocional y cognitivo, salud mental infantil, estilos de crianza, y buscamos y potenciamos sus competencias parentales, entre otros. Se trata de un área de intervención, donde existe clara evidencia acerca de su efectividad con niños y adolescentes, especialmente cuando va inserta dentro de un tratamiento multimodal. Este puede incluir terapia individual o grupal con el niño, trabajo con los padres o profesores y, cuando corresponde, tratamiento farmacológico. Por ejemplo, en el caso de niños que presentan un trastorno por déficit de atención, la psicoeducación se ha revelado particularmente eficaz (Montoya, Colom y Ferrin, 2011), y también en niños con trastornos del aprendizaje (Uslu, Erden y Kapei, 2006), trastornos del ánimo (Goldberg-Arnold, 1999), con trastornos del espectro autista (Sofronoff y Farbotko, 2002) o estrés postraumático (Cohen y Mannarino, 2008).

A través de las sesiones, los padres van encontrando nuevas formas de relacionarse y conectarse con su hijo, lo descubren en otras dimensiones, están más disponibles para él, comienzan a reconocer sus fortalezas, pero también sus fragilidades, y pueden aumentar su capacidad de mentalizar al niño, desempeñando eventualmente el papel de yo auxiliar. De este modo, paso a paso, pueden dejar de molestarse o enojarse por conductas presentes en el niño que son parte de su problema y que no son realizadas intencionalmente.

Por último, queremos señalar que, si bien el quehacer con los padres es un tema muy relevante en la psicología clínica infantojuvenil[16], no está incluido dentro de los objetivos de este libro, centrado en técnicas de psicoterapia. Por tanto, no haremos referencia a formas concretas y específicas de intervenciones parentales. Cada terapeuta, de acuerdo con su estilo y experiencia, verá la mejor manera de integrar a los padres a su labor.

6. El proceso de evaluación diagnóstica y el trabajo terapéutico posterior

A menudo recibimos niños y jóvenes que presentan condiciones emocionales adversas, tales como estar ansiosos, desorganizados o deprimidos. Ellos necesitan sentirse comprendidos y aceptados desde un primer momento para poder confiar y así cooperar de manera genuina con el proceso que va a comenzar. Como lo señalamos con anterioridad, nos preocupamos de trabajar con el paciente en una atmósfera cálida y de acogida, de acuerdo con sus características y edad, para que se sienta cómodo y seguro y pueda, por tanto, expresarse y comenzar a vincularse. Le explicamos y mostramos en detalle lo que haremos durante las sesiones iniciales, asegurándole el resguardo de la confidencialidad. Para nosotros, el trabajo terapéutico se inicia desde la llegada del niño a la consulta.

16 Ver, por ejemplo, Margarita Aznar (2009). *Intervención con padres en clínica de niños,* o E. Bleichmar (2005). *Manual de psicoterapia de la relación padres e hijos.*

Primero, se realiza una etapa de evaluación diagnóstica que, en algunos casos, es seguida de una psicoterapia, en un desarrollo continuo. Ambas fases se retroalimentan y continúan complementándose a lo largo de la intervención. En su transcurso, cada cierto tiempo, vamos analizando los avances del niño en cuanto a los objetivos planteados. En nuestra forma de proceder, entonces, la fase diagnóstica puede funcionar como inicio del proceso terapéutico. De hecho, este período suele ser vivido como una instancia curativa por muchos de los niños que consultan. Pacientes que solo han efectuado sesiones evaluativas han atribuido a estas un valor sanador y así lo han manifestado ellos mismos y sus padres. Esta etapa nos resulta indispensable para poder orientar la psicoterapia de forma pertinente. Nos permite también llevar a cabo un riguroso estudio a través de distintos instrumentos, y de este modo analizar cuidadosamente la situación en la que se encuentra el niño o adolescente.

En la mayoría de las ocasiones, efectuamos una evaluación psicológica completa del menor, es decir, una que incluya el área socioemocional y el desarrollo intelectual, junto con la madurez de funciones relevantes para el aprendizaje. Dado que los niños se encuentran en un proceso evolutivo, tenemos en cuenta las variables biológicas y temperamentales, así como las familiares y relacionales. También incluimos aquellas vinculadas al rendimiento y adaptación escolar, ya que ellos pasan la mayor parte de su tiempo en el colegio durante varios años. El desarrollo cognitivo y las variables asociadas al aprendizaje tienen un valor intrínseco en la vida, más allá del contexto escolar, en cuanto nos permiten flexibilizar nuestras conductas y esquemas y así abrir nuestras posibilidades.

Esta evaluación cognitiva, que incluye las dimensiones mencionadas, se suele realiza aun cuando el motivo de consulta pueda, aparentemente, no estar relacionado con el área cognitiva y del aprendizaje, como podrían ser la dificultad de socialización con los pares, jaquecas reiteradas, una conducta oposicionista o temores nocturnos. Es bastante frecuente, por ejemplo, el que algunos padres acudan al psicólogo por recientes problemas de conducta o de ansiedad en su hijo y que esté presente, sin que nadie se haya percatado, un trastorno del aprendizaje (de la lectura o escritura), de la organización del lenguaje (expresivo o comprensivo), de organización viso espacial[17] u otro. En muchas ocasiones esta

17 Este tipo de trastornos relacionados con el aprendizaje tienen su origen, principalmente, en factores neurobiológicos, más que en la forma en que la familia entrega su apoyo psicoafectivo al niño.

situación le está exigiendo un esfuerzo compensatorio tal que lo puede cansar, agotar, irritar, estresar o angustiar, y de modo bastante frecuente resulta ser la causa que explica los problemas o la sintomatología que el paciente manifiesta.

Si solo se evalúa el área socioemocional y se dejan de lado áreas tan fundamentales en la vida de un niño como son las funciones necesarias para el aprendizaje, la visión y comprensión del paciente quedará incompleta. Incluso, se pueden entregar hipótesis muy equivocadas acerca del origen del problema o atribuirlo solo a variables afectivas. Con esto, se corre el riesgo de dejar al menor sin recibir un tratamiento adecuado (de terapia ocupacional, del lenguaje, psicopedagógico u otro), que puede resultar fundamental para su desarrollo y bienestar, presente y futuro[18], siendo, por lo demás, muy probable que siga persistiendo la sintomatología inicial. Por otra parte, una evaluación diagnóstica entrega información que corresponde a un momento determinado de la vida del niño; constituye una "radiografía", que no necesariamente será válida más adelante. No aporta conclusiones definitivas e inmodificables. Más bien, podría entenderse como un punto de partida y una incitación a acciones sanadoras y reparadoras en favor del niño[19].

El proceso de evaluación se realiza en diferentes etapas:

En primer lugar, con los padres llevamos a cabo una anamnesis para obtener la historia clínica en profundidad del paciente. Para esto, disponemos de una entrevista tipo, semi-estructurada, que vamos modificando a través del tiempo.

Luego procedemos a realizar la evaluación del niño, que incluye varias sesiones. Para evaluar el desarrollo cognitivo, la madurez de las funciones básicas para el aprendizaje de la lectura y escritura, la madurez visomotora y la calidad de la lectura y escritura, utilizamos diferentes baterías clásicas diseñadas para estos efectos, tales como las *Escalas de Inteligencia de Wechsler* (WISC IV o WISC V para niños sobre seis años; WPPSI III o WIPPSI IV para los menores de seis años); las *Escalas de Inteligencia de Stanford-Binet* (Terman-Merrill; Thorndike, Hagen y Sattler); el *Test de Evaluación del Desarrollo Psicomotor 2-5 años: TEPSI* de Haeussler y Marchant; las *Pruebas de Comprensión Lectora CLP*

18 La falta de un tratamiento de esta naturaleza puede tener serias consecuencias años más tarde, tales como deserción escolar o universitaria, dificultades laborales, patologías psiquiátricas u otras.

19 Y no la mera obtención de un informe que resume por escrito las conclusiones del profesional en relación con el paciente.

de Alliende, Condemarín y Milicic; el *Test de Análisis de Lectoescritura TALE* de Toro y Cervera; el *Test Guestáltico Visomotor para niños* de Bender-Koppitz; el *Test de la Figura Compleja* de Rey y Osterrieth, entre otros.

Evaluamos el desarrollo socioemocional a través de pruebas gráficas proyectivas como el *H-T-P: Casa-Árbol-Persona*, de Buck y Warren o el *Test de la Persona Bajo la Lluvia*, adaptado por Querol y Chaves Paz; test proyectivos como el *Test de Apercepción Infantil (CAT-A y CAT-S)* de Bellak y Bellak, o el *Test de Apercepción Temática (TAT)* de Murray, entre otros, así como cuestionarios, inventarios o escalas específicas como el *Inventario de Depresión Infantil (CDI)*, de Kovacs, o la *Escala de Ansiedad Manifiesta en Niños (CMAS-R)*, de Reynolds. Conjuntamente, utilizamos la bandeja de arena (Gonzalo-Marrodán, J.L., 2013), la completación de historias con figuritas (Román, etal., 2018) y el juego en modo libre o dirigido (Gil y Drewes, 2021). La observación de la conducta del niño durante las sesiones también es de suma importancia: se aprecian aspectos tales como el modo de afrontar las tareas que se le presentan, sus modos de relación, el tipo de apego que lo caracteriza, cuál es su tolerancia al esfuerzo, su riqueza o restricción en situaciones de juego, etc. Esto implica incorporar distintos contextos, como son la observación del paciente en la sesión misma, en la sala de espera, al separarse de sus progenitores o de la persona que lo acompaña, al saludar y despedirse, etc.

Concluidas las sesiones de psicodiagnóstico, a través de las distintas técnicas señaladas, emprendemos un análisis de los datos recogidos, para llegar a una hipótesis acerca de lo que está sucediendo al niño o adolescente[20] y a una propuesta de intervención integral. Su principal objetivo es aportar información que ayude a tener claro lo que está sucediendo internamente en el niño, cuál es su visión de sí mismo y del mundo que lo rodea, cómo se siente y cómo está manejando sus emociones y sentimientos, cuáles son sus habilidades, sus dificultades o conflictos y en qué áreas se producen, entre otros elementos. Esta exploración es clave, pues a partir de ella podemos proponer una primera hipótesis explicativa, con una visión comprensiva de la situación del niño. Lo anterior, unido a la experiencia, contribuye a diseñar una adecuada intervención psicoterapéutica y un programa integral de apoyo, cuando así se requiera.

20 No haremos referencia a los principales cuadros clínicos que aparecen mayoritariamente en las evaluaciones ni en cómo abordarlos. Este libro, centrado en la práctica clínica, entrega actividades terapéuticas que pueden ser útiles en diferentes cuadros psicopatológicos.

Exponemos al niño o joven los resultados obtenidos de manera sencilla y en un lenguaje comprensible para él. En una sesión de devolución, proporcionamos a los padres una síntesis de los resultados, junto con las conclusiones, recomendaciones y propuesta para enfrentar el problema o motivo de consulta. En dicha reunión, tal como lo señalamos en el punto anterior, tratamos de dar la información con especial cuidado y tacto y dentro de un clima emocional agradable, con claridad y sin minimizar lo observado. Al mismo tiempo, partimos de una perspectiva positiva, transmitiendo esperanza y confianza, centrándonos en las potencialidades y en las posibilidades de recuperación y solución ante la problemática objeto de evaluación. Más que centrarnos en encontrar "culpables", nos abocamos a resaltar los recursos disponibles en el paciente y su familia, a empoderarlos, favoreciendo la participación activa de los involucrados (Bunge et al., 2011). Intentamos ayudar a los padres a abrirse a poder mirar a su hijo de otra manera, aun cuando, a veces, esto implique darse cuenta de aspectos o situaciones dolorosas. También los acompañamos en el proceso de asumir la presencia de dificultades o sufrimientos, o tener que hacer esfuerzos por modificar conductas y expectativas. Nos esforzamos por encarar de manera clara y concreta los conflictos o dificultades que observamos en el niño o su familia, y buscamos diversos actores que puedan contribuir a su solución o mejoría. Cabe señalar que la información aportada en esta etapa es vital para el proceso de apoyo y cambio que se debería iniciar en el paciente, luego de la devolución a sus padres[21].

En la clínica infantil suelen estar implicados muchas personas, además del niño y sus padres: los hermanos y familiares, profesores y otros profesionales o integrantes del colegio, especialistas como fonoaudiólogo(a), terapeuta ocupacional, psicopedagogo(a) y, a veces, médicos como psiquiatras infantiles, neurólogos o pediatras. La proposición que hacemos integra a los diversos actores

21 Si los padres acuden al psicólogo solo por cumplir con el colegio, que ha solicitado una evaluación de su hijo, y posteriormente no dan al niño los apoyos que requiere ni hacen cambios en su conducta, la evaluación realizada habrá tenido poco sentido. Dicho de otro modo, someter a un niño o joven a un proceso evaluativo y no hacer nada posteriormente puede ser muy frustrante y desesperanzador para el menor. A través de las sesiones de diagnóstico y de su implicación en las tareas propuestas por el psicólogo, con frecuencia el niño se puede haber vuelto más consciente de sí mismo y haber empezado a contar al profesional sus preocupaciones o miedos, ilusionándose con lograr más apoyo y comprensión en su entorno o con la perspectiva de un cambio en su vida.

que pueden participar y apoyar al niño. Suele incluir, comúnmente, una ayuda profesional al niño mismo, así como una labor parental paralela y la incorporación, en alguna medida, del colegio. Puede también hacerse una derivación a algún(os) especialista(s). Nos preocupamos del tipo de información que se da a cada actor del proceso, con qué fin y cómo la entregamos, considerando la protección de la intimidad del paciente y su familia.

La primera devolución a los padres suele funcionar, por lo general, como una intervención inicial, otorgando un marco de trabajo que sienta las bases para las fases siguientes.

En síntesis, la primera etapa, de evaluación diagnóstica, ofrece orientaciones generales y específicas para un trabajo posterior con el niño y sus padres[22]. Además, favorece el establecimiento de un vínculo con el paciente, pues haber efectuado sesiones previas con este contribuye a crear un espacio de privacidad, donde va gestándose de forma progresiva una relación de confianza.

Al comienzo de la psicoterapia, como lo indicamos, tenemos especial cuidado de instalar un clima emocional cálido, relajado y lúdico, que contribuya a afianzar el vínculo. Al mismo tiempo, vamos explorando con el paciente diferentes modalidades de trabajo y variedad de técnicas, buscando aquellas que se adapten más a su modo de ser y a su problemática[23].

Organizamos las intervenciones según la situación y problemas que cada niño o joven presente, preocupándonos de ayudarlo, entre otros, a desarrollar e instalar recursos internos, a efectuar una reestructuración cognitiva y afectiva, a resignificar su experiencia y a dar un sentido integral a la propia conducta. Tenemos como propósito avanzar con el niño en objetivos tales como favorecer la organización e integración del yo, el reconocimiento, la expresión, regulación y conexión con las emociones, el desarrollo de la empatía y la construcción de su identidad. Paralelo a esos objetivos de fondo, vamos desglosando objetivos más específicos planteados a corto, mediano y largo plazo, a medida que avanza el tratamiento. Estos se pueden ir alcanzando a través de actividades como las propuestas en este libro[24].

22 En algunas ocasiones, los resultados obtenidos indican que no es necesario un tratamiento.

23 Algunas de estas técnicas son las incluidas en este libro, pero otras modalidades de trabajo como las técnicas expresivas, el juego libre o dirigido, las imaginerías, las actividades de relajación y de plena consciencia o "mindfulness", el trabajo en la bandeja de arena, entre otras, no se presentan aquí.

24 Ver, por ejemplo, en el apartado que sigue, el Cuadro Resumen de los objetivos terapéuticos de las

En el transcurso de la terapia vamos efectuando una evaluación longitudinal del proceso terapéutico y de los progresos del paciente, de acuerdo con los objetivos planteados o los cambios deseados[25].

Dependiendo del modo en que el niño responda, participe, se interese y se acomode, vamos privilegiando con él la aplicación de una o varias técnicas que nos permitan aproximarnos y profundizar de mejor manera en la terapia. Los recursos terapéuticos creados que presentamos luego de concluir este capítulo suelen tener un papel protagonista por cuanto, con frecuencia, suscitan marcado interés en los pacientes infantiles y juveniles, facilitando el quehacer terapéutico.

Como lo hemos señalado, los niños evolucionan rápido, suelen responder bien y a veces sorprendentemente bien a los apoyos recibidos. Por esta razón, pensamos que, si se dan los soportes que corresponden, es muy probable que, en forma paulatina, la situación clínica observada se vaya modificando de manera significativa en los meses siguientes.

Una vez finalizada la psicoterapia, acostumbramos solicitar a nuestros pacientes una evaluación personal de lo que esta ha significado para ellos; les pedimos que nos expresen lo que han comprendido, lo que han cambiado, lo que han aprendido. De esta manera, algunos niños refieren aprendizajes que han sido significativos para ellos utilizando, muchas veces, las metáforas empleadas en la terapia. Así, por ejemplo, Juan Carlos[26], joven de 15 años, al finalizar su terapia señala a su terapeuta lo importante que fue para él darse cuenta de ser tan distinto a su papá "camión".

Otras veces, algunos pacientes hacen incluso espontáneamente su propia evaluación, como Mercedes, niña de nueve años, quien al despedirse dibujó[27] en el pizarrón un retrato de la terapeuta acompañado de un bonito y emocionante texto de agradecimiento (ver imagen adjunta).

---

actividades propuestas.

25 También realizamos un seguimiento y controles periódicos a lo largo del tiempo, acerca de los apoyos adicionales que está recibiendo el paciente (por ejemplo, sus avances en terapia ocupacional o en psicopedagogía).

26 Todos los nombres y datos de los pacientes mencionados han sido cambiados.

27 Los dibujos que se incluyen cuentan con la aprobación para su publicación de los niños que los realizaron. Es importante señalar que los dibujos originales fueron hechos en colores, muy expresivos.

Dibujo I-1. Texto de agradecimiento de Mercedes, 9 años.

A continuación aparecen las actividades terapéuticas que hemos desarrollado, que abordan diferentes temas relevantes para ser trabajados con los pacientes. Esperamos que estas herramientas ayuden al psicólogo clínico infanto-juvenil a motivar al niño o joven en la terapia, llevándolo a participar, involucrarse y comprometerse con ella, de modo que, progresivamente, pueda sentirse más seguro, lograr los cambios deseados y alcanzar los objetivos socioemocionales planteados.

II. Presentación y clasificación de las actividades terapéuticas

En esta sección describimos las actividades terapéuticas que constituyen lo esencial del libro: son herramientas utilizadas por años con pacientes infantiles y adolescentes y abordan diferentes temas importantes de tratar en una terapia infantojuvenil, como la rabia, el miedo, los celos de los hermanos, la relación con los padres, las metas y expectativas, el autoconocimiento, la identidad y la integración personal, entre otros. Las presentamos clasificadas en algunas categorías, de modo de facilitar su empleo. Explicamos, en forma sucinta, sus principales objetivos. Incluimos adicionalmente un conjunto de consideraciones clínicas y sugerencias prácticas para ser observadas por el terapeuta en el momento de trabajar con estos recursos en psicoterapia con sus propios pacientes.

1. Descripción

Presentamos aquí un conjunto de recursos terapéuticos que, a través de imágenes y diálogos, ayudan al clínico a abordar de forma lúdica, cálida y contenedora temas emocionales significativos que resultan difíciles y complejos para la mayoría de niños y jóvenes[28]. Estos temas son entendidos por los adultos, pero en pocas ocasiones son explicados a los niños. La falta de explicación respecto de las situaciones difíciles que han vivido o están viviendo les provoca ansiedad y les impide comprender lo que está sucediendo[29]. Los recursos que describiremos

28 Debemos señalar que, si bien esta metodología ha mostrado reiteradamente su beneficio en nuestra experiencia profesional de años, ella no ha sido validada en investigaciones con grupos de control.

29 Muchas veces los niños son subestimados en su capacidad de comprender e incluso de sentir. Ayudarles a entender hechos y temas de la vida que pueden ser comunes a todos, pero en ocasiones difíciles de asimilar, les permite ver la realidad de manera más clara y, así, dejar de lado dudas y fantasías construidas por falta de explicaciones.

a continuación han sido diseñados para ayudarlos a sentirse más aliviados y a ordenar más claramente ideas y sentimientos.

Las actividades que proponemos son poliédricas, ya que poseen varias facetas, no tienen un fin único y delimitado, no van en un solo sentido. Es así como hay algunas que contribuyen a un objetivo particular, tal como otras pueden aplicarse con distintos objetivos. Pueden utilizarse en diferentes momentos de la psicoterapia y además pueden llegar al paciente de diversas maneras, incluso a veces por vías desconocidas. Del mismo modo, sus efectos pueden variar según el tipo de paciente, su edad, tipo de problema, sus características de personalidad, etc.

Teniendo en cuenta que toda clasificación conlleva algo de arbitrariedad, con el objeto de facilitar su lectura y la organización de un plan de trabajo, hemos dispuesto los recursos terapéuticos en categorías, de acuerdo con su objetivo principal. Asimismo, hemos agregado a cada categoría una actividad complementaria, es decir, una actividad que, estando ubicada en una categoría determinada, puede también resultar de utilidad para abordar otros objetivos.

A continuación, presentaremos cada categoría y describiremos brevemente sus respectivas actividades:

1.1. Actividades para familiarizar al niño con la terapia, fomentar la expresión, el lenguaje emocional y ampliar la mirada

Estas son actividades que sirven para introducir al niño en la terapia, promueven la motivación, el enganche y el acercamiento y favorecen la conexión con el paciente. Pueden constituirse en valiosas herramientas para el clínico, pues favorecen el inicio del proceso terapéutico, dado que plantean temas que van aclarando al niño lo que siente y lo ayudan a ordenarse y relajarse. Paralelamente, fomentan su expresión verbal y emocional y el desarrollo de un lenguaje emocional (o una "alfabetización" emocional). Contribuyen a ampliar la mirada acerca de sí mismo, el mundo y los problemas que lo están afectando y a hacer una conexión con estados afectivos personales. Al tratarse de actividades lúdicas y poco amenazantes, facilitan la verbalización, el ordenamiento de las preocupaciones y la identificación de las emociones asociadas. Asimismo, permiten al psicólogo comenzar a sembrar las ideas y objetivos que trabajará más adelante, siendo estos de carácter inicial, ya que constantemente se define el sentido terapéutico.

En esta sección se incluyen las actividades siguientes:

1. La Bolsa: Actividad introductoria que contribuye a contextualizar el espacio terapéutico como uno cálido y seguro, donde es posible expresarse libremente. Asimismo, ayuda al niño reconocer y aliviarse de los "pesos" (deberes, exigencias, problemas) que sobrelleva en la vida. Orienta a conocer qué aspectos le preocupan, le molestan, le duelen, le resultan complicados o le generan temor.

2. Los Anteojos: Darse cuenta de la tendencia a percibir negativamente la realidad y visualizar que esa mirada negativa puede ser cambiada, obteniéndose amplios beneficios personales. Del mismo modo, facilita el percatarse de las diferencias entre mirar las cosas desde una u otra perspectiva.

3. Costos y Ganancias: Introduce la idea de que toda ganancia implica un costo y que, al optar por algo en la vida, generalmente se pierde otra cosa, indistintamente si es algo considerado negativo o positivo.

4. El Clóset: Apreciar los beneficios que puede tener el realizar un "orden" en su mundo interno, favoreciendo el desarrollo de la conciencia de sí mismo y la organización del yo.

5. La Mala Pata: Aborda la aceptación de características o situaciones de vida poco gratas y contribuye a la conexión con las propias flaquezas y dificultades.

Las actividades 6, 7 y 8 abordan de diferentes maneras la tendencia a negar o evitar el enfrentamiento de las dificultades o problemas y a conectarse con las emociones asociadas.

6. El Avestruz y el León: Se refiere a la negación de las dificultades, preocupaciones o problemas, y las consecuencias que esto conlleva.

7. El Muro de Berlín: Tomar conciencia del esfuerzo y los costos de sostener situaciones imposibles, tanto internas como externas, de hacer como si nada pasara, de no expresar sentimientos y preocupaciones, y de evitar conectarse con las emociones asociadas a estas situaciones. Además, contribuye a sopesar los costos que tiene el "amurallar" los sentimientos.

8. Abrir el Paquete: Hace referencia al miedo que produce acercarse a contenidos del mundo interno que pueden producir malestar o emociones negativas y contradictorias. Ayuda a darse cuenta que al observarlos, por lo general parecen menos amenazantes de lo imaginado y posibles de sobrellevar.

Como actividad complementaria para estos tres últimos objetivos puede considerarse ***El Auto de la Vida***, que se define más adelante[30].

1.2. Actividades para fomentar la expresión libre y disminuir la inhibición o el bloqueo

Son actividades de conexión con la terapia, con el terapeuta y del niño consigo mismo, diseñadas para facilitar la expresión libre, la emergencia de la espontaneidad y fomentar la comunicación. A través de un trabajo colaborativo se intenta generar un espacio lúdico, de diversión y humor, de encuentro y de expresión, que permite al niño poder expresarse de forma libre y creativa. Al ser actividades que promueven el vínculo terapéutico a través del juego y el humor, también pueden favorecer el desarrollo de habilidades sociales y la empatía.

Están especialmente dirigidas a niños tímidos, inhibidos, rígidos o muy contenidos y contribuyen a la disminución de su ansiedad y defensas. También se puede recurrir a ellas con pacientes más oposicionistas o desconfiados.

Son muy útiles en las etapas iniciales de la terapia, aunque igualmente lo son en otros momentos, cuando se quiere introducir un espacio de alegría, expresión y soltura.

Aquí caben las siguientes actividades:

9. Rayas de Colores: Estimula la expresión libre, la descarga de tensiones y la disminución de la actitud defensiva, en un clima lúdico y activo, pudiendo ser utilizada desde tempranas edades. Resulta especialmente útil cuando el niño está inhibido, contenido o temeroso.

10. Los Pistoleros: Ayuda al niño expresarse con espontaneidad y desbloquearse a través de un tema atractivo para los niños, utilizando la expresión gráfica y el humor.

11. Monos Locos: Favorece la expresión y la creatividad y ayuda a disminuir la inhibición, a través del humor y la creación conjunta entre el paciente y el terapeuta.

---

30 En todos los casos para cada objetivo, el clínico puede utilizar otras actividades como complementarias, según su experiencia y criterio.

1.3. Actividades para abordar emociones específicas

Estas actividades se centran en el trabajo de algunas emociones difíciles de abordar y expresar para la gran mayoría de las personas, como la rabia o enojo, el miedo y el tema de la ambivalencia. Si bien son emociones universales, su manifestación suele ser poco aceptada y tolerada. La expresión de la rabia con frecuencia es castigada por el entorno. Los niños suelen creer que sentir rabia es algo malo y muchos llegan a pensar que se puede vivir sin experimentar ese sentimiento. Asimismo, para ellos es muy difícil tolerar sentimientos opuestos y contradictorios hacia las figuras de afecto. Lo mismo sucede con los miedos: muchos niños piensan que no deben mostrarse débiles o asustados y que deben ser fuertes y controlarse siempre.

En este sentido, resulta beneficioso para el niño o joven poder tomar conciencia de sus sentimientos, reconocerlos, verbalizarlos o expresarlos de alguna forma y, paralelamente, poder normalizarlos[31]. Las actividades aquí incorporadas favorecen en el paciente el reconocimiento y aceptación de lo que siente; el terapeuta va siendo un espejo de las emociones del niño y lo va ayudando a mentalizarlas.

Esta sección contiene las actividades siguientes:

12. La Rabia: Facilita aproximarse y conocer esta emoción básica y fundamental, inherente a todo ser humano, percatándose de la necesidad y las ventajas de reconocerla y poder expresarla.

13. La Ambivalencia: Muestra y familiariza al niño con este sentimiento contradictorio y complejo, asociado principalmente a las figuras principales de afecto.

14. El Señor Miedo: Conecta al niño con el miedo, a través de un abordaje paulatino y lúdico, buscando favorecer la conexión, la expresión y el trabajo a nivel cognitivo de esta emoción.

Es preciso recordar que muchas otras actividades del libro también fomentan la expresión de emociones. Como actividad complementaria se puede utilizar ***La Bolsa.***

31 Es necesario aclarar que *normalizar* se ocupa en el sentido de entender estos sentimientos como parte de la experiencia humana (y no como llevar a la norma o promedio).

1.4. Actividades para desarrollar independencia, autonomía, autoprotección y conciencia de los límites

Sabemos que, desde edades tempranas, es importante que el niño desarrolle su independencia y autonomía en lo que pueda y corresponda para su edad. Es decir, que él pueda sentir, de alguna manera, que conduce su vida y toma determinaciones acerca de las cosas que le atañen, tomando en consideración su contexto afectivo y de nutrición emocional.

En las etapas iniciales de su vida el niño no es capaz de protegerse solo y necesita de adultos que lo cuiden y le den seguridad. Sin embargo, en su proceso de desarrollo también debe ir progresivamente diferenciándose de los demás y construyéndose como una persona única. Para eso requiere de adultos que lo reconozcan como una persona diferente a ellos y respeten sus espacios y necesidades, sin invadirlo. Debe, además, aprender a defender su propio espacio, junto con ir discriminando entre quiénes puede confiar y compartir su mundo interior y quiénes no. Lograr establecer límites frente a los demás es central en el desarrollo de la identidad (Foelsch et al., 2015; Kernberg, 2002) y favorece la autoprotección. De esta forma, el niño irá experimentando una sensación de autonomía y autoeficacia y podrá darse cuenta de que tiene poder para efectuar cambios en la forma de presentarse a sí mismo.

Se integran en esta categoría las siguientes actividades:

15. El Auto de la Vida: Permite al niño ir familiarizándose con la autonomía e ir conociendo la ventaja de poder paulatinamente "conducir" su propia vida.

16. La Reja de mi Jardín: Se refiere a la toma de conciencia de los límites en las relaciones interpersonales y el respeto a los espacios personales de cada uno, así como a la importancia de la autoprotección.

Como actividad complementaria se incluye ***El Camión y el Auto Deportivo.***

1.5. Actividades para abordar expectativas, autoexigencias, peso de las exigencias escolares y resolución de problemas

Estas actividades fueron surgiendo a partir de nuestra percepción respecto al incremento significativo de exigencias y presiones a las que están siendo sometidos niños y jóvenes en la actualidad: jornadas escolares extendidas, largas tareas a realizar después del horario escolar, actividades extraprogramáticas deportivas, musicales, científicas o artísticas, además de intensas agendas de vida social. Acompañan a estas exigencias las expectativas que reciben los menores por parte de sus figuras significativas relativas a alcanzar ideales de perfección, llegar a ser lo que los padres no pudieron ser, junto con la exigencia de que todo se debe realizar con un nivel de excelencia.

Pareciera ser que nuestros niños están creciendo en ambientes donde sienten que deberían destacar como alumnos, deportistas, artistas o músicos, además de tener un sinnúmero de amigos. Han ido perdiendo la aceptación de ser normales, ubicarse en el promedio, observandose que muchos padres están deseando que sus hijos tengan resultados sobresalientes. Esto resulta bastante estresante para el niño y lo aparta del conocimiento de su verdadero yo, dificultando la consolidación de su identidad. Si nos detenemos a pensar en estas expectativas, sabremos que no es posible alcanzarlas todas; nadie se destaca en todas las áreas y tampoco eso debería ser una meta. La presión por el éxito y la perfección tiene como entre otras consecuencias, el estrés escolar. De hecho, muchos niños en la etapa escolar consultan por encontrarse angustiados, agobiados, frustrados y, en muchas ocasiones, paralizados o deprimidos al no sentirse capaces de cumplir con dichas expectativas.

En este sentido, las actividades que aquí presentamos ayudarán al niño a sentir una validación emocional en relación con su cansancio y frustración, y facilicitarán el desarrollo y la instalación de recursos internos.

Aquí se reúnen las actividades siguientes:

17. La Montaña Abrumadora: Favorece la toma de conciencia en el niño del cúmulo de exigencias y deberes escolares que tiene enfrente. Conecta con la sensación de cansancio por acumulación de quehaceres, y contiene estrategias concretas para enfrentar problemas, a través de un acercamiento a las dificultades de una forma más organizada y parcializada.

18. Metas: Provee un espacio al niño para que pueda reflexionar sobre las metas y expectativas que está tratando de lograr y lo ayuda a analizar si estas son realistas y posibles de alcanzar, haciéndose consciente de su nivel de autoexigencias. Se aborda también el tema del valor, la posibilidad y el sentido de la meta del perfeccionismo y el tener que ser bueno en todo.

19. La Moto y el Monopatín: Facilita a los niños la posibilidad de tomar perspectiva y, en lo posible, lograr un ajuste que los alivie y les ayude a enfrentar sus circunstancias, a partir del autoconocimiento y la conciencia de los talentos, pero también de las propias dificultades. Esta actividad puede contribuir a aumentar su seguridad y percepción de competencia.

20. Niño Bueno: Ayuda a tomar conciencia de las exigencias, autoexigencias y del perfeccionismo; redefine el concepto de "niño bueno", direccionándolo hacia la empatía, la generosidad y el amor por los demás.

Como actividad complementaria puede considerarse la actividad ***Costos y Ganancias.***

1.6. Actividades para abordar problemáticas del contexto familiar y de otras relaciones

A través de estas actividades se presentan diversas situaciones o dinámicas que ocurren al interior de un importante número de familias, siendo incluso varias de ellas esperables en alguna etapa del ciclo vital. Sin embargo, en muchas ocasiones estas producen confusión y sufrimiento, por lo que se busca acompañar y ayudar al niño o joven a comprenderlas mejor y poner en palabras sentimientos asociados.

En esta categoría pueden ubicarse las siguientes actividades:

21. La Torta: Tomar conciencia de que el cariño de los padres hacia sus hijos no es cuantificable ni disminuye cuando nace un nuevo hermano, lo que ayuda al menor a mitigar los sentimientos negativos que se gatillan en esta situación y a afirmar la seguridad del cariño de los padres.

22. Mamá Embarazada: Busca ayudar al niño pequeño a comprender mejor, a través de una explicación fácil y cercana, la conducta de su madre embarazada.

23. Mamá y Papá Superhéroes: Actividad relativa a la temática de la idealización que tienen los niños sobre sus padres, a los que ven como "superhéroes". Aporta al proceso de resignificación de esa visión y a considerarlos como seres humanos con virtudes y defectos, proceso que favorece la cercanía.

24. El Camión y el Auto Deportivo: Provee al niño o joven de un espacio de reflexión y validación de sí mismo y sus características personales, en relación con el prototipo de persona designada metafóricamente, como "el camión" al cual teme, y frente al cual a menudo se siente disminuido. Aborda el tema de las importantes diferencias que sienten algunos niños respecto a sus padres.

25. El Árbol de Navidad: Se refiere al mecanismo de idealización que, en muchas ocasiones, hacemos de personas que son significativas. En ciertas ocasiones es algo esperado en etapas iniciales de una relación, sin embargo, sostener la idealización en el tiempo conlleva importantes consecuencias negativas en la relación con otros y con uno mismo.

26. Pisando Huevos: Aporta a la toma de conciencia de los inconvenientes que acarrea la mentira en las relaciones interpersonales y para uno mismo.

27. Asumiendo mi Responsabilidad: Aborda la importancia para el niño de asumir las propias responsabilidades y contribuye a darse cuenta de que en las relaciones entre las personas la culpa o responsabilidad por los problemas es, por lo general, compartida, y que no se puede culpar totalmente a otro por un conflicto donde se esté involucrado.

Puede utilizarse como actividad complementaria ***La Ambivalencia.***

1.7. Actividades para ampliar la mirada y desarrollar flexibilidad del pensamiento

Son actividades que presentan diferentes modos de percibir y significar las circunstancias que nos suceden en la vida. Se insta al niño a mirar la realidad y reflexionar de una manera no habitual. Se le muestra que por costumbre, patrones familiares, rasgos de personalidad, u otros, tendemos a funcionar de manera rígida. Se apoya la idea de que no hay una sola forma posible, adecuada o correcta de actuar, y que no hay un solo "deber ser", sino muchas maneras posibles de ver un problema o situación y de solucionarlo. Se favorece en el niño una reestructuración tanto cognitiva como afectiva de sí mismo y del mundo que lo rodea.

Estas actividades tienen como objetivo ampliar la mirada y la concepción del mundo, recogiendo aquellos elementos que contribuyan a una mayor flexibilidad.

En esta sección aparecen las siguientes actividades:

28. Blanco y Negro: Persigue la toma de conciencia en el niño o joven acerca de su visión polar de la realidad, y le ayuda a ver que las circunstancias o sucesos de la vida no son extremos, sino que todo tiene una gradualidad. Se busca el darse cuenta y observar las consecuencias del negativismo y de la percepción de las situaciones en términos polares.

29. Desde el Camino: Facilita reconocer el lugar desde el cual nos situamos para mirar el mundo e introduce la posibilidad de ampliar la visión sobre los acontecimientos.

30. Roles Inamovibles: Se refiere a los roles en que nos encasillan y a las etiquetas que se ponen a las personas en las familias y otros grupos. Muestra que existe la posibilidad de salir de este encasillamiento y ayuda a darse cuenta de que no siempre hay que actuar desde el lugar en que "nos ponen" los otros.

Como actividad complementaria puede ocuparse ***Mamá y Papá Superhéroes.***

1.8. Actividades para desarrollar autoconocimiento, identidad e integración personal

El conocerse a sí mismo es muy importante para la propia identidad y la integración personal. Ambas contribuyen al desarrollo de una personalidad sana y a establecer vínculos positivos con los demás.

Para lograr esta integración, es importante aceptarnos y reconocernos como una totalidad, es decir, como un yo único con aspectos amados y odiados.

Existe en muchas personas una tendencia a reconocer como propias solo aquellas partes o características agradables y que satisfacen las expectativas de los demás, y a rechazar o negar la existencia de aquellas que no lo son y que incomodan. Para los niños suele ser una sorpresa y tiene un efecto aliviador entender que, efectivamente, todas las personas tienen partes de sí mismas que les desagradan y que les cuesta reconocer y al mismo tiempo descubrir que es importante aceptar dichas partes rechazadas y hacerse cargo de ellas.

Aquí se incluyen actividades que favorecen el descubrimiento de diferentes aspectos dentro del sí mismo, tanto características de personalidad positivas y valiosas como otras poco atractivas, que incomodan, molestan y se rechazan. Estas actividades tienen como objetivo la integración del yo, el avanzar en el autoconocimiento, la autoaceptación y la autorregulación, intentando llevar al paciente a desarrollar un yo lo más integrado, estable y armónico posible.

En esta sección se presentan las actividades siguientes:

31. Los Diez Mandamientos: Se aproxima al tema de la importancia del respeto a uno mismo y del autoconocimiento para poder apreciarse y quererse.

32. Yin Yang: Se refiere a la aceptación y necesidad de equilibrio de los opuestos en la propia vida.

33. Luz y Sombra: Acerca al conocimiento y aceptación de nuestras "partes más oscuras", los aspectos menos aceptados y queridos de cada uno.

34. Integrando mis Características: Contribuye a hacer espacio, conocer y aceptar las distintas partes del sí mismo, incorporarlas e integrarlas.

Como actividad complementaria incluimos ***Roles Inamovibles.***

1.9. Actividades para abordar situaciones dolorosas

Aquí se presentan actividades que contribuyen a abordar con los niños y adolescentes dos situaciones que pueden aparecer en sus vidas[32], que implican dolor y dificultades para aceptarlas y procesarlas: la separación de los padres y la muerte de un ser querido. Para enfrentar dichos temas hemos desarrollado estrategias para elaborar, reconocer y hacerse cargo de las emociones y los sentimientos que suscitan dichas experiencias. Se trata de explicaciones sencillas y concretas, pero a la vez profundas acerca de estas circunstancias, que permiten generar un diálogo con el niño sobre dichos temas.

Se abordan aquí:

35. Cuando los Papás se Separan: Explica de forma cercana y concreta al niño esta situación, muy frecuente en el mundo contemporáneo, pero generalmente difícil de asumir.

36. Cuando se Muere un Ser Querido: Acerca al doloroso y complejo tema de la muerte, presentando una explicación concreta que contribuya a aportar contención emocional y que ayude a asimilar mejor la situación de pérdida, la confusión y soledad que esta difícil situación acarrea.

Como actividad complementaria puede indicarse ***La Mala Pata.***

2. Objetivos

El objetivo central de los recursos terapéuticos que se incluyen en este libro es promover o mejorar el bienestar socioemocional y la salud mental de los niños y jóvenes con quienes se trabaje en psicoterapia.

32 Y por las que, de hecho, se consulta con cierta frecuencia.

Se presentan nueve categorías o secciones que corresponden a objetivos terapéuticos generales relacionados con algún área central del bienestar socioemocional infantojuvenil. Cada categoría incorpora un número variable de actividades, y se completa, así, un total de 36, cada una de ellas con sus propios objetivos.

A continuación, presentamos un cuadro resumen de los objetivos terapéuticos y sus correspondientes actividades, incluyéndose además actividades complementarias.

Cuadro resumen: Clasificación de las actividades de acuerdo con sus objetivos terapéuticos y actividades complementarias

Objetivos Terapéuticos	*Actividades*	*Actividad Complementaria*
1.1. Familiarizar con la terapia Fomentar el reconocimiento y la expresión de las emociones Desarrollar lenguaje y alfabetización emocionales Ampliar la mirada y la perspectiva para situarse frente al mundo y a sí mismo	*1. La Bolsa* *2. Los Anteojos* *3. Costos y Ganancias* *4. El Clóset* *5. La Mala Pata* *6. El Avestruz y el León* *7. El Muro de Berlín*	*El Auto de la Vida*
1.2. Fomentar la expresión libre Disminuir las defensas y la inhibición Desarrollo de habilidades sociales	*9. Rayas de Colores* *10. Los Pistoleros* *11. Monos Locos*	

1.3. Abordar emociones específicas Regular emociones Conectar con estados afectivos personales	*12. La Rabia* *13. La Ambivalencia* *14. El Señor Miedo*	*La Bolsa*
1.4. Desarrollar independencia, autonomía, autoprotección y conciencia de los límites Instalación de recursos internos	*15. El Auto de la Vida* *16. La Reja de mi Jardín*	*El Camión y el Auto Deportivo*
1.5. Abordar expectativas, autoexigencias, peso de las exigencias escolares y resolución de problemas Acomodar expectativas que correspondan a la realidad del niño Aumentar el conocimiento de sí mismo.	*17. La Montaña Abrumadora* *18. Metas* *19. La Moto y el Monopatín* *20. Niño Bueno*	*Costos y Ganancias*
1.6. Abordar problemáticas del contexto familiar y de otras relaciones Conectarse con las emociones que surgen en contextos emocionales familiares complejos Ayudar a la autorregulación de las emociones	*21. La Torta* *22. Mamá Embarazada* *23. Mamá y Papá Súper Héroes* *24. El Camión y el Auto Deportivo* *25. El Árbol de Navidad* *26. La Mentira* *27. Asumiendo mi Responsabilidad*	*La Ambivalencia*
1.7. Ampliar la mirada y desarrollar flexibilidad del pensamiento Aumentar el autoconocimiento y el desarrollo del yo Permitir reestructuración cognitiva y afectiva	*28. Blanco y Negro* *29. Desde el Camino* *30. Roles Inamovibles*	*Mamá y Papá Superhéroes*

1.8. Desarrollar autoconocimiento, identidad e integración personal Comprender la importancia de conocerse, aceptarse y quererse a sí mismo	*31. Los Diez Mandamientos* *32. Yin Yang* *33. Luz y Sombra* *34. Integrando mis Características*	*Roles Inamovibles*
1.9. Abordar situaciones dolorosas que requieren elaboración Conectar con las emociones que estas situaciones producen	*35. Cuando los Papás se Separan* *36. Cuando se Muere un Ser Querido*	*La Mala Pata*

3. Consideraciones clínicas

Hay una serie de aspectos que recomendamos al clínico infantojuvenil tener en cuenta a la hora de trabajar en psicoterapia con los recursos que aquí exponemos:

- Equilibrio entre acercamiento y distancia: El terapeuta tiene la gran responsabilidad de aprender a mantener un equilibrio entre distancia y acercamiento con el niño, tratándolo con tacto y delicadeza y, en especial, escuchándolo y estando atento a sus necesidades. Debe cuidar de respetar sus ritmos y de no acercarse en exceso, en especial en las etapas iniciales, para no resultar amenazante. Sin embargo, en otros momentos, podrá aproximarse y hacerle sentir su presencia segura y contenedora.

- Tono emocional: Crear un espacio de encuentro, de acogida, donde se pueda instalar un tono emocional que facilite la comunicación y la profundización; esto se puede facilitar a través de un clima grato, cariñoso y lúdico, y preocupándose de establecer un vínculo cercano y de complicidad (Jaffe et al., 2001).

- Comunicación: Cuidar numerosos aspectos que se dan en la comunicación, como la inflexión de la voz (Bady, 1985; Tomicic et al., 2009), las pausas, los gestos, las miradas, el uso de un vocabulario acorde a la comprensión y edad del niño, etc. (Gobl y Ni Chasaide, 2003). Es especialmente importante que el terapeuta ponga atención a las claves no verbales que el niño le presenta, como la expresión de su rostro, el tono de la voz, sus gestos, los temas o situaciones que evita, en qué momentos cambia el tema de conversación, las omisiones en los dibujos o en las conversaciones, los temas o imágenes que aparecen en forma reiterada, entre otros aspectos. Los niños son "expertos" en lenguaje no verbal y muchas veces nos dirán muchas cosas sin decir ninguna palabra (Andersen, 1998).

- **Validar más que confrontar:** Tener en cuenta el proceso particular que está viviendo el niño, evitando confrontarlo verbalmente con situaciones o emociones que puedan ser angustiantes o difíciles de vivir para él. Por el contrario, se trata de acompañarlo, de reforzar sus conductas, opiniones y actitudes positivas, de valorarlo como persona y de acoger lo que va expresando en el curso del proceso terapéutico. Junto con validarlo, en muchas ocasiones es importante ayudarlo a clarificar ideas y contenidos, pidiéndole ejemplos y detalles que expliciten lo que está viviendo.

- **Unicidad y originalidad de cada niño:** Necesitamos mirar a cada niño con interés y curiosidad por lo que nos va a mostrar o lo que vamos a descubrir en él. Debemos tener siempre presente que cada niño es único, que nunca un paciente ni una situación son idénticos a otros. No es conveniente apurarlo ni apurarse, y se requiere respetar sus ritmos y características, teniendo en mente que más importante que la actividad misma es preservar la calidad del vínculo y el espacio y clima terapéutico.

- **Respetar la autonomía y validar las posturas del paciente:** Cada paciente, según sus características personales y experiencias de vida, va a procesar de manera diferente lo observado, escuchado o expresado en la terapia y, además, en ese procesamiento significará y dará un sentido personal a las experiencias vividas. El terapeuta es como un guía que acompaña al niño a sacar sus propias conclusiones y respeta sus interpretaciones. El paciente podrá aprender que hay muchas formas de sentir y muchas formas aceptables de enfrentar y solucionar un problema.

- **Complemento entre lo visual y lo verbal:** Las actividades se plantean en un diálogo dinámico entre relato y visualidad. Mientras conversa sobre el tema propuesto, el terapeuta va generando los dibujos o grafismos que dan soporte a cada actividad y estimulan al niño a introducirse en el tema y a concentrarse.

Las imágenes y los grafismos que se van ejecutando con el niño permiten observar en conjunto la problemática, individualizarla, recordarla y asimilarla.

Reafirma el valor y lo indispensable del abordaje visual, complementando la comunicación verbal, el hecho destacable de que muchas veces, después de terminada la terapia, les hemos preguntado a los niños: "¿Qué cosas que hicimos fueron las que más te gustaron o las que te han servido?". Y, con bastante frecuencia, suelen contestar: "La Bolsa, Los Anteojos, El Camión y el Auto, La Rabia". Es decir, estos temas, potenciados con sus respectivas imágenes aclaradoras, suelen grabarse en la memoria y constituirse en recursos disponibles.

- **Facilitar la expresión y proyección:** Generar condiciones para que los contenidos del mundo interno del paciente puedan manifestarse, al igual que en las pruebas proyectivas, por ejemplo. Lo anterior se puede lograr a través de ir dando instrucciones y mensajes de manera ambigua, poco precisa, no en exceso específicas, planteando preguntas abiertas, solicitando expresión en temas que pueden ser entendidos de diferentes maneras, o buscando la expresión libre, para posibilitar a niños y jóvenes la proyección de sus contenidos y símbolos inconscientes.

- **Uso de metáforas:** Trabajar con el niño a través de metáforas permite y facilita que él exprese sus vivencias y contenidos emocionales de manera simbólica. Hay que tener en cuenta, además, que en el diálogo con este muchas veces es necesario permanecer en un nivel metafórico y simbólico. Siguiendo a Cyrulnik (2003) no siempre es deseable ni se requiere la verbalización y explicitación de las metáforas al niño respecto a lo que sucede en su realidad o a probables significados de sus trabajos. La permanencia en la metáfora permite al niño transportarse a otros espacios donde puede sentirse más libre y más pleno.

- **Uso del humor:** El uso del humor por parte del terapeuta puede convertirse en una herramienta eficaz para establecer una alianza terapéutica con el paciente, ya que permite crear un ambiente distendido con el niño, abriendo la puerta para que este pueda mostrarse tal como es (Salameh y Fry, 2001). Favorece la complicidad y el acercamiento. Contribuye a ilustrar situaciones absurdas o ilógicas, enfrentar mejor el estrés y compartir con el paciente una experiencia emocional positiva. McGhee (1979) sugiere que el humor usado de forma adecuada en la terapia puede crear una atmósfera más relajada, propiciar la comunicación de temas delicados, ayudar a entender los conflictos, facilitar la expresión de sentimientos de forma segura y no amenazante y ayudar a superar un estilo social formal y rígido. Ellis (1977) afirma que el humor en la terapia ayuda a aceptar la realidad y sus imperfecciones, reducir la distancia entre el paciente y el terapeuta y promover la autoaceptación. Reírse juntos y bromear sobre algo lleva al paciente a relajarse, soltarse y ser más flexible. Así, por ejemplo, el terapeuta puede usar el humor para reírse de sí mismo, contando una historia divertida sobre su vida, lo que puede reducir la brecha entre él y el niño. También preguntar al niño por su chiste favorito o pedirle relatar una historia divertida sobre sí mismo.

- **Flexibilidad:** Implica la disponibilidad para aprovechar las situaciones que se dan espontáneamente en la terapia, como, por ejemplo, plantear un tema o actividad a propósito de algo que surge en el juego o en la conversación con el niño. Implica también tener la suficiente capacidad para adaptarse a pacientes que son diferentes entre sí, respetando el ritmo de cada uno, dejando espacio y tiempo para que se expresen. Así, por ejemplo, las actividades por lo general son abordadas directamente, pero algunas veces el tema de alguna de ellas puede surgir en forma espontánea en una sesión, en especial cuando el terapeuta está atento y conectado con el niño. En otras oportunidades, el puede introducir el tema de manera indirecta, diciendo algo como: "A veces, suele pasar que algunos niños" o "A todas las personas nos pasa que…". La idea es ir aproximándose al tema de una forma que interpele al niño y lo lleve a participar y no resulte rígida ni forzada.

- **Respetar la intimidad del niño:** Por lo general lo que se trabaja y se produce en el espacio terapéutico no resulta conveniente mostrar ni comentar con nadie, con excepción de la supervisión clínica.

A los padres se les va informando en forma general acerca de los aspectos que ha trabajado el niño en terapia, con el objeto de que puedan acompañar el proceso en su vida cotidiana. Sin embargo, se respeta la intimidad de este en cuanto a que no se transmite a ellos sus aseveraciones ni se les muestra su producción visual o verbal, a no ser que el niño manifieste explícitamente la intención de exhibir alguno de sus trabajos a sus progenitores.

- **Apertura de mente:** Estar abierto a lo que el niño pueda entregar en el espacio terapéutico. La actividad clínica va más allá de la actividad misma; depende del modo, de la oportunidad, de estar atento a acoger lo que el niño o joven vaya a aportar o manifieste en un momento determinado. De manera imprevista y espontánea con frecuencia el niño está entregando contenidos e indicadores para ser leído y entendido: en sus dibujos, sus trabajos en plasticina, sus juegos, sus comentarios, sus omisiones, sus negativas, etc. Es necesario acoger y "leer" todo lo anterior.

- **No dar mensajes, conclusiones finales ni lecciones** acerca de las situaciones que se plantean. Al finalizar la actividad, el terapeuta debe evitar entregar al niño un mensaje final, ya que no le permite cerrar por sí mismo el tema y poder sacar sus propias conclusiones, cuando sea posible. Es sabido, además, que las actividades inacabadas se recuerdan mejor que las terminadas (efecto Zeigarnik[33]).

- **Tener en cuenta las condiciones en que llega el niño y su estado de ánimo del momento:** Es importante estar atento a cómo viene el paciente el día de la sesión. En algunos, el estado de ánimo y la disposición a trabajar puede variar bastante de una sesión a otra, en especial en los inicios de la terapia. Puede darse el caso de que el terapeuta había programado realizar una determinada actividad; sin embargo, si ese día el niño muestra —en forma verbal o no verbal— actitudes y conductas que no facilitan el abordaje del tema planeado (como, por ejemplo: desinterés, poca colaboración, pasividad, distractibilidad o negativismo), será necesario adecuarse a esa situación. De este modo, si cuando comienza a plantear un tema el terapeuta percibe una falta de atención muy marcada o el paciente se resiste a participar negándose activamente, de manera oposicionista, el clínico no debería seguir insistiendo con su propósito inicial, ni intentar continuar como si nada pasara. Tampoco resulta conveniente tratar de explicarle los beneficios de la tarea propuesta ni criticarlo o reprenderlo por su actitud. Más bien, requiere intentar "leer" al niño en ese momento y aceptar que no se puede proseguir tal como se había previsto. Puede resultar más efectivo distraerlo y cambiar su foco de atención hacia otra cosa y seguir adelante en la sesión con otra actividad. Es decir, mantener una actitud relajada y comprensiva y cambiar de plan de trabajo.

- **No corregir ni arreglar los dibujos o realizaciones del niño:** Es importante incitar al paciente a expresarse sin temor a ser corregido ni criticado,

33 Efecto Zeigarnik: define la tendencia de las personas a recordar con mayor facilidad aquellas tareas inconclusas o pendientes que las que ya realizaron. Las tareas inconclusas provocan tensión en el individuo y una fuerte pulsión por terminarlas. Este efecto fue descubierto por la psicóloga lituana Bluma Zeigarnik (1938) en los años veinte, en Alemania, en estudios experimentales que contribuyeron significativamente al desarrollo de la psicología de la Gestalt.

y validar sus producciones y trabajos. Los dibujos son fundamentales para que el paciente pueda visualizar lo que se está trabajando en la terapia, son esquemas de apoyo y en ningún caso dibujos donde se busque perfección o que sean parecidos a lo real. El tema puede ser dibujado de manera esquemática por el terapeuta o por el niño, si este así lo desea. Así, por ejemplo, si decimos: "Dibuja una bolsa", el niño puede dibujar una bolsa de diferentes maneras, y cualquiera es aceptable. Puede suceder que a partir de ese dibujo, aparentemente poco relevante, él pueda expresar aspectos de su psiquismo que de otra manera no hubiese mostrado.

- **Estar al tanto de los códigos, juegos o intereses** típicos de los niños y adolescentes con los cuales el terapeuta trabaja, debido a que cada niño es diferente y hay variaciones en los distintos contextos en los que cada uno se desenvuelve.

- **Tener en cuenta qué tipo de actividad hacer con cada tipo de paciente:** En general las actividades tienden a funcionar en forma adecuada con la mayoría de los pacientes. Sin embargo, en ocasiones puede suceder que haya algunos pacientes que, por ser demasiado literales, tengan dificultades para adecuarse al lenguaje metafórico y a las analogías empleadas, como en el caso de niños con dificultades de lenguaje o con algún trastorno de la comunicación.

4. Sugerencias prácticas

En esta parte describimos algunos aspectos que consideramos relevantes para una adecuada comprensión y ejecución de las actividades. Como ya mencionamos, aspiramos a que estos recursos terapéuticos, más que modelos acabados o formas únicas de trabajar los problemas, se constituyan en lineamientos generales y fuentes de inspiración. Cada profesional que trabaje con esta metodología puede usarla de manera amplia, es decir, siguiendo las instrucciones que nosotros damos al paciente y operando de acuerdo con la modalidad aquí planteada, o puede generar su propia forma de trabajo y realizar un uso personal del texto, adecuándose a las necesidades de su paciente en cada caso.

En términos muy generales, aconsejamos tener en cuenta lo siguiente:

- **Estructura.** Todas las actividades presentadas constan de tres partes:

• **Introducción:** que comprende algunos antecedentes teóricos o un desarrollo explicativo acerca de la temática de la actividad.

• **Objetivos:** que perfilan los propósitos de cada actividad.

• **Procedimiento:** que detalla la forma en que trabajamos con el paciente a través de diálogos y metáforas, dibujos y esquemas. Estos últimos forman el soporte visual de la actividad.

- **Edad:** La mayoría de las actividades propuestas están diseñadas para ser ocupadas con niños a partir de los cinco o seis años de edad aproximadamente. Sin embargo, hay algunas que son útiles en edades más tempranas, tres o cuatro años, por ejemplo, como ***Mamá Embarazada*** o ***La Torta***, o las actividades de desbloqueo. Y otras están más orientadas a adolescentes (de 15 o 16 años e incluso edades superiores), ya que plantean temas relacionados con la identidad, la integración personal o los límites personales, como ***La Reja de mi Jardín, el Árbol de Navidad*** o ***Integrando mis Características.***

- **Momento de la terapia:** Las actividades pueden apoyar diferentes momentos dentro del tratamiento. De este modo, están aquellas actividades introductorias, que facilitan el trabajo en las fases iniciales, como ***La Bolsa*** o ***Costos y Ganancias***, o que ayudan al niño cuando en un comienzo está muy inhibido o temeroso y no puede expresarse, como ***Los Pistoleros***. Otras pueden sustentar fases intermedias, como ***Metas*** o ***Blanco y Negro*** y, finalmente, están aquellas diseñadas para ser utilizadas cuando ya la terapia está más avanzada y se desea llegar a una mayor profundización con el niño en el proceso de autoconocimiento, como ***Integrando mis Características***. La decisión del momento en que se aplica cada técnica y del orden de presentación dependerá del plan terapéutico elaborado y del estado emocional, las características y la problemática del paciente. No obstante, como ya lo señalamos, estas actividades pueden funcionar como un programa terapéutico si se aplica continuadamente una de ellas en cada sesión y se van eligiendo los temas de acuerdo a los objetivos terapéuticos.

- **Tipo de terapia:** Las actividades han sido elaboradas para ser desarrolladas en psicoterapia individual[34] con niños o adolescentes. Requieren de una

34 No se recomienda su utilización en terapia familiar.

reflexión individual y cercana con el paciente, pudiendo ayudar a aproximarse, en muchas oportunidades, a aspectos muy personales. En terapia el niño puede aprender a sobrellevar situaciones complejas de su vida, a enfocarlas y vivirlas de una manera diferente. En sesiones paralelas, los padres pueden ser informados acerca de los contenidos del trabajo terapéutico del niño en sus sesiones, para que ellos lo puedan ir acompañando en la cotidianidad de sus hogares.

- **Uso en terapia grupal:** Algunas de las actividades que presentamos aquí fueron utilizadas por varios años consecutivos en terapias grupales con menores entre 8 y 12 años que asistían a un Centro de Salud Mental Infantil de la zona sur-oriente de Santiago. Ellas fueron altamente motivadoras para los participantes. Se obtuvieron buenos resultados a nivel clínico, lográndose mejorías a nivel de la conducta y la sintomatología de los participantes y, además, adecuada asistencia de los niños a las sesiones. En estas terapias de grupo, para la mayoría de los integrantes fueron especialmente provechosas y de utilidad, según ellos reportaron, las temáticas: ***La Bolsa***, ***La Rabia*** y ***Costos y Ganancias*** (Léniz, 2012, comunicación personal).

- **Texto, lenguaje y ejemplos:** Los textos, diálogos y metáforas son fundamentales en estas técnicas y, por tanto, su manejo debe hacerse con cuidado y preparación previa. Así, se recomienda:

• **Leer previamente** con calma, atención y detención las actividades antes de comenzar a efectuarlas con los pacientes. Prepararse y preparar el terreno a trabajar, a partir de la familiarización con los textos escritos que acompañan cada actividad. Hay sutilezas en textos e imágenes que conviene manejar y conocer bien, para poder realizar la actividad con soltura y de manera adecuada y que esta llegue a ser terapéutica.

• **Observar** que los textos que aparecen en letra cursiva en las actividades señalan lo que el terapeuta debería decir. Estos textos están redactados de modo de hacer un relato al paciente.

• **Adecuar** los textos a la idiosincrasia del paciente y del terapeuta, para que estén en concordancia con su manera de ser y estilo, y con el nivel evolutivo, la edad y las características del paciente. Entender los diálogos como una guía, y adaptarlos según las necesidades.

• **Cuidar de no extenderse con el relato verbal** y preocuparse de cautivar la atención del niño instándolo a participar en los dibujos y esquemas de la actividad.

• **Ejemplificar:** Cuando sea el caso, también pueden transformarse los ejemplos, ajustándolos a la situación de vida por la que está atravesando el paciente, de tal manera que este pueda sentirse identificado.

- **Procedimiento:** Hay una serie de aspectos metodológicos que es adecuado tener en cuenta cuando se trabaja en terapia con las herramientas que proponemos:

• **Disponer de una pizarra o pizarrón** en la sala de terapia para efectuar las actividades con los menores es muy recomendable, puesto que facilita la expresión, soltura y libertad, dado el mayor tamaño en que pueden efectuarse los dibujos. Además, el niño tiende a soltarse más, ya que sabe que lo dibujado o escrito se borra posteriormente. Si no se dispone de pizarra, se sugiere trabajar en una mesa o en un escritorio. El material que se requiere es muy básico, simplemente lápices o plumones o tizas de colores y hojas de papel.

• **Repetición de las actividades.** Si se considera oportuno, pasado un cierto tiempo se puede repetir alguna actividad, para reiterar el trabajo efectuado en relación con un aspecto en concreto de la terapia. Las metáforas que se proporcionan en actividades como, por ejemplo, ***La Bolsa*** permiten hablar de un problema de forma indirecta, sin que el niño o joven se sienta coartado o amenazado, y a veces puede ser útil volver a realizarlas. También puede haber repetición de actividades según los objetivos para los cuales se utilicen estas, puesto que muchas de ellas se prestan para diferentes objetivos.

• **No desarrollar las actividades en forma mecánica.** No se trata de "pasar determinadas materias" como en una clase, sino de, a propósito de lo que el niño nos muestra, ir introduciendo los temas más pertinentes a su problemática. Se presentan las situaciones terapéuticas con atención, interés genuino y motivación, lo cual, a su vez, llevará al niño a interesarse por la actividad. El compromiso emocional del terapeuta es fundamental en esta situación.

• **No realizar más de una actividad por sesión de psicoterapia.** Por lo general no es conveniente introducir varios temas terapéuticos en una misma sesión; esto puede ser confuso para el niño y poco aportador. La actividad realizada puede ser complementada con otro tipo de trabajos, como juego de títeres, bandeja de arena, técnicas expresivas, imaginerías u otros. La única excepción serían las actividades de desbloqueo, que pueden ocuparse varias veces, complementando diversas acciones, ejerciendo además de puente hacia otras más complejas.

- **Notar** que cada actividad tiene sus objetivos específicos; por ejemplo, ***La Montaña Abrumadora*** busca mostrar un modo de abordar dificultades o tareas pendientes sin sentirse agobiado o paralizado.

El terapeuta requiere escoger aquellas más acordes con las necesidades del paciente y el momento en que se encuentre.

- **Dibujos:** Todas las actividades contienen dibujos y esquemas que ayudan a ordenar los relatos que se trabajan con el paciente, facilitan tanto el diálogo como una adecuada comprensión y conceptualización y favorecen la visualización y el recuerdo posterior. Los dibujos incorporados son simples y esquemáticos, de manera que su reproducción resulte fácil tanto para el profesional como para el niño. De este modo, este puede ir arreglando los dibujos o terminándolos y no se siente cohibido por dibujos muy bien hechos, que pueden inhibir su expresión. Se sugiere que cuando el terapeuta se esté iniciando en estas técnicas sea él quien efectúe las ilustraciones de las actividades y el niño lo acompañe agregando detalles. Cuando ya la domine, puede, si así lo estima, pedir al paciente que dibuje.

• **Variar los materiales mientras se trabaja con el niño** realizando dibujos, bocetos y esquemas. Se puede utilizar variedad de lápices, de diferentes colores y tipos (plumones, pasteles, cera, etc.), lo que puede ser motivador y estimulante.

• **No se recomienda invitar al niño a colorear los dibujos o a decorarlos,** salvo de vez en cuando y si él lo solicita. La actividad de coloreo puede ser placentera para algunos niños, pero también puede volverse bastante mecánica y, en muchos casos, distraer de los objetivos de la actividad.

- **Contraindicaciones:** Debido a que lo común es que se observe comorbilidad en la manifestación de los trastornos en niños y jóvenes, es probable que los terapeutas estimen que pueden aplicar la mayoría de las técnicas, como ya lo señalamos, a gran parte de los casos que consultan. Sin embargo, estos recursos, válidos en la mayor parte de las situaciones clínicas, no operan de la misma manera en los contextos de abuso y de violencia. En estos casos suele ser necesario poner en marcha una serie de mecanismos protectores como apoyo de profesionales expertos, terapia familiar, apoyo medicamentoso u otros, pero aclarando, al mismo tiempo, que dichos contextos sobrepasan los límites de este libro.

ACTIVIDADES TERAPÉUTICAS

Para la práctica clínica

Actividad #1

La Bolsa

INTRODUCCIÓN

La Bolsa es la primera de las actividades que proponemos para familiarizar al niño con la terapia, fomentar la expresión de emociones, desarrollar el lenguaje emocional y ampliar la mirada.

Dentro del proceso terapéutico, ***La Bolsa*** se presenta como una actividad que favorece el inicio del tratamiento. Al ser realizada al comienzo, ayuda a instalar el "tono" de la terapia, la cual deviene para el niño en un espacio de encuentro y vinculación, donde puede experimentar bienestar socioemocional.

Esta actividad contribuye a que el niño contextualice la terapia como un espacio protegido, de acogida, libertad, juego, humor y relajo donde se pueda sentir libre de expresar y explorar sentimientos incómodos, desagradables o angustiosos. Un espacio donde le resulta posible abordar aspectos difíciles o complicados que pueden suceder en su vida, como dificultades de aprendizaje; una enfermedad o defecto físico (propio o de alguien cercano); problemas en su familia, como la ausencia de un progenitor, un clima emocional tenso o la separación de sus padres, entre otros. En el espacio terapéutico el niño también empieza a conocerse a sí mismo, a admitir ser quien realmente es, conectarse con sus gustos y preferencias, reconocer y expresar sentimientos tanto positivos como negativos y aceptar las propias limitaciones (Castonguay y Beutler, 2006; Foelsch et al, 2015; Rubin, 2009; Thapard et al., 2015).

Asimismo, ***La Bolsa*** introduce el marco de uno de los aspectos transversales que se proponen con esta modalidad terapéutica: el de constituirse para el paciente en un espacio donde se puede aprender a mirar las cosas desde diversos puntos de vista, salir de una cierta rigidez para apreciar la realidad e irse desmarcando de una serie de ideas, mitos y prejuicios que ha recibido e internalizado a lo largo de su vida. Ideas acerca de los sentimientos, lo que es correcto, la perfección, las exigencias escolares, lo que significa ser bueno o la responsabilidad de los hijos en los sentimientos de los padres, entre otras. Ideas o mitos que, muchas veces, el niño ha asimilado de una manera poco sana para él.

En realidad, desde su nacimiento el niño siente que se está esperando algo de él: que no llore, que duerma bien, que coma bien, que sea tranquilo, que avance adecuadamente en los hitos del desarrollo, etcétera. A medida que va creciendo y se va desarrollando, las expectativas sobre él aumentan, siendo cada vez más exigentes.

Cuando hablamos de exigencias, no nos referimos solo a aquellas formales que de manera explícita los padres pueden verbalizar a sus hijos, o las que se puedan transmitir desde la religión o la escuela. Hay muchas exigencias e ilusiones implícitas de los padres puestas en el hijo que repercuten en este, como un peso que tiene que cargar (Elkaim, 2014).

Con esta actividad, el niño tiene la posibilidad de detenerse, dejar la bolsa o la mochila llena de expectativas/exigencias/deberes a un lado, tomar aire, poner distancia y preguntarse qué es lo que realmente él quiere, qué es lo que siente, de qué es capaz, de qué le corresponde hacerse cargo y de qué cosas de su vida puede comenzar a liberarse.

OBJETIVOS

Favorecer en el niño la contextualización del espacio terapéutico como un lugar donde es posible expresarse con libertad, en un clima emocional grato y como un espacio seguro donde se pueden identificar y abordar situaciones problemáticas, conflictivas o difíciles.

Ayudar al niño a poner en palabras las sensaciones de cansancio, malestar o agobio que le pueden producir distintas exigencias y deberes de su vida diaria. Esto facilita la conexión con sus emociones e introduce al trabajo de reconocimiento y expresión de estas.

PROCEDIMIENTO

Como en la mayoría de las actividades de este libro, se recomienda trabajar con el niño frente a un pizarrón, debido a que esto facilita la expresión y la libertad de movimiento. Si no se dispone de uno, se propone sentarse, niño y terapeuta, frente a un escritorio, con lápices, plumones y hojas de papel a disposición.

Como ya se señaló, si el terapeuta se está iniciando en la técnica, se sugiere que sea él quien realice los dibujos y el niño lo acompañe agregando detalles. Cuando ya la domine, puede, si así lo estima, pedir al paciente que dibuje.

Es importante que la bolsa o mochila delineada sea lo suficientemente grande como para que se puedan dibujar varias cosas dentro.

El terapeuta inicia la actividad atrayendo la atención del niño a lo que va a hacer. Dice:

"Ahora vamos a partir dibujando esta persona que lleva una bolsa o una mochila muy pesada en su espalda", mientras delinea esquemáticamente en la pizarra o en el papel, una persona encorvada llevando una gran bolsa.

Dibujo 1-1

Luego empieza el relato:

"A veces nosotros sentimos que tenemos tantas cosas que hacer, tantos deberes... que sentimos que llevamos en nuestra espalda una bolsa o mochila muy pesada, igual que este señor que dibujamos aquí... Con muchas cosas que nos pesan como piedras... casi podríamos necesitar un bastón para apoyarnos...".

Puede añadir un bastón a la figura.

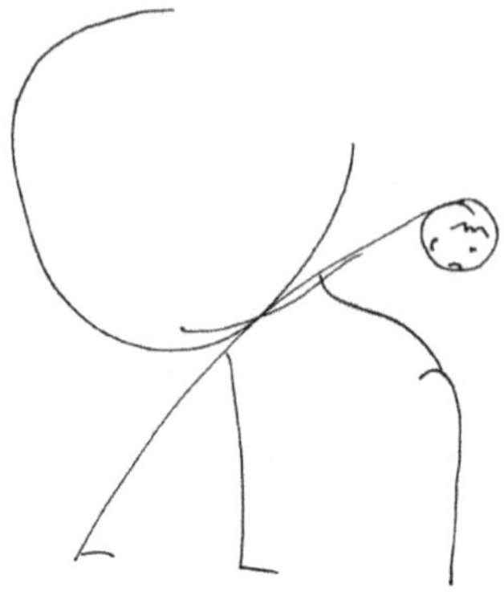

Dibujo 1-2

Continúa:

"Y la bolsa se va llenando con todas las cosas que TENGO que hacer y que pesan mucho".

Mientras dice eso, dibuja una piedra o ladrillo dentro de la bolsa diciendo, por ejemplo: *"Tengo que prestar mis cosas…"*.

Entrega un lápiz al niño y lo anima a dibujar otras piedras dentro de la bolsa, verbalizando algo que a él le moleste o le pese.

Luego el terapeuta expresa:

"Y también la bolsa o mochila se llena con las cosas que NO TENGO que hacer, como: 'No tengo que pelear'".

Mientras dice eso, agrega otra piedra a la bolsa…

Y así, paciente y terapeuta se van turnando para agregar piedras o ladrillos a la bolsa, expresando quejas, obligaciones y deberes durante un rato, hasta llenarla.

Ejemplos de cosas que dicen los niños:

COSAS QUE **TENGO** QUE HACER

- "Tengo que ir al colegio"
- "Tengo que ayudar"
- "Tengo que estar siempre contento"
- "Tengo que hacer las tareas"
- "Tengo que obedecer"

- "Tengo que ser amoroso con todos"
- "Tengo que levantarme temprano"
- "Tengo que lavarme los dientes"

COSAS QUE **NO TENGO** QUE HACER
- "No tengo que enojarme"
- "No tengo que llorar"
- "No tengo que pelear"
- "No tengo que gritar"
- "No tengo que alegar"
- "No tengo que quitarles cosas a otros"
- "No tengo que molestar"

Como ya se dijo, el clínico da algunos ejemplos como los anteriores y mientras los va expresando va delineando piedras o ladrillos dentro de la bolsa, incitando al paciente a hacer lo mismo, verbalizando sus quejas.

Dibujo 1-3

El terapeuta puede incluir en los ejemplos situaciones o actitudes que le podrían suceder al paciente o relacionadas con su problemática, pero sin decirle: "Eso te pasa a ti".

Después de haberse llenado la bolsa con piedras dando varios ejemplos, el terapeuta pregunta:

"¿Cómo nos vamos a sentir si tenemos la bolsa tan llena?".

Deja espacio para respuesta del niño. Habitualmente señala:

"...Mal".

"Y si no hacemos nada y continuamos con la bolsa llena, ¿cómo nos vamos a sentir?".

Da espacio para respuesta. Por lo general:

"...¡Peor!".

"Y... ¿nos gusta pensar en estas cosas?".

Espera respuesta... Generalmente:

"...No".

En ese momento, el terapeuta dibuja una cadena y un candado a la bolsa mientras dice: *"Entonces, para no pensar más en ellas, buscamos una cadena y un candado y ¡cerramos la bolsa!".*

Dibujo 1-4

Y continúa:

"¿Y nos quedaremos tranquilos con la bolsa tan pesada cerrada con candado?".

Da espacio para una respuesta del niño, quien casi siempre indica:

"¡No!".

El terapeuta aclara:

"Porque llega un momento que estamos tan cansados, con la bolsa tan pesada, que vamos a necesitar abrirla, 'ventilarla' y sacar muchas cosas para que se ponga más liviana... Entonces vamos a buscar en el llavero de nuestra vida la llave que abre el candado".

Mientras expresa lo anterior, el terapeuta dibuja esquemáticamente un llavero, una cadena y un candado abierto. Afirma:

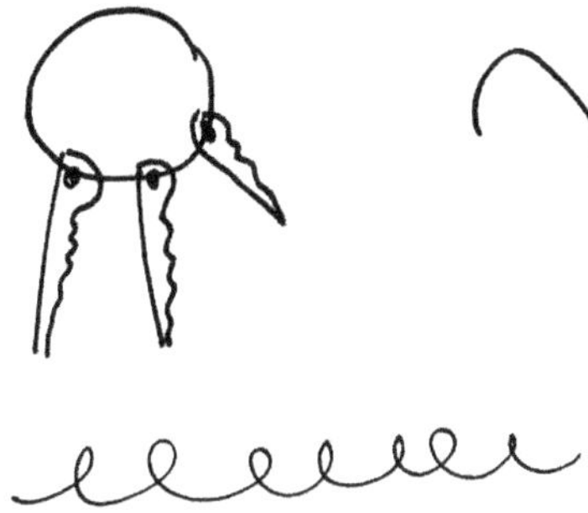

Dibujo 1-5

"Abrimos el candado, sacamos la cadena, abrimos la bolsa y la 'ventilamos', dejamos que entre aire y vamos sacando todo lo que ya no nos sirve".

Dibujo 1-6
Trabajo de ***La Bolsa*** con Clara, de ocho años.

Enseguida, el terapeuta dibuja la bolsa abierta y va delineando piedras o bloques saliendo de la bolsa. Cada vez que traza una piedra que sale de la bolsa, el terapeuta dice, al mismo tiempo, frases como las siguientes, incitando al niño a hacer lo mismo:

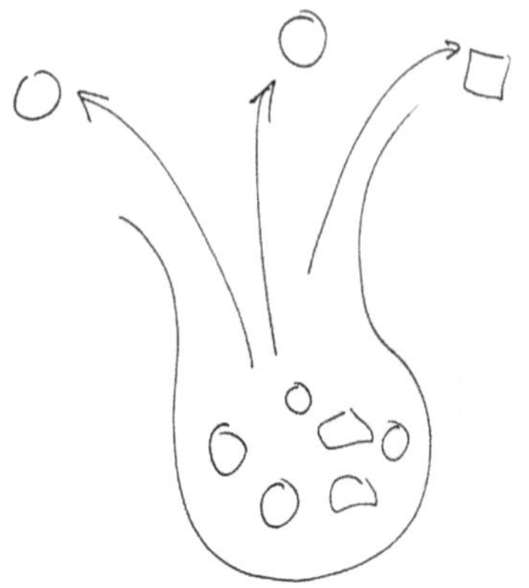

Dibujo 1-7

- *“¿Por qué voy a tener que ser siempre amoroso(a)?”*
- *“¿Por qué no puedo alegar a veces?”*
- *“¿Por qué voy a tener que ayudar siempre?”*
- *“¿Por qué no voy a poder pelear?”*
- *“¿Por qué voy a tener que prestar siempre mis cosas?”*

Luego pregunta al niño:

“Después de ventilar la bolsa o la mochila, ¿cómo la vamos a sentir, más chica o más grande?”.

Espera su respuesta. Por lo general, este contesta:

“Más chica”.

Pero algunos niños pueden a veces indicar:

“Más grande”.

Si así sucediera, se sugiere detenerse y analizar más ejemplos con él, para que pueda acercarse a la idea de que las cosas guardadas pesan y que sacarlas produce sensación de alivio.

Posteriormente, el terapeuta dibuja en forma esquemática un niño o señor bien derecho, con una bolsa más pequeña en su espalda, y pregunta:

Dibujo 1-8

"¿Y tenemos que cerrar la bolsa o la dejamos abierta?".

Espera respuesta. Habitualmente, el niño responde:

"Mejor abierta".

Entonces el terapeuta lo confirma y dibuja una piedra entrando y otra saliendo de la bolsa, mientras destaca:

"Mejor es tener la bolsa abierta, pues así las cosas pueden entrar, pero también pueden salir rápidamente… Porque nosotros la 'ventilamos', dejamos salir las cosas, no las guardamos. Así, no se quedarán dentro, molestando y pesándonos".

Dibujo 1-9

El terapeuta puede expresar:

"Veamos esto con un ejemplo:

"Si mi hermano llega a molestarme burlándose y exhibiendo algo mío que me sacó, yo puedo:

** No decirle nada y 'tragarme' el enojo, pero... pasaré toda la tarde enojado y si más tarde él quiere jugar conmigo, yo estaré enojado y no querré jugar, con lo que me privaré de pasar un buen momento...*

** O decirle: 'Toma, te lo presto, pero pídemelo porque es mío... Me da mucha rabia que me saques las cosas sin permiso'.*

"Si yo expreso lo que siento, el enojo o la molestia se van a ir más rápido y ¡me sentiré mejor!".

Puede darse el caso de algunos niños que dicen: "Mejor cerrarla para que no entre nada más".

Entonces, se les explica: *"Siempre van a llegar cosas... Si mantenemos cerrada la bolsa o la mochila, se acumularán muchas cosas pesadas. Mejor 'ventilar' la bolsa y expresar lo que uno siente... Mejor dejar salir lo que tenemos guardado".*

Para finalizar o para cerrar la actividad, se puede dar como tarea al niño para la sesión siguiente "ventilar" la bolsa.

Dibujo 1-10
Dibujo de bolsa hecho por Mateo, niño de nueve años.

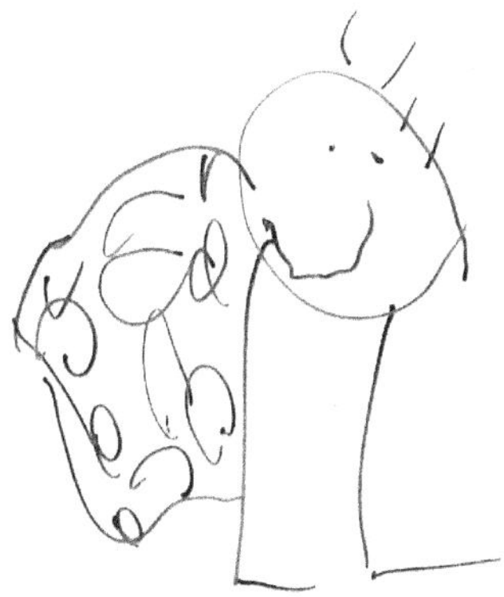

Dibujo 1-11
Bolsa dibujada por Martina, cuatro años.

NOTAS

- ***La Bolsa*** es una actividad que suele ser motivadora para los niños, a los que, por lo general, les gusta participar de ella. Pero puede darse el caso de algún niño que tome una postura un poco desafiante y manifieste: "No, a mí no me pasa eso… A mí me gusta hacer tareas, levantarme temprano, nunca me retan, etc.". Si luego de una breve explicación él persistiera en esa actitud, se sugiere cambiar rápidamente de actividad. Es poco probable que con insistencia se logre algo, y además se puede reforzar una actitud un tanto oposicionista.
- La ***Imaginería La Bolsa***, que se presenta a continuación, normalmente se realiza después de la recién descrita, y resulta ser una **actividad complementaria** que suele ser bastante aportadora. Esta imaginería es muy sencilla y puede efectuarse con niños desde edades tempranas. Permite cerrar el trabajo anterior de una manera fluida.

A través de la imaginería, el paciente puede, por una parte, relajarse y sentirse mejor en su cuerpo y, por otra, ir enfrentando mentalmente contenidos, símbolos e imágenes que van apareciendo en el transcurso de aquella. Este enfrentamiento es terapéutico y conduce a sensaciones de bienestar y tranquilidad.

Para realizar una imaginería se requiere de un ambiente tranquilo y silencioso. El niño puede sentarse relajadamente en un sillón o bien estirarse en una colchoneta en el suelo. Una vez que esté instalado y cómodo, se le pide cerrar los ojos.

Al hablar, el terapeuta adopta un tono de voz bajo y melódico, alargando las palabras y dejando espacio entre ellas y haciendo pausas entre frase y frase... Este tono ayuda al paciente a relajarse, desconectarse e irse introduciendo lentamente en el tema.

Imaginería La Bolsa

La ***Imaginería La Bolsa*** (Haeussler, 2006[35]) ayuda al paciente a visualizar, por medio de imágenes y símbolos, el peso que tienen para él muchas cosas de su vida, representadas por los objetos que lleva en su bolsa. De este modo, el paciente, al realizar la imaginería, podrá experimentar una sensación de alivio, y una vez que se abre a la posibilidad de mirar en su interior será capaz de reconocer sus propias imágenes y contenidos, elegir aquellos con los que desea quedarse y dejar de lado los que ya no le sirven.

PROCEDIMIENTO

"Siéntate o recuéstate tranquilamente en el sillón, cierra tus ojos y disponte a realizar un viaje por tu imaginación, donde todo se puede...

"Imagínate que vas por un camino de campo... una tarde de verano... Es un día de mucho calor... de mucho sol... y... de repente te das cuenta de que llevas una bolsa de cuero en tu espalda... La bolsa está pesada, muy pesada... Estás cansado... Miras el camino hacia adelante y ves que un poco más lejos hay un árbol grande, frondoso, con mucha sombra debajo... Apuras tu paso para llegar luego hasta allá... Llegas... y ves que debajo del árbol hay pasto, bien verde, suave... donde dan ganas de tenderse... Al borde hay un arroyo pequeño que corre por ahí, con agua fresca y transparente... También hay una mesa hecha de troncos...

"Quitas la bolsa de tu espalda... miras a tu alrededor y piensas qué quisieras hacer ahí... Tal vez tenderte un rato en el pasto a descansar a la sombra... Mojarte la cara con agua fresca... lo que sea... y lo haces...

"Después de reposar un rato, decides revisar qué hay dentro de la bolsa, para elegir lo que quieres llevar contigo y lo que puedes dejar... Porque tal vez haya cosas que ya no te sirven... Y comienzas a sacar cosas de la bolsa... y van saliendo

35 No publicada. Presentada en Seminario-Taller Clínico Hipnosis Ericksoniana, 2006.

juguetes, fotos, recuerdos, sensaciones, imágenes, una canción, algún mueble, zapatos, ropa… o lo que te vaya apareciendo… Y tú… con calma… eliges las cosas que quieres conservar y… las depositas en la bolsa… Y las demás las dejas ahí… Tal vez te esperarán para un nuevo uso… Luego… la cierras, la tomas y continúas tu camino… por el camino de tu vida… sintiendo ahora la bolsa mucho más liviana…

"Te das un tiempo… Te vas despidiendo lentamente de este viaje por la imaginación… Te despides de las imágenes y de las sensaciones… Sientes la tranquilidad, la comodidad… Te das un tiempo y… vas volviendo al aquí y ahora… a este lugar… A tu vida en esta pieza…".

Actividad #2

Los Anteojos

INTRODUCCIÓN

Es sabido que la realidad que percibimos depende de la lectura que hacemos de ella, es decir, de los anteojos que nos pongamos para mirarla. Ya lo decía Epícteto, el filósofo griego: "No nos afecta lo que nos sucede, sino lo que nos decimos de lo que nos sucede"[36]. Pero los seres humanos tenemos una importante tendencia a olvidar esto y a creer, una y otra vez, que solo los hechos externos son responsables de nuestros estados de ánimo (Thich Nhat Hanh, 1991/2014). De este modo, culpamos a los demás de provocar nuestra ira, a sucesos externos de los malos resultados obtenidos en alguna evaluación, a otros por ser injustos, etc., sin darnos cuenta de que, a menudo, son nuestros pensamientos los que nos causan malestar emocional.

Rafael Santandreu (2014) en *Las gafas de la felicidad* se refiere a lo fundamental que es ponerse los lentes que enseñan a graduar el corazón y la mente y manejar las creencias irracionales que nos hacen sentir poco felices.

Una mirada negativa del mundo puede llevarnos a situaciones poco gratas, a culparnos y a sentirnos mal con nosotros mismos, así como incomprendidos por los demás. Nos conduce a ver la realidad peor de lo que es, y a no visualizar lo favorable y estimulante de la vida. Nos lleva a no conectarnos con lo que alimenta nuestra alegría, lo que nos hace felices y con el disfrutar de la vida. Con dicha mirada, solo percibimos un aspecto de la realidad, por lo general el más negativo, y dejamos de ver otros aspectos que suelen ser buenos, positivos o agradables.

Esta forma de procesar la información empuja a magnificar los sucesos negativos y a elaborar presagios catastrofistas, propiciando una percepción de

36 *Manual de vida*, Editorial Ariel, Madrid (2014). Libro que se continúa leyendo veinte siglos después de haber sido escrito.

incontrolabilidad sobre las situaciones, como bien lo muestran los clásicos estudios de Beck (1976/2000) sobre las distorsiones cognitivas.

Instalarnos en el lado oscuro puede, asimismo, contribuir a que aquellos que viven alrededor nuestro inconscientemente se alejen de nosotros, porque no resulta muy reconfortante estar cerca de personas negativas, críticas, pendientes de lo malo y que a menudo (aunque no sea su intención) anticipan problemas (Pomerantz, Ruble, Frey y Grenlich, 1995). Cuando estamos colocados en esa perspectiva, nos negamos a aceptar que hay diferentes maneras de percibir lo que sucede a nuestro alrededor y que no existe una forma única y adecuada de hacerlo (Kendall y Bolton, 1981). De hecho, sabemos que a muchos niños que tienden a percibir las cosas en forma negativa se les ha repetido con insistencia que no deben ser así, que "cambien la cara", que deben ser positivos, etcétera, lo que, como es evidente, no ha conseguido mejorar su conducta y muchas veces la empeora.

En esta actividad se trata de que el niño pueda sentirse en un espacio donde le es posible respirar un "aire nuevo" y acercarse a su emocionalidad desde lo lúdico. Se intenta que él se abra a una nueva manera de mirar el mundo que lo rodea, para así salir del entrampamiento en el cual muchas veces se encuentra ubicado. No es nuestra intención entregarle una lección o un deber ser, ni que esta actividad sea vivida como una exigencia de comportamiento[37].

Los Anteojos ha sido diseñada para que el niño pueda tomar conciencia de que la mirada negativa del mundo, en la cual puede caer sin darse cuenta, no lo ayuda. Se intenta trabajar, entre otros, la tendencia a agrandar las situaciones y elementos negativos y a no percibir y desvalorizar los factores positivos, en sí mismo, en los demás o en su entorno.

OBJETIVOS

Favorecer en el niño la toma de conciencia de la tendencia a percibir la realidad desde un lado negativo y a no observar los aspectos agradables del mundo que lo rodea.

37 En este sentido, es necesario preocuparse de plantear la actividad en un momento oportuno, para lograr que tenga resonancia en el niño y lo toque en sus emociones junto con evitar que "se aprenda la lección".

Ayudar al menor a darse cuenta de que esa mirada negativa puede ser cambiada, si modifica su manera de percibir y procesar la realidad y pone su atención también en otros aspectos.

PROCEDIMIENTO

Instalados el niño y el terapeuta frente a la pizarra, o en un escritorio, con lápices a disposición, se comienza el trabajo atrayendo la atención del niño hacia la actividad:

"Hoy vamos a trabajar el tema de los anteojos... Por favor, dibuja unos anteojos negros (en la pizarra o en una hoja en blanco, según donde estén trabajando), *como tú quieras dibujarlos".*

Si el niño no quisiera dibujar los anteojos, lo que es poco frecuente, lo hace el terapeuta.

Dibujo 2-1

Luego de terminado el dibujo el terapeuta, mirando los anteojos dibujados, dice:

"A veces, en la vida, sin darnos cuenta, nos ponemos anteojos negros (lentes o gafas) para mirar las cosas... y empezamos a ver todo negro... todo mal... todo oscuro... Y entonces sentimos, pensamos y decimos, por ejemplo:

- 'Nadie me quiere'...

- 'Todo me sale mal'...".

Estas frases las escribe debajo de los anteojos negros dibujados.

Dibujo 2-2

A partir de este tipo de ejemplos, el terapeuta lleva al niño a buscar otros. Van apareciendo así en la conversación frases que se van escribiendo en la pizarra u hoja y se va conformando una lista que se escribe bajo los anteojos negros previamente dibujados.

- "Todo me sale mal"
- "Nadie me quiere"
- "Siempre me echan la culpa a mí"
- "Tengo mala suerte"
- "Siempre me retan a mí"
- "Siempre me castigan a mí"
- "Nadie quiere ser mi amigo"
- "Siempre me va mal en el colegio"
- "Nadie me prefiere a mí"
- Etc.

Una vez que ambos han mencionado varios ejemplos, el terapeuta pregunta al niño:

"¿Cómo nos sentimos? ¿Cómo lo pasamos con los anteojos negros puestos?".

Espera su respuesta, que por lo general es…

"¡Mal!".

Entonces dice el terapeuta:

"Cuando tenemos los anteojos negros puestos, pareciera que el camino de la vida se va angostando para nosotros, nos sentimos cada vez más solos, los demás se van alejando de nosotros cuando nos ven con los anteojos negros, encontrándolo todo mal…".

Dibuja un camino que parte ancho, pero se va poniendo más angosto, como en la figura adjunta.

Dibujo 2-3

"¿Cómo lo vamos a seguir pasando si seguimos con los anteojos negros puestos?".

Espera la respuesta del niño. Probablemente diga:

"¡Peor!".

"Entonces, ¿no crees que es mejor sacarse los anteojos negros y echarlos en un basurero?".

El terapeuta dibuja ahora unos antejos negros siendo tirados dentro de un canasto de basura. Y luego, al fondo de un basurero.

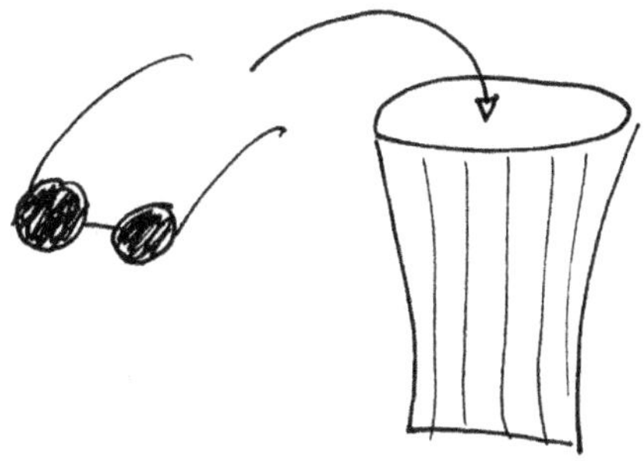

Dibujo 2-4

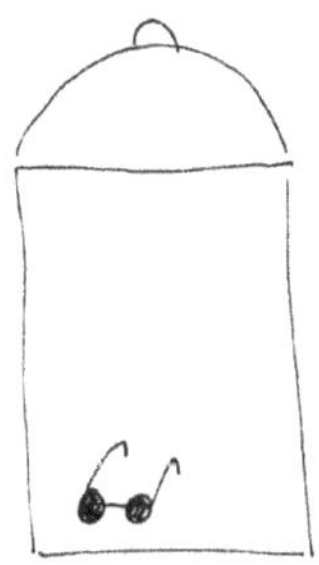

Dibujo 2-5

Luego, hace una cruz sobre el basurero.

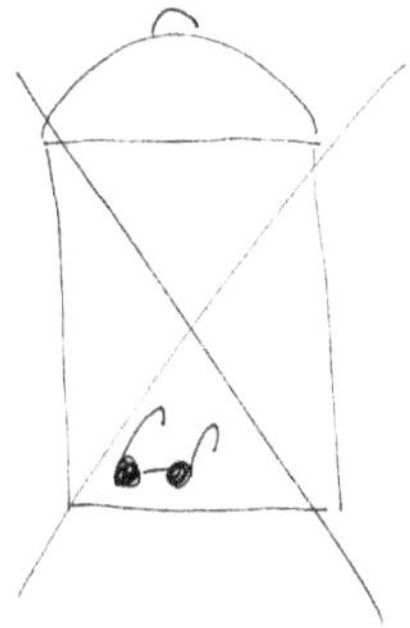

Dibujo 2-6

Si el niño quiere, puede dibujar él mismo los anteojos y el basurero, y luego hacer una cruz sobre este.

A continuación, el terapeuta dibuja unos anteojos blancos en el pizarrón u hoja. Puede dibujarlos el niño si lo desea.

En lo posible, traza los anteojos blancos al lado de los anteojos negros recién dibujados y va escribiendo debajo una lista de frases relativas a ellos.

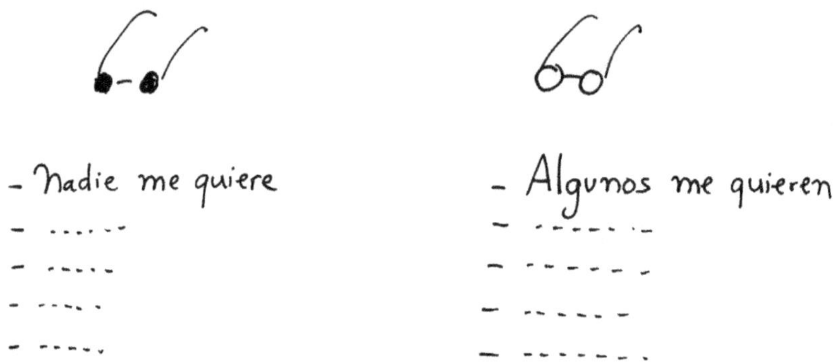

Dibujo 2-7

Y prosigue el trabajo:

"Si ahora nos ponemos anteojos blancos… ¿Todo va a salir bien? ¿Todo nos saldrá perfecto?".

Espera la respuesta del niño.

- Si el niño responde "Sí":

El terapeuta lo lleva a reflexionar brevemente sobre la imposibilidad de que todo salga bien. Dice algo como:

"¿Seguro que todo, todo nos saldrá bien?... Si estamos esperando que siempre todo salga bien, y algo no resulta, podríamos volver rápido a los anteojos negros y… entonces diríamos:

"'¡Todo me sale mal!'.

"Los anteojos blancos no son unos anteojos dorados con los que se ve todo bonito, ideal y perfecto. Son unos que nos ayudan a ver que algunas cosas, a veces, pueden no salir bien, pero también a ver que muchas veces las cosas sí nos salen bien".

- Si el niño responde "No":

"Muy cierto, no hay anteojos ni nada que pueda hacer que todo nos salga bien. Con los anteojos blancos nos damos cuenta de que algunas cosas salen bien, pero otras no tanto…

"A ver, veamos lo que teníamos anotado para los anteojos negros… ¿Cómo será con anteojos blancos?".

El terapeuta y el niño van leyendo y analizando una a una las afirmaciones de la lista hecha antes para los anteojos negros, y piensan juntos cómo sería cada afirmación con los anteojos blancos puestos.

Por ejemplo:

- *"Todo me sale mal"… ¿Será que todo me sale mal? ¿No será que… algunas veces las cosas me salen bien, pero otras veces me salen más o menos?*

- *"Nadie me quiere"… ¿Será que nadie me quiere? ¿Habrá alguien a quien todos lo quieran? ¿O será que… algunas personas me quieren y otras no tanto?*

- *"Siempre me echan la culpa a mí"… ¿No será que… alguna vez me culpan a mí y a veces culpan a otros?*

- *"Tengo mala suerte"… ¿No será que a veces tengo buena suerte y otras veces no?*

El terapeuta señala:

"Con los ***anteojos blancos*** *podemos darnos cuenta de que a veces las cosas salen bien, pero otras veces no. Podemos mirar y apreciar también las cosas bonitas de nuestra vida y detenernos a gozarlas por un rato (aunque sepamos que no siempre las cosas pueden ir bien o como deseamos…). Pero podemos mirar ¡tantas cosas agradables que tenemos a nuestro alrededor!*

"Y los anteojos negros nos hacen ver todo negro…".

Enseguida entrega al niño una hoja en blanco y un plumón o un lápiz de cera negro y le pide:

"Ahora, por favor, dibuja en esta hoja unos anteojos negros (o lentes o gafas) bien grandes".

Da tiempo al niño para dibujar y pintar unos anteojos negros. Si los hiciera muy pequeños, lo estimula a hacerlos más grandes. Cuando termina, le dice:

"Ahora te pido que por favor cierres tus ojos, te concentres bien, pienses… y te preguntes a ti mismo si quieres seguir con los anteojos negros puestos o si prefieres sacártelos y deshacerte de ellos".

…(tiempo)…

"Ahora por favor piensa si prefieres arrugar los anteojos, cortarlos con tijeras o con las manos, o botarlos al papelero… lo que tú quieras".

Se detiene un momento para que el niño reflexione y decida qué quiere hacer con los anteojos que acaba de dibujar y, con paciencia y en silencio, espera que el niño actúe.

La técnica culmina con el acto simbólico de tirar los anteojos negros al basurero. Este pequeño acto semimágico es importante para el niño, ya que lo ayuda a liberarse. Además, potencia el recuerdo de la experiencia.

Para cerrar la actividad, se puede pedir al niño que dibuje unos anteojos blancos en la pizarra o en una hoja en blanco. También se le puede pedir que dibuje lo que él vería si tuviera ahora los anteojos blancos puestos.

Dibujo 2-8

NOTAS

- La actividad ***Los Anteojos*** no está indicada para aquellos pacientes que presentan un cuadro depresivo de gravedad o que están sumidos en un negativismo paralizante y que, pese a sus esfuerzos y a tener conciencia de esto, no pueden salir de su situación.
- Como **actividad complementaria** se recomienda la lectura, con el niño, del cuento *El oso enojoso* de Neva Milicic (2014).

Actividad #3

Costos y Ganancias

INTRODUCCIÓN

Luis Alberto Heiremans (1990, p. 88), dramaturgo chileno, en su obra *El abanderado* afirmaba: "El que ganar quiere algo, algo tendrá que perder", frase que advierte que en la vida no hay nada gratis, que para tener algo hay que esforzarse, que todo tiene un costo. Nos indica que no es posible que a las personas les salga todo bien u obtengan todo lo que desean.

Podemos ganar muchos beneficios en términos de premios, popularidad, éxitos académicos o logros materiales. No obstante, al mismo tiempo, esas ganancias necesariamente van a estar acompañadas de costos, ya sea en términos de esfuerzo, estrés, tiempo dedicado o dejar de hacer otra cosa.

Aun sabiendo lo anterior, la obtención de ganancias suele ser, para muchos, el objetivo más importante de sus vidas. En numerosas oportunidades los logros pueden ser alcanzados con altos costos personales o, a veces, pasando a llevar a otras personas. No siempre dan felicidad al que los consigue (Ricard y Revel, 1997).

Los niños de hoy están inmersos en un mundo con modelos exitistas, centrados en logros de notas, récords deportivos, puntajes máximos en pruebas estandarizadas nacionales (PSU[38] y Simce[39]) o lugares obtenidos en rankings de colegios, cursos, clases, entre otros. Ellos viven en cada momento con la expectativa de ganar y conseguir todo lo que quieren; estiman que todo debería ser fácil y rápido, además de exitoso. Por ende, les cuesta aceptar que a veces las expectativas no se cumplen y se frustran en exceso[40], por tener rendimientos

38 PSU: En Chile, Prueba de Selección Universitaria nacional.

39 SIMCE: Sistema de Medición de la Calidad de la Educación, que en Chile se aplica en 2.°, 4.°, 6.°, 8.° años de Educación General Básica, y en 2.° y 3.° Medio.

40 Muchas veces pueden llegar a experimentar mucha tensión y ansiedad y, en algunos casos, depresión.

normales, calificaciones en el promedio o por no destacar entre sus pares. No han aprendido que no se puede ganar siempre y que nunca se obtiene una ganancia sin que haya un costo asociado.

El análisis de los costos y las ganancias puede efectuarse no solo en lo referente a tópicos materiales o académicos, sino también a situaciones que involucran relaciones interpersonales. Todo comportamiento o actitud nuestra con respecto a los demás —como preocuparse o no por ellos, ser más o menos enojón, hacerse continuamente cargo de sus necesidades y no de las propias— puede reportarnos beneficios, pero también conlleva costos.

Así, por ejemplo, aquellos niños que son siempre buenos con los otros, los "mejores compañeros", que se postergan constantemente en pro de agradar a los demás, pueden experimentar altos costos a nivel personal y emocional, pues se olvidan de sí mismos y de su identidad.

Asimismo, la literatura detalla las serias consecuencias para los niños parentalizados de hacerse cargo de las necesidades emocionales de sus padres (Goulding y Goulding, 1997; Steward, 2007; Miller, 2009). Son chicos muy controlados y adecuados socialmente, sonrientes y amables con los adultos y complacientes con sus pares. Pero al proceder de esta forma sobreadaptada se disuelve su genuinidad, su esencia (Winnicott, 1993). Se comportan como pequeños adultos desde edades muy tempranas, acatando las imposiciones del entorno, desarrollando lo que Winnicott (1993) denomina un falso *self*. Este es una distorsión de la personalidad que consiste en emprender desde la infancia una existencia ilusoria (el sí mismo inauténtico) a fin de proteger mediante una organización defensiva un verdadero *self* (el sí mismo auténtico). Proceder de esta manera continuadamente puede hacer que el niño pierda la conexión con sus propias necesidades emocionales y con lo que siente, produciéndole sensaciones de aburrimiento, de irrealidad y de hastío.

La actividad ***Costos y Ganancias*** ha sido creada para trabajar con niños y jóvenes en la toma de conciencia de que las ganancias siempre presentan costos, que muchas veces el conseguir ciertos logros y éxitos requiere de una postergación de los reales deseos y necesidades, aunque no se tenga conciencia de ellos.

OBJETIVOS

Ayudar al niño a analizar y visualizar de forma simple, mediante un esquema, que todo lo que hacemos y lo que nos pasa en la vida, tanto positivo como negativo, tiene costos y ganancias.

PROCEDIMIENTO

El terapeuta invita al niño a trabajar diciendo:

"Vamos a trabajar el tema de los costos y las ganancias y comenzaremos haciendo una tabla para ver los costos y lo que ganamos, en distintas situaciones que vivimos…".

Hace un cuadro con tres columnas en la pizarra o en un papel y escribe o pide al niño que escriba la palabra "Ganancias" (o "Yo gano") en la segunda columna y la palabra "Costos" (o "Me cuesta") en la tercera.

Situaciones	**Ganancias (o Yo gano)**	**Costos (o Me cuesta)**

Espera que el niño escriba en la pizarra (o papel) en las columnas ya dibujadas.

Y continúa:

"¿Te has fijado en que a todos nosotros nos gustaría ganar siempre? ¿Será esto posible? ¿Podremos ganar sin que nos cueste algo?".

Espera la respuesta del niño…

El terapeuta conversa con el niño sobre el tema por un rato y luego proceden a completar juntos el esquema anterior. Puede escribir el niño o el terapeuta.

Dice:

"Pensemos cuáles serán las ganancias y los costos, por ejemplo… de sacarse muy buenas notas. ¿Qué ganamos sacándonos buenas notas?".

Situaciones	**Ganancias o Yo gano**	**Costos o Me cuesta**
1. Sacarse muy buenas notas		

Escribe la frase en el pizarrón y da tiempo para que el niño responda. Este puede decir cosas como:

- Las buenas notas
- Felicitaciones de los papás
- Felicitaciones de los profesores
- Premios
- Regalos

Estas frases se van escribiendo en la columna **Ganancias.**

Situaciones	**Ganancias (o Yo gano)**	**Costos (o Me cuesta)**
1. Sacarse muy buenas notas	*- Las buenas notas* *-Felicitaciones de la profesora* *-Felicitaciones de los papas* *-Premios* *-Regalos*	

El terapeuta indica entonces:

"Pero ¿cuál es el costo de sacarse buenas notas?... ¿Qué me va a costar a mí?".

Espera la respuesta del niño.

Si este no da ninguna, el terapeuta puede señalar algunas de estas ideas:

- Estudiar mucho
- Poco tiempo para jugar
- Ver poca o no ver tele
- Mucho tiempo haciendo las tareas
- Cansancio

- Esfuerzo
- Siempre se espera que lo haga bien
- Sentirse mal si uno no saca buenas notas
- Aislarse de los amigos; ellos pueden evitarnos por ser "demasiado perfectos"

El terapeuta expresa:

"Y esas cosas, nos cuestan, ¿verdad? ¡Tenemos que hacer un esfuerzo para lograrlas! Las buenas notas no son gratis…".

Conversa con el niño acerca de los costos de obtener buenos resultados escolares y anota lo dicho en forma esquemática y resumida en la tabla.

Situaciones	**Ganancias (o Yo gano)**	**Costos (o Me cuesta)**
1. Sacarse muy buenas notas	*- Las buenas notas* *-Felicitaciones de la profesora* *-Felicitaciones de los papas* *-Premios* *-Regalos*	*- Estudiar mucho* *- Poco tiempo para jugar* *- Mucho tiempo para tareas* *- Ver poca tele* *- Cansancio* *- Esforzarse* *- Siempre se espera que lo haga bien* *- Muy agotador* *- Sentirse mal si uno no se saca buenas notas* *- Compañeros se pueden distanciar*

Luego, continúan analizando los costos y ganancias de otras situaciones como:

- Decir siempre SÍ cuando me piden algo / No enojarse nunca
- Ser medio enojón / Enojarse a veces
- No sacarse buenas notas
- Ser el regalón o el favorito de alguien (abuela o profesora)

Cuando se analizan situaciones aparentemente negativas, como *Ser un poco enojón* o *No sacarse buenas notas*, es mejor empezar por analizar los costos, porque los niños inicialmente tienden a estimar que algo negativo no tiene ninguna ganancia.

Una vez reconocidos los costos, puede más fácil cambiar la mirada y encontrar posibles ventajas de enojarse a veces, de ser un poco flojo, etc.

Situaciones	**Ganancias (o Yo gano)**	**Costos (o Me cuesta)**
2. Decir siempre que sí a los amigos (o no enojarse nunca) (Por ejemplo, si el amigo dice: "Dame tu colación")	*- Tener muchos amigos* *- Caerles bien a todos* *- Evitar peleas* *- No tener problemas con nadie*	*- Me "trago" la rabia, no expreso lo que siento* *- No tomar en cuenta los propios gustos* *- Sentirse pasado a llevar* *- Muy agotador*
3. Ser medio enojón (o enojarse a veces)	*- Expresar mis sentimientos* *- No acumular la rabia* *- No tener que "tragarme la rabia"* *- No tengo que aparentar lo que no siento o no soy* *- Tener claro lo que no me gusta*	*- Retos o críticas por enojarme a veces* *- No todos quieren ser mis amigos. A veces puedo no caer tan bien.* *- No es agradable sentir rabia, estar enojado*
4. Ser un poco flojo en el colegio o No sacarse buenas notas	*- Paso toda la tarde jugando* *- No ando preocupado ni pendiente de los deberes escolares* *- No me estreso* *- Tengo más tiempo libre*	*- Retos* *- Malas notas* *- Me pueden castigar* *- Me tildan de irresponsable*
5. Ser el favorito de la profesora	*- Tener más atención* *- Tener un trato especial* *- Menos retos* *- Más premios*	*- Me molestan* *- Me dejan solo* *- Mis compañeros se alejan*
6. Ser el regalón de la abuela	*- Tener más atención de ella* *- Trato especial de la abuela, por ejemplo:* *- Salgo más con ella* *- No me reta* *- Me encuentra bueno todo lo que hago*	*- Me molestan* *- Hermanos y primos se ponen celosos* *- No me incluyen en juegos y actividades de hermanos o primos*

NOTAS

- Si cuando se le pregunta al niño por los costos de lograr algo bueno, por ejemplo, buenas notas, su respuesta es "¡Nada!", el clínico puede motivarlo a reflexionar sobre el tema y llevarlo a dudar y pensar si está seguro de que se obtengan buenas notas sin ningún esfuerzo, sin estudiar, sin dejar de jugar, etc. Lo mismo para otros ejemplos.
- Como **actividad complementaria** se puede realizar con el niño la lectura del cuento *Buena suerte, mala suerte, ¿quién sabe?*, de Tony de Mello (citado por C. Vallés, 1994), que se presenta a continuación.

Cuento: "Buena suerte, mala suerte, ¿quién sabe?"

Una historia china habla de un anciano labrador que tenía un viejo caballo para cultivar sus campos. Un día, el caballo escapó a las montañas. Cuando los vecinos del anciano labrador se acercaron para condolerse con él y lamentar su desgracia, el labrador les replicó: "¿Mala suerte? ¿Buena suerte? ¿Quién sabe?". Una semana después, el caballo volvió de las montañas trayendo consigo una manada de caballos salvajes. Entonces los vecinos felicitaron al labrador por su buena suerte. Este les respondió: "¿Buena suerte? ¿Mala suerte? ¿Quién sabe?".

Cuando el hijo del labrador intentó domar uno de aquellos caballos salvajes, cayó y se rompió una pierna. Todo el mundo consideró esto como una desgracia. No así el labrador, quien se limitó a decir: "¿Mala suerte? ¿Buena suerte? ¿Quién sabe?". Unas semanas más tarde, el ejército entró en el poblado y fueron reclutados todos los jóvenes que se encontraban en buenas condiciones. Cuando vieron al hijo del labrador con la pierna rota, lo dejaron tranquilo. ¿Había sido buena suerte? ¿Mala suerte? ¿Quién sabe? Todo lo que a primera vista parece un contratiempo puede ser un disfraz del bien. Y lo que parece bueno a primera vista puede ser realmente dañino.

Actividad #4

El Clóset

INTRODUCCIÓN

Durante el proceso de desarrollo, a medida que van creciendo, los niños aprenden a diferenciar sus sentimientos y a organizar sus pensamientos y sus experiencias (Dehart, Sroufe y Cooper, 2004; Haeussler y Rodríguez, 2005; Saarni y Harris, 1989). Sin embargo, muchas veces, les resulta difícil tener un acercamiento hacia ellos. Temen encontrarse frente a contenidos amenazantes o difíciles de entender, que los sobrepasan. Es así que suelen llegar a psicoterapia con bastante temor a mirarse a sí mismos.

Para los niños es importante darse cuenta de lo enriquecedor que es descubrir su mundo interno, ordenar los diferentes contenidos y partes de sí mismos, y darles un espacio en sus vidas. Por muy duras que sean las experiencias que hayan vivido y muy intensa la sensación de desorden, confusión y caos[41], el poder visualizar dichos contenidos y darles algún tipo de organización hace que estos sean más fáciles de asimilar y sobrellevar.

Ordenar y relacionar las distintas partes de sí mismo, cuando antes se percibían aisladas, sin conexión ni orden y, por lo tanto, inentendibles, favorece en el niño el sentirse más aliviado y liberado (Ortigosa, Méndez y Riquelme, 2014). Nosotros, terapeutas, lo ayudamos, paulatinamente, a ir adecuando y dando coherencia y sentido a su mundo interno y a lo que experimenta (Rogers, 1972).

El Clóset es una actividad introductoria a la terapia. Facilita en el niño un primer enfrentamiento positivo y poco amenazante de sus contenidos internos, al reconocer su existencia y la necesidad de aceptarlos y ordenarlos.

El trabajo se realiza a través de la metáfora del ordenamiento de un clóset. Se hace la analogía de este con la vida de cada uno. Si uno tiene su clóset (su

41 Esta desorganización interna suele provenir de situaciones de vida difíciles de enfrentar y de las sensaciones, emociones y pensamientos que dichas situaciones provocan.

vida, su mundo interno) muy desordenado y no sabe dónde está cada cosa, siente que ¡es un caos!, y resultará muy difícil hallar una prenda de vestir cuando uno la busque. Repisas, cajones o casilleros para cada tipo de objeto hacen más fácil ubicarse, saber lo que uno tiene y encontrar lo que busca. Aceptar en uno mismo la necesidad de poner un orden interno y organizar los sentimientos, pensamientos, conductas, valores u otros favorece el desarrollo de la autoconsciencia, el autoconocimiento, la sensación de orden y coherencia interna y el control sobre la propia vida. Al mismo tiempo promueve la sensación de liberación y seguridad.

OBJETIVOS

Facilitar en el paciente la toma de conciencia de la importancia y necesidad de ordenar su mundo interno, junto con introducir al desarrollo de un vocabulario emocional.

PROCEDIMIENTO

Atrayendo la atención del niño, el clínico pone un lápiz o plumón a su disposición, para que también participe en el dibujo si lo desea.

El terapeuta parte la actividad dibujando un clóset con sus puertas cerradas; incluso puede agregarle una cadena y un candado. Luego agrega unas rayas desordenadas dentro del clóset cerrado, para representar el caos o desorden dentro de este. Mientras lo hace señala:

Dibujo 4-1

"Nosotros a veces sentimos que en nuestro corazón hay un gran desorden, gigante, como un clóset muy desordenado, ¡que no queremos ni abrir!... Y a veces incluso ¡hasta deseamos ponerle llave!".

Luego, dibuja un clóset con las puertas abiertas. Dentro de él hay variados objetos, como juguetes, cajas, colgadores y distintas prendas de vestir como zapatos, calcetines, pantalones, colocadas unas sobre otras, incluso ropa fuera tirada en el suelo, en un gran desorden.

Dibujo 4-2

Y expresa:

"Finalmente, decidimos abrirlo... Muchas veces, dentro de nosotros mismos, sabemos que, en verdad, tenemos un gran desorden al igual que un clóset donde todo está mezclado y tirado, y hay una cosa sobre la otra... Por ejemplo, las zapatillas guardadas junto con los pijamas y los sweaters... Si abrimos la puerta del clóset, es tanto el caos que se nos puede caer todo encima...".

Da espacio para que el niño comente, reflexione, dibuje o pinte.

Continúa:

"Es importante darnos cuenta de que tenemos nuestro clóset desordenado y que veamos cómo hacerle estantes y poder organizar lo que hay dentro.

"Lo primero que tenemos que hacer es mirarlo... Ver cómo son sus estantes y cajones... Tal vez haya que ponerle más estantes o repisas y colgadores".

El terapeuta delinea estantes, repisas, cajones, colgadores…, e incita al niño a dibujar si lo desea.

Dibujo 4-3

Luego señala:

"Miramos bien qué cosas hay dentro del clóset y empezamos a buscar un espacio para cada una… Ponemos los calcetines en el lugar de los calcetines, las zapatillas con las zapatillas, los pantalones con los pantalones, etc.".

Entonces, dibuja un clóset con ropa y cosas ordenadas adentro.

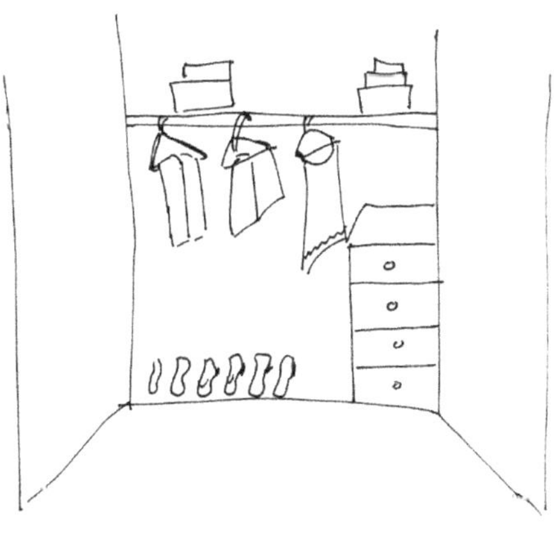

Dibujo 4-4

"Y podemos darnos cuenta de que tal vez hay cosas que antes nos eran útiles pero que ya no nos sirven, y podemos comenzar a deshacernos de ellas. Incluso podemos encontrar cosas que no nos pertenecen y que se le quedaron a alguien alguna vez. Entonces las sacamos de ahí, porque es mi clóset y en el clóset de mi vida solo pueden estar mis cosas".

Y continúa:

"Así como nosotros podemos organizar el clóset de nuestra ropa y dejarlo muy bien, también podemos ordenar el clóset de nuestra vida.

"Para ordenarlo, tenemos que hacer estantes y cajones... y pensar dónde vamos a poner los sentimientos, los pensamientos, las preocupaciones, los planes y proyectos, etc.".

Mientras expresa lo anterior el terapeuta dibuja un clóset donde pone cajas con etiquetas que señalan "sentimientos", "pensamientos", "preocupaciones", etc.

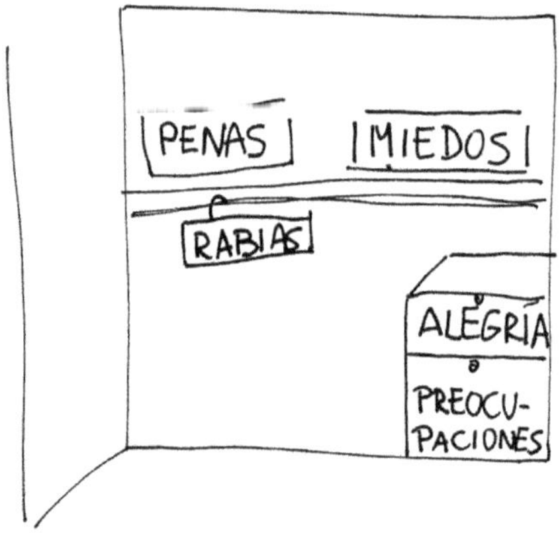

Dibujo 4-5

Indica:

"Tengo que ver qué cosas me dan rabia o me enojan, cuáles me dan miedo y cuáles me entristecen, qué me alegra, qué me hacen sufrir, e irlas poniendo en mis estantes, repisas o cajoneras... Y así me voy ordenando, y al mismo tiempo me voy conociendo, reconociendo y aceptándome a mí mismo".

Continúan la conversación a partir de esta metáfora, motivando al niño a expresarse ampliamente sobre el tema. El clínico presta atención a lo que este va verbalizando y a lo que pone en cada estante o repisa (necesidades, miedos, preocupaciones, etc.).

La aceptación, por parte del paciente, de la existencia de un "clóset desordenado" establece las bases para trabajar varios temas en sesiones posteriores, pues lo que el paciente coloca simbólicamente en el clóset es importante para él.

NOTAS

- Como **actividad complementaria** se puede pedir al niño que imagine y dibuje su propio clóset, como él quiera, dándole a cada cosa importante de su vida un espacio determinado. Luego, si lo desea, lo podrá colorear. Así podrá dibujar cajones grandes o chicos, cajas o colgadores en diferentes lugares del clóset con diferentes tamaños y colores. Estos pueden representar, entonces, los pensamientos, miedos, preocupaciones, esperanzas, sueños, etc., que él tiene en el momento que está viviendo.

Actividad #5

La Mala Pata

INTRODUCCIÓN

La vida nos ofrece inagotables oportunidades de amar, crecer, crear, disfrutar, agradecer, gozar de la naturaleza (Steindl-Rast, 2014). Sin embargo, también nos plantea desafíos e inevitablemente nos pone dificultades y dolores que no siempre sabemos enfrentar.

Todos los seres humanos vamos a encontrar, en algún momento de nuestra vida, situaciones difíciles como pérdidas, soledad, alguna enfermedad limitante o que hace sentirse diferente, un problema físico, dificultades escolares, torpeza motora, vivir una injusticia, entre otras. Es decir, nadie está libre de tener algún problema, alguna "mala pata"[42] o mala suerte.

Algunas "malas patas" son observables por otros, como, por ejemplo, usar anteojos, tener una cojera o no ser bueno para un deporte. Otras, en cambio, no son visibles para los demás, lo que no significa que no provoquen sufrimiento, como tener un papá o mamá ausente o distante, dificultades económicas, cesantía o alcoholismo en la familia, un hermano muy avasallador, una dislexia que dificulta el aprendizaje o tener que esforzarse mucho para rendir en el colegio.

Una clave para no quedarse fijados en las cosas tristes o desagradables que nos ocurren es disfrutar con aprender, amar, jugar, pasar tiempo con amigos, el arte, la música, la naturaleza (Steindl-Rast, 2014). "Mirar lo bueno que uno tiene, gozar con lo que uno hace...". Apreciar "el gran milagro de estar vivos, de participar de la vida, de tener una buena salud, de poder movernos y disfrutar nuestro cuerpo en movimiento" (Thich Nhat Hanh, 2000, p. 60). Saborear las experiencias de cada instante, haciendo las cosas lentamente y disfrutándolas

42 "Mala pata": término que en Chile coloquialmente se utiliza como sinónimo de mala suerte. Tener "una mala pata" significa, entonces, tener mala suerte en algo.

mientras las hacemos (Thich Nhat Hanh, 1991/2014). También saber agradecer lo que la vida nos va entregando y, especialmente, no perder el tiempo quejándonos (Roustang, 2000).

Asimismo, una buena manera de vivir libremente y no dejarnos afectar por las "malas patas" de la vida es reconocer y aceptar las cosas y las circunstancias que nos toca vivir, no pelearnos con la vida (Bourquin, 2011), como lo señalamos en capítulos anteriores. Sucede muchas veces que, además de vivir alguna situación dolorosa o negativa, nos quedamos "pegados" en ella. Beck (1976/2000) ejemplifica situaciones como esta a través de sus conceptos de esquemas cognitivos y distorsiones cognitivas. Una de estas últimas es el filtraje o la atención selectiva. El filtraje es una distorsión en la que la persona se centra justamente en el aspecto que más teme y en el que más insatisfecho se siente. A partir de sus propios esquemas cognitivos, y de su propia historia, la persona escoge algo negativo de sí misma, de los demás o de las circunstancias que la rodean y excluye el resto.

Así, por ejemplo, las personas con tendencia a la depresión centran su atención en aquellas situaciones que suponen la posibilidad de pérdida o abandono. Los niños con un temperamento ansioso filtran o centran su atención en las situaciones que suponen riesgo o peligro, y el niño que normalmente saca buenas notas puede estar muy preocupado porque una vez tuvo un bajo resultado y, entonces, teme repetir el curso.

Sin embargo, es posible cambiar de perspectiva, y ubicar las fortalezas que se poseen para enfrentar las situaciones difíciles. Desde la psicología positiva, Seligman (2002) afirma que las fortalezas y virtudes trabajan en contra de la desgracia y en contra de los trastornos psicológicos, y resultan claves para aumentar la resiliencia.

La Mala Pata es una actividad diseñada para ayudar al niño a asumir una situación o problema que lo aflige y abruma. Él puede creer que tiene una "mala pata", es decir, mala suerte por algo que le ocurre o que le ocurrió. Puede sentir incluso que es el único al que le sucede algo así y se pregunta con frecuencia: ¿Por qué a mí? ¿Por qué me pasó esto? Piensa que a nadie más le pasan esas cosas. Para ello, utilizando el recurso del humor y la toma de perspectiva, al realizar la actividad, se trabaja con el niño la idea de que, si bien su problema es real, solo es una parte de su vida y no es lo único que le ocurre, y que también tiene y le suceden muchas cosas buenas, que no está tomando en cuenta (Santandreu, 2014).

Con la actividad ***La Mala Pata*** se pretende que el niño dé una visión holística al problema o situación que le preocupa o que tiene que vivir. Se favorece el reconocimiento de que es imposible que todo sea muy bueno, y que a veces puede a uno tocarle vivir cosas que no le gustan o que no desea; sin embargo, se puede aprender de ellas. Mediante el diálogo y el humor se intenta que el niño desplace el foco de su atención desde lo negativo a lo positivo, centrándose en sus potencialidades o fortalezas.

OBJETIVOS

A través de la metáfora de "la mala pata", ayudar al niño a reconocer la existencia en su vida de situaciones o problemas (permanentes o transitorios), que lo afligen y que le cuesta enfrentar y asumir. Paralelamente, es posible con esta actividad ayudarlo a relativizar las situaciones y a darse cuenta de que, aunque él tenga problemas, también posee aspectos o características positivas y valiosas.

PROCEDIMIENTO

Frente al pizarrón o sentados en una mesa con hojas blancas a disposición, el terapeuta dice al niño: *"Ahora vamos a hablar de las 'malas patas' porque todos a veces tenemos alguna ¿verdad?"*. Mientras dice eso dibuja un pie (o "pata", como decimos los chilenos) y escribe "Mala Pata" en el papel o la pizarra.

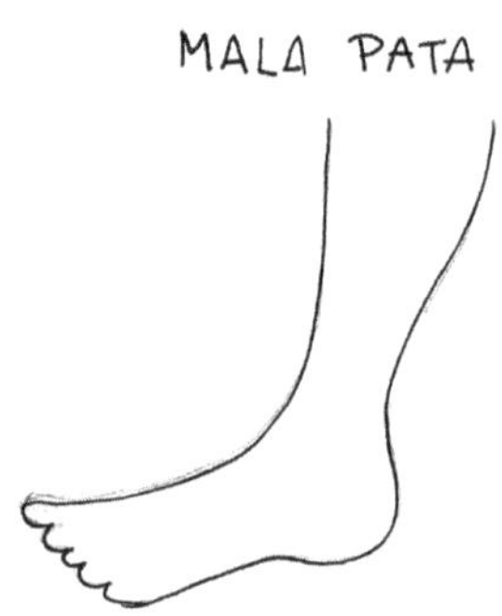

Dibujo 5-1

Continúa:

"A veces pensamos que tenemos muy mala suerte, que las cosas no nos salen bien, y pensamos que somos los únicos a quienes les pasa eso… Vemos a los otros tan bien que creemos que a ellos todo les resulta… Pero, en realidad, no somos los únicos a quienes les suceden cosas desagradables, tristes o negativas. Todos los seres humanos, todas las personas, chicos y grandes, tenemos alguna 'mala pata', como:

- *Tener sus papás separados*
- *Un padre que vive lejos*
- *Usar anteojos*
- *Dificultad para sacar buenas notas*
- *Dificultad para hacerse amigos*
- *Tener una enfermedad limitante como diabetes*
- *Haber provocado sin querer un accidente que afectó a alguien*
- *Un hermano enfermo que ocupa mucho tiempo de los padres*
- *No ser bueno para el fútbol, etc.".*

El terapeuta anima al niño a colaborar con más ejemplos, y presenta algunos casos relacionados con la temática o las necesidades del niño. Mientras, va escribiendo debajo del dibujo de la mala pata cada una de las ideas que van surgiendo del diálogo con este, como lo muestra la figura adjunta.

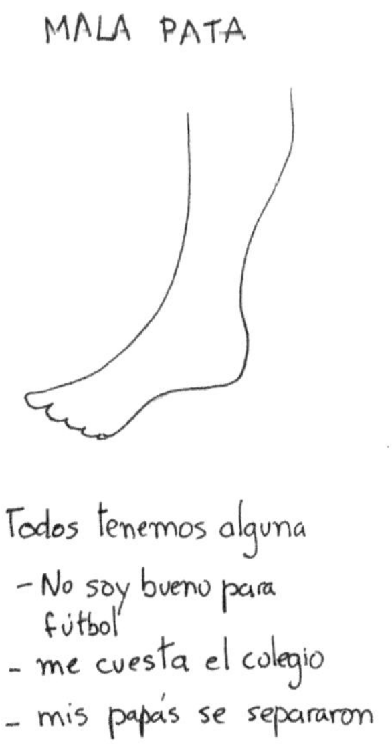

Dibujo 5-2

Después de que el niño se haya expresado y haya escuchado sobre diferentes tipos de "malas patas" que pueden presentar las personas, el terapeuta señala:

"Es verdad que todos tenemos alguna mala pata, pero también es cierto que todos tenemos muchas 'buenas patas', y a veces ¡nos olvidamos de ellas!

"Hay cosas que nos salen muy bien o que nos hacen sentir bien, con buena suerte. Por ejemplo, uno puede ser bastante bueno jugando al fútbol o al ajedrez, contando chistes, o uno puede sentir que tiene mucha suerte con la abuelita que le tocó o con la posibilidad de ir al campo en el verano donde unos familiares…".

Entonces esboza otro pie en el papel o pizarra y escribe el título "Buena Pata", al lado del título "Mala Pata" que había escrito antes. Luego incita al niño a hablar y comentar sobre las "Buenas Patas" que podemos tener las personas y a escribir una columna con "Buenas Patas", con lo que aparezca de ese diálogo.

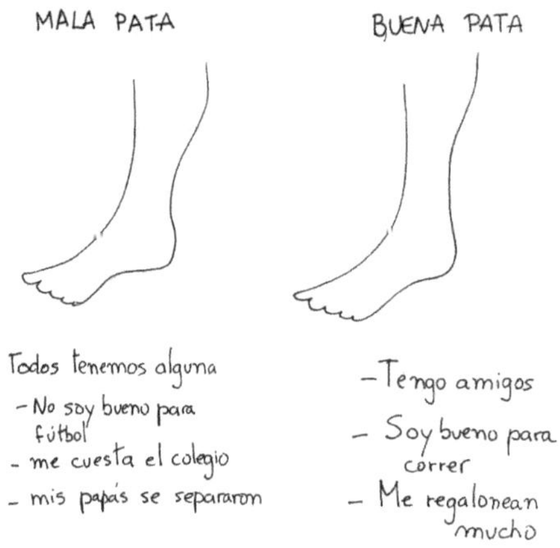

Dibujo 5-3

Ejemplos de respuestas de Buenas Patas o Buena Suerte expresadas por niños:

- Tengo una mascota
- Soy rápido para correr
- Mi abuelita es amorosa conmigo
- Soy bueno para construir
- Tengo una cama calientita
- Soy bueno para el inglés
- Hay una plaza cerca de mi casa para ir a jugar
- Soy bueno para contar chistes
- A veces voy de camping con mis papás

Es importante que el terapeuta no saque conclusiones, como hemos ido señalando en las actividades anteriores, sino que se preocupe de que al paciente le quede clara la imagen de la “Mala Pata” y que pueda confeccionar una lista de “Buenas Patas” (o de las situaciones o experiencias positivas donde se puede sentir con “buena suerte”), dejando que el niño cierre la experiencia por sí mismo, a su manera.

NOTAS

- Si un paciente señala que cree que un compañero suyo no tiene ninguna “Mala Pata”, puede ser pertinente recordarle el caso de algún niño que el terapeuta conoció, que parecía muy perfecto en el colegio, pero resulta que su vida familiar era muy triste, no tenía hermanos, su papá estaba muy enfermo, etc. Es decir, el terapeuta siembra en el menor dudas acerca de la supuesta perfección de su compañero, que él imagina sin ningún tipo de problema ni mala suerte.

Actividad #6

El Avestruz y el León

INTRODUCCIÓN

La presente actividad, ***El Avestruz y el León***, así como las dos siguientes, ***El Muro de Berlín*** y ***El Paquete Cerrado***, tienen en común el que están diseñadas para que el niño pueda, a través de un acercamiento visual y poco amenazante a sus contenidos internos, ir aceptando la existencia en sí mismo de preocupaciones, sentimientos y temores no reconocidos, a veces escondidos, que lo afligen.

En terapia, suelen darse situaciones donde en forma evidente vemos a un paciente complicado, preocupado, enredado o confundido, pero si le preguntamos acerca del tema, lo más probable es que él nos conteste con una negativa. Puede señalar que está bien, que no tiene ningún problema o, a lo más, puede afirmar: "Antes me pasaba eso, pero ahora ya no me pasa". Es decir, él está negando parte de lo que siente y experimenta. Está utilizando, en términos de la psicología dinámica, el mecanismo de defensa de la negación[43]. Laplanche y Pontalis (1971), indican que en los últimos años de su vida Freud reservó el término *negación* para designar el rechazo a la percepción de un hecho que es evidente en el mundo exterior. Esto lo observamos, muchas veces, cuando los pacientes no quieren ver lo que tienen enfrente, lo que todos los demás ven, tal como lo hace el avestruz frente al león.

Del mismo modo, en la práctica clínica en ocasiones observamos en algunos padres o personas significativas para el niño la tendencia a "pavimentar el camino" delante suyo, para impedir que se tropiece o se caiga; es decir, ellos, con las mejores intenciones, tienden a evitarle frustraciones[44]. Con esto, no

43 La negación es definida por Laplanche y Pontalis (1971) como: "el procedimiento en virtud del cual el sujeto a pesar de formular uno de sus deseos, pensamientos o sentimientos hasta entonces reprimidos, sigue defendiéndose negando que le pertenezca (p. 233)".

44 Cuando sería mejor que ellos enseñen al niño a tolerar las frustraciones en lugar de evitárselas.

le permiten ver la realidad tal como es, ni aprender a percibir las señales y los obstáculos en su camino.

También percibimos que algunos padres, en un afán protector, crean una burbuja de confort en torno a sus hijos, minimizando los problemas en general o los problemas en la familia, tratando de mostrarles un mundo poco real o que no corresponde a su situación de vida.

A veces los progenitores tratan de "edulcorar" la realidad, creyendo que con eso evitarán sufrimiento a su hijo. Parecieran suponer que la negación del problema lo hará, mágicamente, desaparecer. Así, por ejemplo, pueden no informar al niño que sus papás se han separado, que su abuelo ha muerto (diciéndole que se fue de viaje) o que se murió el perro de la familia (indicándole que se fue de vacaciones). Al actuar de ese modo, no facilitan en el niño el hacerse cargo de sí mismo y de sus emociones o desarrollar recursos para asumir su realidad (aunque esta sea dura).

Vivir en un entorno donde hay poca cabida para las sensaciones desagradables, las tristezas y el sufrimiento impide al niño ver la realidad tal cual es y aprender a enfrentarla, lo que menoscaba su crecimiento emocional y el desarrollo de herramientas para adaptarse y aceptar la realidad[45][46].

Negar, evitar o escapar de aquello que perturba o disgusta puede aumentar la intensidad del estrés o malestar, provocar un desequilibrio en el estado anímico y disminuir el rendimiento (Lazarus, 1990). Cuando se usa la evitación como una estrategia habitual, se tienden a repetir hábitos y un funcionamiento que impide a la persona desarrollar maneras más adaptativas de enfrentamiento.

Por otra parte, ser capaz de asumir que se tiene un problema es el paso previo para empezar a buscar una solución (Kendall y Bolton, 1981). Disponer de un espacio para trabajar la aceptación de sus emociones y las situaciones que está viviendo favorece en el niño la búsqueda de estrategias para afrontar y cambiar las sensaciones desagradables por otras más agradables.

---

45 Si hay un problema en la familia, al niño debe dársele una explicación de acuerdo con su edad y etapa del desarrollo, y con los filtros suficientes para que pueda elaborar la información recibida y al mismo tiempo no agobiarse ni angustiarse con ella.

46 Ver la realidad y dar explicaciones no significa que los padres deban hacer confidencias al niño, ni contarle sus problemas.

El afrontamiento[47] puede estar orientado hacia la tarea o hacia la emoción. Si lo está hacia la tarea, se centra en resolver el problema de manera lógica, en las soluciones o en la elaboración de planes de acción. Si el afrontamiento se dirige hacia la emoción, se centra en las respuestas emocionales (ira, tristeza, etc.), en la evitación, preocupación y también en las reacciones fantásticas o supersticiosas (Endler y Parker, 1990)[48].

En la actividad ***El Avestruz y el León***, a través de la metáfora del avestruz y el león, y por medio del dibujo y el humor, se acerca al paciente a tomar conciencia de que guarda dentro de sí algo que él ha preferido no nombrar y que lo perturba, y que resulta mejor para él reconocer su existencia y buscar formas de enfrentarlo y, en lo posible, solucionarlo. También puede ayudarlo a desbloquearse.

La actividad contribuye a darse cuenta de que se gasta mucha energía haciendo como si no existieran algunos sentimientos, aspectos o situaciones de la propia vida, que preocupan, duelen o molestan.

Facilita al paciente el asumir la importancia de reconocer que existen contenidos guardados o no reconocidos por él, su familia o el entorno, aun cuando el trabajo mismo sobre estos quede pendiente para una etapa más avanzada de la terapia o de su vida.

Cabe señalar también que se puede recurrir al cuento ***El Avestruz y el León*** en cualquier momento de la terapia, pero especialmente cuando en una sesión aparece una negación evidente de un problema por parte del niño.

OBJETIVOS

Ayudar al niño a darse cuenta de que está gastando mucha energía vital al evitar o negar algunos sentimientos, aspectos o situaciones de su vida que lo aquejan o perturban.

47 Lazarus y Folkman (1984) definen las estrategias de afrontamiento como el esfuerzo cognitivo y conductual que debe realizar una persona para poder responder a las demandas externas o internas que previamente han sido evaluadas como algo que supera los recursos de la persona.

48 Un afrontamiento inadecuado ante una situación de estrés agudo puede llevar a un estrés crónico y a la aparición de estados emocionales negativos y psicopatológicos (Escamilla, Rodríguez y González, 2009; Piqueras, Ramos, Martínez y Oblitas, 2009), así como a una alteración de la capacidad para tomar decisiones (Gottlieb, 1997).

Paralelamente, comprender que evitar o negar un problema no lo elimina, sino que, por el contrario, muchas veces lo vuelve más relevante.

PROCEDIMIENTO

Como acabamos de afirmar, esta actividad puede ser introducida en más de alguna oportunidad en la terapia, en el momento en que, durante la sesión, aparezca una negación evidente del niño de una situación, una emoción o un problema.

El terapeuta comienza con la siguiente narración:

"¿Te has fijado que a veces estamos muy preocupados y nerviosos... pero no queremos ver ni pensar en esa cosa tan desagradable que nos pasa? ...Los demás pueden darse cuenta de que algo nos pasa y nos preguntan: ¿Qué te pasa?... Pero nosotros no queremos decir ni pensar nada, entonces... ponemos cara de nada...".

El terapeuta dibuja entonces un niño con un rostro muy inexpresivo (ver dibujo).

Dibujo 6-1

Y dice:

"No, no me pasa nada, no, no tengo nada...", etc.

Continúa:

"Pero, aunque no queramos sentir nada, igual sentimos, igual nos preocupamos; aunque digamos que no pasa nada, igual pasa...

"En eso nos comportamos igual que el avestruz... Porque:

"¿Sabes tú qué hace el avestruz cuando ve que se acerca un león u otro depredador?".

El niño por lo general responde:

"Corre…".

Entonces el terapeuta esboza, de manera esquemática, un avestruz corriendo (ver dibujo).

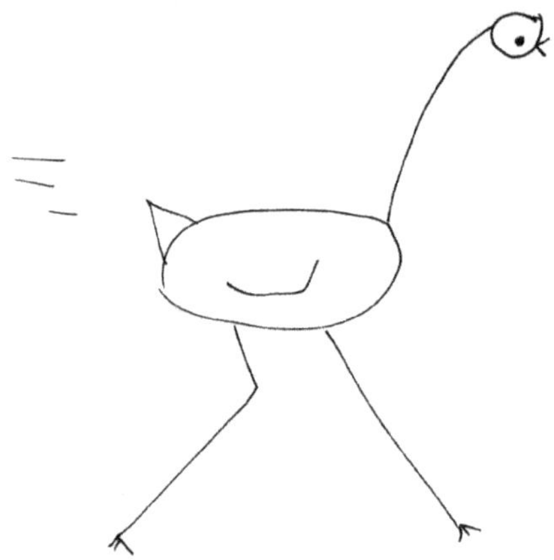

Dibujo 6-2

Y señala:

"Y corre muy rápido…".

En ese momento, el terapeuta dibuja rápidamente unos puntos, los "pasos" del avestruz, y al mismo tiempo expresa:

Dibujo 6-3

"El avestruz sigue y sigue corriendo…

"Y el león sigue corriendo detrás…

"Y el avestruz corre y corre… hasta que… se cansa…

"Y ¿qué hace el avestruz cuando se cansa?...".

Espera la respuesta del niño. Si la da, lo confirma; si no, señala:

"Busca un lugar para esconderse. Allí se agacha y oculta la cabeza, tal vez por miedo o de puro cansada que está...

"Y ¿dónde esconde la cabeza el avestruz?...".

Espera respuesta...

"Puede ser en un matorral...".

Entonces el clínico dibuja un matorral y, al lado de este, un avestruz con su largo cuello estirado y la cabeza dentro del matorral....

Dibujo 6-4

Y continúa su relato:

"O puede que esconda su cabeza en un hoyo que encuentra en la tierra".

Al decir lo anterior, dibuja un hoyo en la tierra y un avestruz con la cabeza dentro del hoyo.

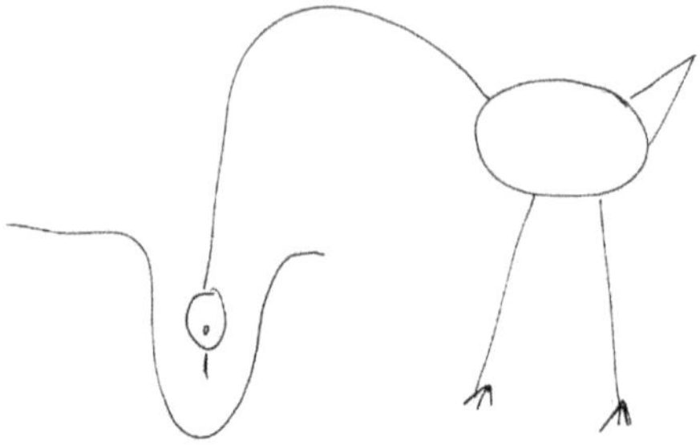

Dibujo 6-5

Luego el terapeuta junto con esbozar un león muy esquemático pregunta al niño:

"Y… ¿qué hace el león cuando ve al avestruz al lado del matorral o con la cabeza en el hoyo?".

Dibujo 6-6

Espera la respuesta del niño y comenta sus aportes…

Sigue:

"Cuando el avestruz tiene la cabeza escondida en el matorral o en el hoyo… ¿Ve al león?

"¡No! ¡Entonces el avestruz cree que, como no ve lo ve, el león no está!

"Pero…. ¿El león ve al avestruz?".

"…Sí…".

"Entonces, ¿qué hace el león?".

Espera la respuesta del niño...

"…Se la come…".

Al llegar a este punto, el terapeuta lleva el diálogo a tratar de entender el cuento... Conversan acerca de por qué al avestruz le pasará eso, del miedo que tiene el pobre avestruz, etc. Luego, se acerca el tema a nosotros, las personas. Así, él puede decir:

"A veces las personas, sin darnos cuenta, hacemos lo mismo que los avestruces: creemos que, porque no vemos algo que no nos gusta, eso no existe… Pero resulta que, aunque no queramos, existe igual. Podemos confundir nuestros deseos, lo que nos gustaría, con la realidad…

"Para solucionar nuestros problemas en nuestra vida real, lo primero que tenemos que hacer es verlos, mirarlos de frente… saber que existen… Y también saber que no me va a pasar nada si yo miro esos problemas, si yo les doy existencia y si los asumo. Porque si no enfrento, si no sé que tengo un problema, ¿cómo lo voy a solucionar?".

Da espacio a que el niño vuelva sobre el tema, dibuje, comente, relate nuevamente la historia o historias relacionadas, si así lo desea.

En esta actividad, como en muchas otras, no hay un cierre formal ni una conclusión que extraer o recalcar. Se trata más bien de realizar una siembra de ideas, en el lenguaje de Milton Erickson (Erickson y Rossi, 1980; Zeig, 1998), para que esas ideas queden trabajando libremente en el inconsciente del niño y él las pueda ir relacionado con otras y progresivamente ir modificando su percepción de las cosas, sin que la actividad se transforme en una lección.

Actividad #7

El Muro de Berlín

INTRODUCCIÓN

Por situaciones de vida, características de personalidad o por ser muy autoexigentes, algunos niños aprenden a "ponerse una coraza" y a no revelar sus sentimientos. Esto puede suceder frente a situaciones de diferente índole y nivel de gravedad, como el hecho de que vivan problemáticas familiares complejas, presenten dificultades para socializar o tengan problemas escolares, una enfermedad o defecto físico, entre otras. En lugar de expresar lo que sienten, prefieren resistir y callar. No desean ser o parecer débiles ni dejarse afectar por los dolores o situaciones difíciles por las que están atravesando, intentando mostrarse fuertes a cualquier costo. De manera inconsciente, se sienten omnipotentes y capaces de soportar situaciones de vida insostenibles. Aparecen inmutables frente a los otros, como si nada les pasara y nada los perturbara. El problema son los costos que acarrea para ellos el sostener este tipo de situaciones.

Desde el punto de vista de la psicología dinámica, estas actitudes podrían estar reflejando la utilización de mecanismos de defensa, tales como la represión, la negación o la disociación (Laplanche y Pontalis, 1971), relacionados con la capacidad de resistir y sostener situaciones. Son mecanismos que utilizamos para encarar la realidad y mantener la autoimagen. Cabe precisar que en un funcionamiento psíquico sano se emplean estos y otros mecanismos de forma adaptativa, para hacer frente a dificultades importantes y "seguir viviendo". Sin embargo, un mecanismo de defensa deviene patológico cuando su uso persistente se vuelve rígido e inflexible, llegando a veces a comprometer la salud mental o física de la persona.

En este sentido, actitudes que hablan de desconexión emocional podrían tener altos costos en el desarrollo afectivo infantojuvenil si se vuelven masivas e inflexibles y se enraízan en el funcionamiento psíquico. El niño o joven que resiste y tolera situaciones emocionales complejas por largo tiempo se va desgastando, va perdiendo su energía vital y puede ir perdiendo la conexión con sus sentimientos más profundos y reales, llegando a convertirse, finalmente, en un verdadero extraño para sí mismo (Miller, 1979, 2009). Su inconsciente intenta advertirle de variadas maneras, pero el temor a enfrentarse con sus dolores o a defraudar a sus figuras significativas lo lleva a seguir resistiendo y a no conectarse.

En su obra *El cuerpo nunca miente*, Alice Miller (1990, 2003) refiere las consecuencias que sufre el cuerpo al negar la conexión con las emociones intensas y verdaderas que experimenta. Insiste en la importancia de no disociarse y de expresarlas. Señala que, para poder efectuar ese proceso, se necesita un testigo cómplice que pueda ayudar, con afecto, a conocerse, reconocer esas emociones y contactarse con la propia profundidad. La autora advierte que se produce un conflicto entre lo que sentimos, que ha sido registrado por nuestro cuerpo, y los sentimientos que desearíamos sentir para considerarnos a nosotros mismos como personas moralmente adecuadas y correctas. Cuando una persona permanece muy desconectada y evita experimentar sentimientos negativos o no aceptados, puede llegar a enfermarse físicamente (Schnacke, 2001). En esas situaciones, pueden aparecer, por ejemplo, jaquecas o dolores estomacales, o incluso desencadenarse una enfermedad autoinmune como una psoriasis o un vitíligo, que pueden ser avisos del cuerpo de que su capacidad de resistencia se está agotando.

En la actividad ***El muro de Berlín*** se trabaja con el niño en la toma de conciencia del desgaste personal y gran esfuerzo que implica hacer como si no pasara nada, sosteniendo y soportando estoicamente situaciones difíciles que efectivamente están sucediendo en su vida. Al mismo tiempo, se lleva al menor a darse cuenta del costo que implica "amurallar" el corazón y no conectarse con los sentimientos dolorosos. Esta actividad lo puede ayudar a visualizar otras posibilidades y a no permanecer en la resistencia e inmovilidad ante las situaciones difíciles o de conflicto, con el consiguiente agotamiento, frustración y desconexión.

OBJETIVOS

Favorecer en el niño la percepción del esfuerzo que implica para él el ponerse una "coraza" y no conectarse con sus sentimientos, aparentando ser fuerte e impenetrable.

Paralelamente, se busca que se dé cuenta del costo que implica para él sostener situaciones indefinidamente, ignorándolas y no expresando lo que siente.

PROCEDIMIENTO

Sentado junto al niño en una mesa con lápices y papeles disponibles, el terapeuta atrae la atención de este y comienza contándole, a modo de introducción, la historia del muro de Berlín:

"Unos años después de la Segunda Guerra Mundial, en la ciudad de Berlín construyeron un gran muro que la separaba en dos partes, pasando por la mitad de calles y casas.

"Este era un muro muy alto, imposible de atravesar. Lo hicieron así... para que nadie tratara de pasar por encima de él. Incluso tenía un tubo gigante arriba; si alguien tocaba el tubo, este comenzaba a girar y la persona se caía; además, ¡sonaba una alarma y le disparaban!...".

El terapeuta dibuja un muro con un tubo en la parte superior, y unas flechas para señalar el movimiento del tubo. Detrás del muro puede esbozar unos edificios y casas, como muestra el esquema adjunto.

Dibujo 7-1

"Ese muro, por suerte, hoy ya desapareció; fue derribado... Berlín se reunificó y Alemania volvió a ser un solo país".

Después de esta introducción, el terapeuta continúa:

"Resulta que las personas, sin darnos cuenta, a veces construimos enormes muros dentro de nosotros mismos... Porque en nuestra vida hay cosas que no queremos saber, que no queremos mirar... Después gastamos mucha energía en sostenerlos. A veces las personas ni siquiera nos damos cuenta de que estamos sujetando algo que nos tiene muy cansados y agotados... y tenemos miedo de que, si no sostenemos el muro, todo se va a derrumbar".

El terapeuta dibuja un señor o niño sosteniendo un muro.

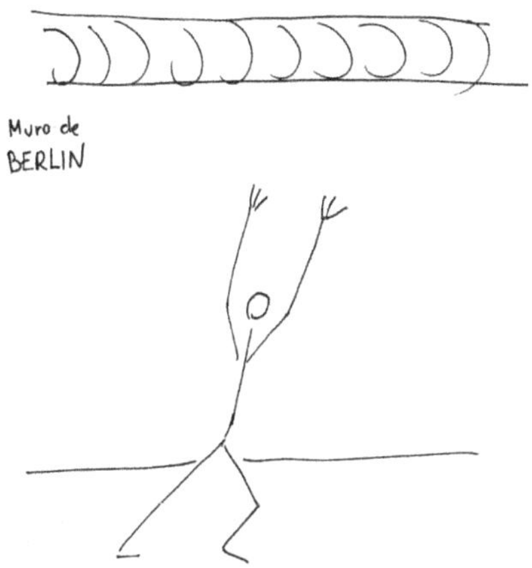

Dibujo 7-2

Y añade:

"Hacemos como si no pasara nada...

"Pero resulta que a veces SÍ PASAN en nuestra vida cosas difíciles, cosas desagradables, que no nos gustan, nos molestan e incomodan... Cosas que nos asustan y que no queremos que ocurran...

"Sin embargo, continuamos callados, con mucha tensión, soportando un gran peso; tanto, que nos sentimos como si estuviéramos sosteniendo un muro como el de Berlín, para que no se nos caiga encima...".

Dice:

"Guardamos bien amurallados en nuestro corazón nuestros sentimientos, las cosas que nos preocupan, lo que no queremos o no podemos enfrentar... Hacemos un muro en nuestro corazón para guardar todo eso... y no dejar salir nada, y así no sentir... Anestesiarnos y seguir igual...".

El terapeuta dibuja un corazón rodeado de una muralla.

Dibujo 7-3

"No mostramos lo que sentimos… Seguimos adelante como si no sintiéramos nada, actuando como si no pasara nada… como si no supiéramos nada… Pero SÍ estamos preocupados… porque… (El terapeuta menciona, entre otras, algunas posibles preocupaciones del niño)".

Pregunta: *"¿Por qué amurallamos el corazón? ¿Por qué sujetamos el muro?"*

Deja espacio para que el niño comente y responda, si así lo desea.

Dice: *"Yo creo que porque tenemos mucho miedo de que, si dejamos de sostener el muro, si hablamos, si miramos nuestros sentimientos, si les ponemos palabras a las cosas que están pasando, todo se va a desmoronar, el muro se va a venir abajo… y tal vez pase algo muy malo en nuestra vida…*

"No nos podemos concentrar, andamos cansados, preocupados, a veces desanimados, nos sentimos mal, nos duele la cabeza…

"Pero igual preferimos no soltar y seguir sujetando, sin darnos cuenta del costo que tiene para nosotros estar en permanente tensión… continuando a pesar de todo...

"Y no nos damos cuenta de que muchas veces lo que tenemos guardado tras el muro del corazón, lo que estamos sosteniendo, lo que no queremos mirar, no es tan terrible como pensamos o tememos. Más bien lo que puede acontecer es que tenemos miedo, que probablemente lo que más sentimos es miedo…

"Además, aunque fuera muy difícil lo que estamos evitando, aun así… es mejor comenzar a derribar el muro del corazón, no seguir sujetándolo en forma indefinida… e intentar compartir lo que sentimos con alguien en quien confiemos… Así no nos sentiremos tan solos y aislados…

"Pareciera que ES MEJOR SOLTAR... Y... DEJAR QUE LAS COSAS SEAN. No todo depende de nosotros....

- *"Y si había un gran problema familiar, tendrá que aparecer. Y yo seré un observador...*
- *"Y si yo tengo un problema con alguien o con el estudio, mejor que aparezca, para poder empezar a solucionarlo... Porque el sostenerlo no lo va a solucionar, solo lo posterga...*
- *"Y si yo suelto, tal vez otros se empiecen también a preocupar del o de los problemas y ya no estaré tan solo...*
- *"Y, por último, en la vida es bastante mejor estar acompañado que solo y ojalá acompañado por alguien en quien podamos confiar...".*

El terapeuta cierra la actividad con el niño diciendo algo como:

"Parece que no vale la pena sujetar muros, tenerlo todo amurallado o guardar las cosas que nos dan problemas o que nos hacen sufrir. Es mejor mirarlas y tratar de entenderlas... porque eso nos alivia y nos libera".

La actividad no tiene como objetivo lograr que el paciente se explaye verbalmente o exprese y explique qué muros está sosteniendo él o qué sentimientos tiene muy guardados. Más bien pretende generar un espacio donde se pone sobre la mesa esta forma de funcionar ante los sucesos difíciles de asumir, favoreciendo la reflexión sobre ello y la conexión con los sentimientos asociados a ese tipo de experiencias.

NOTAS

- Como **actividad complementaria**, a continuación, siguiendo la línea de trabajo de Violet Oalkander (1992) en *Ventanas a nuestros niños*, se puede invitar al niño a realizar un muro con arena kinética (o con plasticina o con masa). Se dispone el material sobre la mesa de trabajo. Con voz suave y de manera lenta y pausada el terapeuta dice:

"Por favor toma entre tus manos la cantidad de materia que para ti sea cómoda para trabajar... Empieza a amasarla por un rato... Cuando la sientas un poco más tibia, puedes cerrar tus ojos... y mientras escuchas lo que te voy diciendo, te pido que vayas construyendo un muro con la arena (o plasticina o masa)...".

Con tono de voz aún más bajo expresa:

"Imagina que tienes frente a ti un muro grueso, pesado, firme, alto, hecho con materiales muy duros… como cemento, ladrillo, más cemento, fierro, madera, más cemento…".

El terapeuta hace una pausa, esperando que el niño comience a levantar su muro y vaya agregando poco a poco más materia.

Continúa en forma lenta y pausada:

"Este muro es grande, grueso, sólido y firme. No deja pasar nada de un lado al otro, no se puede mirar a través de él, es duro… muy duro… Es un muro muy pesado, sólido y grueso…".

Luego cierra lentamente la actividad y solicita al niño abrir los ojos y observar el muro que ha construido.

Enseguida dice:

"Ahora que estás con tus ojos abiertos puedes ver el muro que acabas de hacer. Te quiero pedir que ahora lo transformes en otra cosa… Lo puedes transformar en lo que tú quieras… puede ser algo real o imaginario, lo que te dé ganas de hacer. Podría ser un animal, una persona o una cosa… lo que sea... lo que te salga de esta transformación… con toda libertad".

Da tiempo al niño para realizar su trabajo y le pide que cuente cómo lo hizo y de qué se trata lo que modeló, cómo lo hizo y cómo se le ocurrió hacer lo que realizó.

Actividad #8

Abrir el Paquete

INTRODUCCIÓN

Muchos niños temen mirar, evocar y enfrentar —ya sea en forma visual o verbal— ciertos temas que les preocupan o angustian. Prefieren evitarlos y hacer como si no existieran. Pero reprimir y mantener guardadas situaciones emocionales desagradables o angustiosas obliga a emplear mucha energía, pudiéndose traducir esto en cansancio o desgaste. Además, moverse en la vida como si esas preocupaciones no estuvieran priva a la persona del beneficio y alivio que implica el compartir emociones y sentimientos con otros. Desde un punto de vista psicoanalítico esto podría corresponder a los mecanismos de defensa de la negación[49] y de la represión; es decir, "la operación por medio de la cual el sujeto intenta rechazar o mantener en el inconsciente representaciones (pensamientos, imágenes, recuerdos) ligados a una pulsión… Puede considerarse como un proceso psíquico universal, en cuanto se hallaría en el origen de la constitución del inconsciente, como dominio separado del resto del psiquismo" (Laplanche y Pontalis, 1971, p. 375).

La psicoterapia provee al niño o joven de un espacio que facilita la conexión con las emociones, preocupaciones o situaciones pendientes, que para él resulta importante reconocer y afrontar (Kring y Sloan, 2010; Lewis et al., 1989). El acercamiento paulatino y poco amenazante a estos contenidos, en las sesiones iniciales, favorece su visualización y posterior explicitación, para luego empezar a clarificarlos y a ordenar lo que siente.

Esto es importante especialmente para aquellos pacientes que están reticentes a trabajar sus emociones y para quienes les cuesta reconocer que algo les sucede. Al respecto, Winnicott (1998) señala:

---

49 Al cual aludimos en la actividad *El Avestruz y el León.*

> Nuestros propios sentimientos forman una parte importante de lo que somos. Ya es bastante difícil declarar lo que pensamos en lo que atañe a los sentimientos positivos de amor y confianza, y obramos con timidez al respecto; cuando se trata de sentimientos negativos o asociados al odio, el temor y la rabia, somos muy precavidos y tendemos a negar lo que sabemos verdadero. Peor aún es la tendencia que hallamos en nosotros a negar la tristeza o aflicción, a simular ante nosotros mismos que en realidad todo marcha bien (p. 81).

Pese a lo difícil que es conectarse y expresar lo que uno siente, Peter Bourquin (2011) indica que para llegar a ser sanos e íntegros necesitamos contemplar las heridas del pasado y dejarlas ser. Sin embargo, señala que tendemos a evitar el dolor y lo que nos resulta difícil. Por ello no queremos recordar lo negativo que alguna vez vivimos (Lazarus y Folkman, 1984; Lewis et al., 1989). Tapamos las heridas con ilusiones y anhelos, y desarrollamos una multitud de maneras para evitar sufrir. De hecho, según Bourquin (2011), en buena medida, nuestro carácter se construiría como una estrategia para no sentir el dolor.

En muchas ocasiones, el niño no cuenta con un sistema protector que le permita saber cuándo, cómo y con quién abrir su corazón y mostrar sus verdades, y por eso enmudece. Sin embargo, cuando encuentra un espacio seguro y se dan las condiciones a su alrededor, puede expresarse y compartir las experiencias vividas con el terapeuta u otra persona de su confianza.

Abrir el Paquete es una actividad que está diseñada para ser realizada en los comienzos de la terapia, pues consiste en una aproximación visual, poco amenazante, a las problemáticas del paciente, sin necesariamente nombrarlas. El "abrir el paquete que está frente a nosotros" genera un primer acercamiento respecto a los contenidos de su mundo interno, para que luego este, durante el proceso terapéutico, se atreva a enfrentarlos.

La actividad permite al niño percibir, en forma metafórica, que las preocupaciones o los problemas que tiene guardados se pueden mirar progresivamente, tal como cuando se abre un paquete cerrado y amarrado que contiene muchos otros pequeños paquetes, los que, a su vez, se pueden abrir también. Además, pese al temor a hacerlo, la apertura de dichos paquetitos suele producir mucho alivio. Por último, provee de un lenguaje común entre el paciente y el terapeuta, pues una vez aceptada la existencia de un "paquete" que está por abrirse ambos pueden compartir el saber de la existencia de este.

Esta actividad resulta útil para aquellos niños que tienen miedo a mirarse, que se resisten a aproximarse a sus propios contenidos internos y que se instalan en el mundo con actitudes negadoras del tipo: "No me pasa nada"; "No tengo nada"; "No tengo ninguna preocupación". Niños que arrastran preocupaciones, temores o situaciones difíciles que les cuesta reconocer y enfrentar y que se van instalando en su mundo interno.

Puede, además, ayudar al niño a descubrir que muchos de los contenidos guardados eran menos amenazantes de lo que él imaginaba y más posibles de sobrellevar y que, al reconocerlos, su "peligrosidad" podía disminuir. Por otra parte, permite darse cuenta de que vale la pena explorar el mundo interno, con toda su riqueza y porque el hacerlo da seguridad y libera.

OBJETIVO

Promover en el niño la visualización y reconocimiento de la existencia en su vida de temas, aspectos o situaciones que lo preocupan o le producen miedo o rechazo, a los que teme mirar y acercarse.

PROCEDIMIENTO

Frente a una pizarra o sentado junto al niño en una mesa con lápices y papeles disponibles, el terapeuta atrae la atención de este y dibuja un paquete amarrado con un cordel simple. Dentro del paquete escribe signos de interrogación. También puede pedirle al niño que dibuje él.

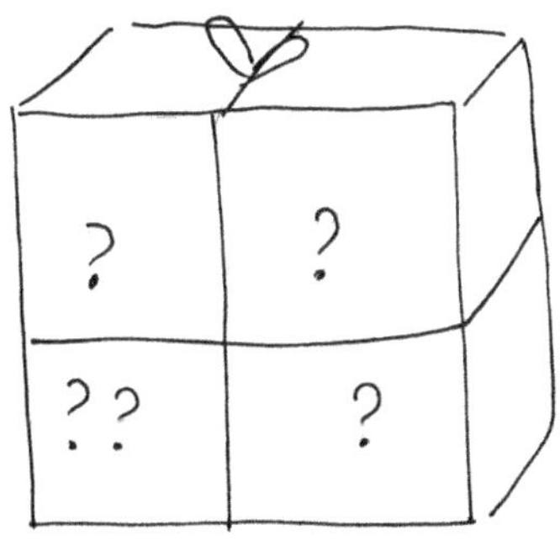

Dibujo 8-1

Dice:

"¡Mira este paquete que acabo de dibujar! Muchas veces nosotros nos sentimos como si estuviéramos frente a un gran paquete, bien envuelto, que pensamos que tiene muchas cosas dentro… Vemos que el paquete es grande, que está amarrado con un cordel, pero no sabemos qué es lo que contiene, ¡no tenemos idea de con qué nos podemos encontrar si lo abrimos!

"Entonces lo miramos y lo volvemos a mirar… Pero no nos atrevemos a desenvolverlo, porque tenemos miedo de enfrentarnos con algo terrible…

"Pensamos que podemos encontrarnos con un lobo o tal vez con un cocodrilo peligroso o con una serpiente venenosa… y nos da mucho miedo".

Pregunta al niño:

"¿Con qué crees que nos podemos topar en el paquete? ¿Qué tenemos miedo de descubrir? O ¿qué podríamos descubrir adentro?".

Espera su respuesta. Comentan o dialogan acerca de lo que va expresando y lo anima a dibujar las cosas temidas dentro del paquete, si así lo desea. De otro modo, el terapeuta esboza, muy esquemáticamente, lo que el niño señaló y puede agregar, por ejemplo, un lobo, un cocodrilo o una serpiente dentro del paquete.

Dibujo 8-2

Continúa:

"Nos da tanto miedo abrirlo que preferimos no hacerlo, y seguir con el paquete cerrado, bien amarrado… Este sigue ahí, a nuestra vista, ocupando harto espacio e

incomodándonos… Lo miramos desde lejos, de cerca… y gastamos mucha energía en mantenerlo cerrado".

El terapeuta dibuja un paquete cerrado y un niño mirándolo y sujetándolo.

Dibujo 8-3

Prosigue:

"Pero llega un minuto en que miramos de frente el paquete y nos decimos: 'Lo vamos a abrir y vamos a ver qué es lo que hay adentro…no podemos seguir sin saber'. ¿Lo abrimos entonces?".

Espera respuesta y comentarios del niño, que por lo general aprueba la apertura. Y dibuja un cordel y un papel arrugado.

Señala:

Dibujo 8-4

"Así, comenzamos a quitar el hilo o cordel que lo amarra, el papel que lo envuelve, y empezamos a mirar y sacar lo que hay dentro".

Mientras dice eso, el niño puede intervenir el papel arrugado, hacer otro, dibujar cordeles, o no dibujar y seguir atento al relato del terapeuta.

Este delinea ahora un paquete grande y varios paquetes chicos, y expresa:

"Y cuando abrimos el paquete nos damos cuenta de que no era un solo paquete, sino que dentro había varios paquetes más pequeños".

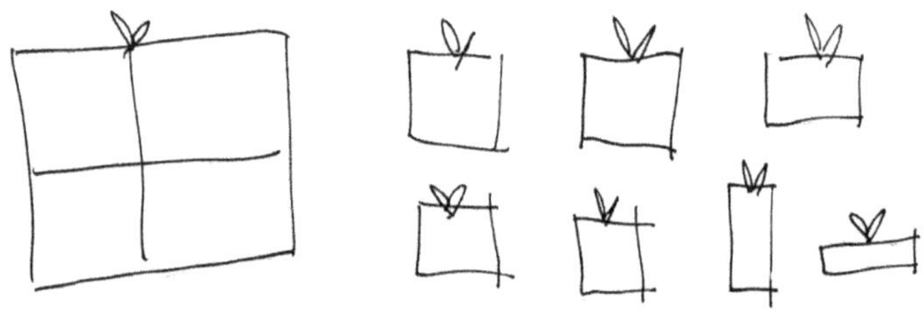

Dibujo 8-5

"Y vamos descubriendo su contenido... y abriendo los paquetitos.

"Si observamos los paquetes, ¡tenemos la sorpresa de darnos cuenta de que ya conocíamos el contenido de algunos! ¡Y, además, algunas cosas eran buenas!... ¡Pensar que teníamos tanto miedo de mirar!

"Creíamos, por ejemplo, que el primero a la izquierda incluía algo malo... Pero era algo no tan bueno, conocido, ¡como el problema que tengo con mi amiga/o!

"Pensábamos que este otro contenía algo muy peligroso, como un enorme cocodrilo... Pero no, no era un cocodrilo, sino algo mío; como, por ejemplo, ¡ser muy vergonzoso, rabioso o picado!".

El terapeuta vuelve a esbozar paquetes y va chequeando, haciendo el signo correspondiente ☑, cuando indica que el contenido del paquete era ya conocido. Va intercalando dibujos con relato:

Dibujo 8-6

"Luego encontramos uno más grande, que tenía algo malo, que ya sabíamos que estaba ahí, no era ninguna sorpresa…" (hace signo de chequear).

El terapeuta puede dar más ejemplos, de acuerdo con el caso y las temáticas abordadas con el niño.

"Al final, de los que eran paquetes dudosos, resulta que algunos eran sorpresas entretenidas de descubrir…

"Así, nos vamos dando cuenta de que dentro del paquete cerrado había muchos paquetes; algunos encerraban cosas conocidas, y no tantas cosas malas o difíciles, como uno suponía, sino también bastantes sorpresas… Y a veces cosas buenas que ¡no sabíamos que teníamos! Lo que pasa es que sentíamos ¡tanto susto! ¡Tanto tiempo que llevábamos sin querer saber lo que había en el paquete!".

Dibuja ahora un niño sorprendido y contento y dice…

Dibujo 8-7

"Descubrir en los paquetes algunas cosas buenas desconocidas, y encontrar que algunas que creíamos muy malas no lo eran tanto, nos hace sentirnos tranquilos, bien".

Si lo desea, también el paciente puede dibujar, a su vez, un niño contento y aliviado, tal como se siente después del descubrimiento.

Comentan lo abordado.

Para cerrar la actividad, el terapeuta puede decir:

"Así, nos damos cuenta de que es importante atreverse a mirar... y... ver. En la realidad, nosotros podemos elegir entre abrir o no abrir nuestro paquete, con quién abrirlo y cuándo abrirlo... Pero ya es un gran avance, el ser capaces de reconocer que tenemos un paquete, que está cerrado, que guarda cosas difíciles y que ese paquete puede empezar a ser abierto ahora o en algún momento de nuestra vida...".

Para terminar, puede solicitar al niño dibujar un paquete como él quiera hacerlo, cerrado, abierto o semiabierto, con su contenido, si así lo desea. Una alternativa puede ser pedirle hacer un paquete en plasticina, greda u otro material disponible.

NOTAS

• Un uso diferente de la imagen del paquete es la imagen del *Paquete Cerrado*. Dicha imagen puede utilizarse para trabajar en aquellas situaciones donde el niño ha vivido una experiencia traumática, ya sea en un momento puntual o a lo largo de un período de su vida. Es decir, cuando ha experimentado un gran temor en alguna situación acerca de la que no puede o no quiere hablar ni mirar. En esos casos, no es fácil que el niño pueda abrir "el paquete", muchas veces, por razones adaptativas y de autoprotección.

Presentar y trabajar con el niño la imagen de un *Paquete Cerrado*, que metafóricamente designa el problema, le puede ayudar, al menos, a aceptar la presencia en su vida de un tema difícil o doloroso para él, aunque no quiera o no pueda enfrentarlo. Esta aceptación puede ser un primer paso en su proceso terapéutico.

De este modo, de una manera metafórica, podemos compartir con el niño la idea de la existencia de ese "paquete", que está cerrado y que tal vez algún día pueda mirar su contenido y que nosotros, terapeutas, lo respetamos, y que dejaremos pendiente la apertura de este, hasta que sea oportuno o posible hacerlo. La imagen de un *Paquete Cerrado* puede funcionar como una siembra de ideas para trabajar en el futuro (Erickson y Rossi, 1980; Haley, 1994; Zeig, 1998), tal como lo hemos señalado.

Actividad #9

Rayas de Colores

INTRODUCCIÓN

En la clínica infantojuvenil observamos con alguna frecuencia niños inhibidos o muy contenidos, que no se permiten a sí mismos el expresarse libremente y que se comportan de manera rígida y estructurada, dando escasa cabida a sus aspectos lúdicos, a su creatividad o al humor. Suelen presentar un marcado temor a salirse de la norma y a no cumplir con lo esperado y lo socialmente adecuado.

Rayas de Colores, ***Los Pistoleros*** y ***Monos Locos*** son actividades de juego, diseñadas para ser llevadas a cabo en las sesiones iniciales de la terapia, cuando se está comenzando a construir un vínculo con el niño[50]. Favorecen la expresión libre y la descarga de tensiones, impulsos y ansiedades, contribuyendo a que este se sienta más cómodo en la situación terapéutica y pueda desbloquearse, cuando así se requiere[51].

Al principio del tratamiento, este proceso puede ser visto por el menor como algo amenazante, puesto que está frente a una persona que no conoce, en un lugar nuevo donde se ve confrontado con sus miedos, sentimientos, dificultades o problemas.

El cómo el terapeuta vaya resolviendo junto con el niño estas situaciones inconfortables, probablemente repercutirá en el desarrollo del proceso terapéutico posterior. Es muy importante que en las etapas iniciales el paciente se sienta acogido y contenido y pueda expresarse.

---

50 Este conjunto de actividades se utiliza por lo general con niños de hasta diez u once años.

51 Estas actividades pueden ser utilizadas también en otras oportunidades, cuando ya está más avanzado el proceso terapéutico. Por ejemplo, en los momentos en que se observa que el niño está desanimado, inhibido, muy contenido o negador, o cuando resulta difícil encontrar caminos para llegar a él.

Si el niño, a través de la expresión, consigue sentirse confortable en terapia, podrá ser capaz de conectarse consigo mismo y con las preocupaciones o conflictos que está viviendo y que lo han traído a la consulta (Naumburg, 1973, 1997).

Hamel y Labreche (2015) sostienen que, cuando se trabaja con expresión plástica o artística, se actúa en dos espacios, el del encuentro y el de la creación, y que ambos resultan muy relevantes en la terapia.

La expresión plástica ayuda a las personas a descubrirse a sí mismas y a ponerse en contacto con sus necesidades, deseos y fantasías, es decir, a entrar en contacto con el mundo interno, con lo más íntimo y subjetivo (Marxen, 2011; Rubin, 2009).

Esta subjetividad, según Hamel y Labreche (2015), es el resultado de experiencias emocionales que modelan nuestra manera de percibir el mundo. En psicoterapia, cuando la organización subjetiva de una persona se modifica por las nuevas experiencias, cambia el conjunto de representaciones de sí mismo y de los otros. Del mismo modo, sus experiencias pasadas y presentes adquieren nuevas significaciones (Malchiodi, 1998).

Rayas de Colores es una actividad de inicio[52] que puede ser utilizada con los niños desde muy pequeños (dos a tres años) y que se centra en la soltura, la expansión y la libertad de rayar y pintar sin pensar, creándose un espacio de encuentro a través de la expresión plástica que fomenta el vínculo paciente-terapeuta.

La actividad puede ayudar al niño a liberar tensiones y a relajarse. Es especialmente útil cuando el menor se percibe muy inhibido, temeroso o contenido o es muy lacónico.

OBJETIVOS

Favorecer en el niño la expresión libre, por medio de una actividad plástica, lúdica y activa, junto con ayudarlo a disminuir su inhibición y contención y a liberar algunas tensiones.

52 Como otras actividades introductorias, puede ser efectuada en diferentes momentos de la terapia.

PROCEDIMIENTO

Esta actividad se realiza con el niño y el terapeuta, preferentemente sentados en un escritorio. También puede hacerse frente a una pizarra y con plumones.

El terapeuta pone sobre la mesa una buena cantidad de lápices de colores, en lo posible gruesos y de colores brillantes o fosforescentes.

Pide al niño que seleccione cuatro o cinco lápices con los que desea pintar y elige otros tantos para sí.

Luego, el terapeuta coge sus cinco lápices todos juntos y los coloca en forma perpendicular contra la hoja, e incita al niño a coger los lápices de la misma manera (ver figura adjunta).

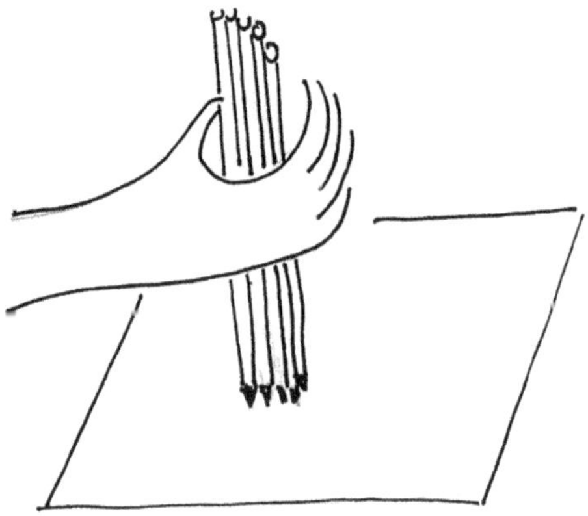

Dibujo 9-1

Enseguida dice al niño:

"Ahora vamos a hacer un juego con estos lápices… ¡¡¡Vamos a hacer un dibujo un poco loco (o una pintura loca)!!!".

El terapeuta toma su manojo de lápices y comienza a rayar sobre la hoja con todos los lápices juntos. Va moviendo la mano de un lado al otro de la hoja. Estimula al niño a comenzar a rayar con los lápices que tiene en su mano, de la misma manera y en la misma hoja que el terapeuta, con mayor o menor fuerza o presión de los lápices, según como el niño desee o como le vaya saliendo.

Mientras ambos van rayando de manera bastante rápida y acelerada y cargando harto los lápices de colores, el terapeuta comienza a decir algunas frases que pueden ayudar al niño a sentirse libre de descargarse.

Frases como las siguientes:
- Me carga que me reten
- No me gusta que me molesten
- Me da lata ir al colegio
- Me aburre hacer las tareas del colegio
- Me da rabia que me echen la culpa
- No me gusta que me manden
- No quiero levantarme temprano
- No me gusta leer
- No quiero ser amoroso con mi hermano
- Me da lata lavarme el pelo
- No quiero comer espinacas

Cada vez que el terapeuta dice algo, raya más intensamente en la hoja con su manojo de lápices. El niño lo sigue y, si quiere, expresa verbalmente lo que él desea; si no, se mantiene rayando. Mientras tanto, el terapeuta dice frases que expresan situaciones de la vida cotidiana que pueden producir tensión y desagrado a muchos niños, con las cuales el paciente se podrá identificar y que lo ayudarán a expresarse y descargar su tensión.

La actividad se puede repetir una o dos veces en la misma sesión, si se estima conveniente. También se puede volver a efectuar en sesiones posteriores, pues suele ser bastante atractiva para los niños y ellos la recuerdan y la solicitan.

Dado que ayuda a aliviar tensiones e impulsos[53], favorece la disposición del niño a trabajar. Facilita la realización, a continuación de ella, de actividades de inicio de la terapia, como ***La Bolsa*** o ***Los Anteojos*** o aquello que el terapeuta considere adecuado o pertinente.

NOTAS

• Al realizar la actividad ***Rayas de Colores***, es probable que muchos niños comiencen, en forma muy tímida, a hacer pequeñas rayas o movimientos muy lentos y suaves. En la medida que se les muestra que pueden soltarse, y cómo

53 Así como las dos que siguen.

hacerlo, se van expresando más, y se atreven a hacer movimientos más amplios, con trazos cada vez más cargados, rayas de mayor tamaño y de manera más libre.

Actividad #10

Los Pistoleros

INTRODUCCIÓN

Sabemos que los niños necesitan espacios de desahogo y descarga de tensiones y contenidos negativos, dañinos o difíciles de asimilar, espacios que los ayuden a alcanzar un equilibrio de su mundo interno y, al mismo tiempo, les permitan sentirse seguros y contenidos. Espacios lúdicos, de humor, donde a través del juego puedan soltarse, moverse, expresarse y participar activa y libremente, incluso desbordándose un poco.

A menudo los pacientes llegan a terapia con una importante carga emocional que les resulta difícil liberar y expresar. Esta puede estar relacionada con su propia forma de ser, su temperamento o carácter o también con diversas experiencias de vida. La separación de los padres, vivir en una familia disfuncional, el agobio por las muchas exigencias escolares, perder a un amigo por una pelea, no estar cómodos dentro del grupo de pares o la llegada de un nuevo hermano son todas situaciones que pueden provocar mucha tensión. Sin embargo, frente a las sensaciones y sentimientos difíciles de llevar, muchos niños pueden no tener posibilidades de expresar sanamente lo que sienten o descargar o "sacar fuera" su frustración o impotencia contenidas.

Margaret Naumburg (1973, 1997), arte-terapeuta norteamericana, destaca la importancia de fomentar en los niños una expresión plástica lo más espontánea y libre posible. Esta ayudaría a soltar elementos en el inconsciente y descargar impulsos o emociones reprimidas.

Simbolizar sentimientos y experiencias a través de imágenes puede constituir un vehículo de expresión y de comunicación más poderoso que la descripción verbal, al tiempo que posibilita que aquellos sentimientos y experiencias se vuelvan menos amenazantes, una vez depositados fuera y vistos en perspectiva (Dalley, 1987; Malchiodi, 1998; Rubin, 2009).

Damasio (1996) sostiene que las artes, que son básicamente expresivas, más allá de las habilidades de los individuos más capacitados, habrían perdurado en el desarrollo de la humanidad sobre todo por su valor terapéutico.

Cuando se hace uso de lenguajes alternativos —como lo son el dibujo o la plástica en general—, se abren múltiples puertas hacia la libre autoexpresión y la reflexión (Lusebrink, 1990). Los lenguajes alternativos son de gran relevancia dentro del proceso terapéutico, pues permiten la manifestación del niño a través de canales diferentes a la verbalización, y porque favorecen la creación de un clima emocional grato, de acogida y valoración de la expresión y creatividad.

Los Pistoleros es un juego de expresión plástica, muy motivador, con instrucciones muy simples, donde está permitido pelear y expresarse libremente.

En esta actividad se construye con el niño un espacio de humor y libertad, donde puede descargar sus contenidos emocionales, es decir, sentimientos, emociones y pensamientos conflictivos, en un ambiente libre de juicios y críticas. Ayuda a los niños[54], especialmente a los más inhibidos, a desbloquearse, descomprimirse, soltarse, descargarse de tensiones, preocupaciones, angustias, rabia y energía agresiva.

OBJETIVOS

Contribuye a que el niño, a través de la representación gráfica de una pelea o batalla, pueda desbloquearse, perder su inhibición, descargar tensiones, ansiedades y contenidos emocionales. Esto le ayuda a sentirse más aliviado y relajado.

PROCEDIMIENTO

Para empezar la actividad, se recomienda situarse con el niño frente a un pizarrón, ya que permite un trabajo más cómodo y participar a cabalidad, pudiendo realizar movimientos amplios con su cuerpo. Si no fuera posible, se efectúa en el escritorio. El niño elige un color para dibujar a su personaje y el terapeuta, otro. Se pueden ir cambiando los colores mientras se desarrolla la actividad.

54 No se recomienda para niños muy impulsivos o un poco agresivos.

La idea general de este trabajo es crear, dibujando en la pizarra, una batalla entre dos pistoleros, señores o guerreros. Si se trabaja con niñas, la pelea puede ser entre pistoleras, guerreras o que la niña proponga.

Se invita al niño a participar en una pelea o batalla entre los dos señores dibujados, asumiendo el papel de uno de ellos. El terapeuta asume el papel del otro señor. Ambos se disparan en el pizarrón en forma muy libre, a través de rayas que van de uno a otro pistolero en la pizarra. Los disparos son líneas sueltas que simbolizan las balas, flechas, o lo que se quiera utilizar.

El terapeuta se ubica a un lado de la pizarra y el niño al otro, y dice:

"Vamos a hacer un juego... Vamos a jugar a los pistoleros, a los señores que pelean".

El terapeuta escoge un plumón o lápiz de un color y esboza en forma esquemática un niño o señor en el pizarrón.

Pide al niño que elija un color diferente y que dibuje otro señor, mono o pistolero frente al recién trazado por el terapeuta, diciéndole:

"Dibuja ahora tú un señor como el mío...".

Dibujo 10-1

Indica el terapeuta:

"Ahora ellos van a pelear... ¿con qué arma?, ¿con qué quieres que peleen?... Elige.

"Puede ser:

- *Pistola*
- *Espada*

- *Palo*
- *Arco y flechas".*

Se incita al niño a elegir el arma con la cual van a pelear los señores. Es necesario que ambos usen el mismo tipo de arma para el juego. Luego cada uno dibuja el arma elegida en la mano de su señor o pistolero. Los dibujos de las armas son muy esquemáticos, como los de las figuras adjuntas:

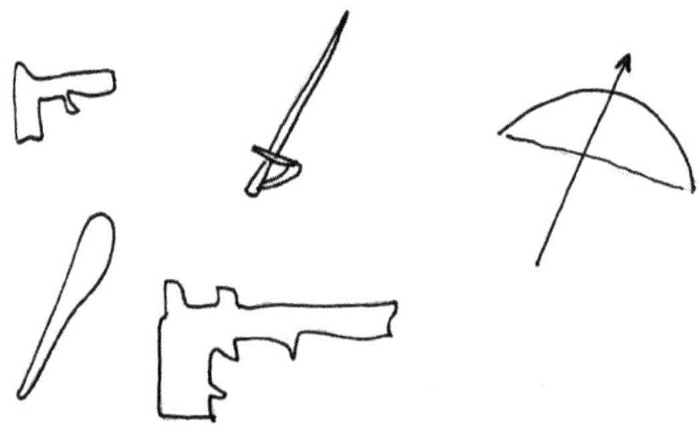

Dibujo 10-2

El terapeuta dice:

"Ahora vamos a comenzar la pelea".

Dibujo 10-3

Invita al niño a disparar desde su señor o pistolero al otro, haciendo una raya con su plumón en la pizarra en dirección al otro pistolero. De este modo, tanto el terapeuta como el niño van disparando desde su propio señor hacia el otro, haciendo rayas en el pizarrón con sus lápices. Cada uno "dispara" siempre en sentido contrario, es decir, desde su señor en dirección al señor del otro, acompañando sus disparos con los ruidos o sonidos que se emiten en estas circunstancias, ya sea "pum, pum", "paf, paf" u otros, de modo muy libre, apuntando al otro pistolero y a todo el resto del pizarrón, imitando una batalla. Van verbalizando sus acciones; por ejemplo: "Llegó a tu pie", "te atravesó el brazo", "te pasó por la cabeza", etc.

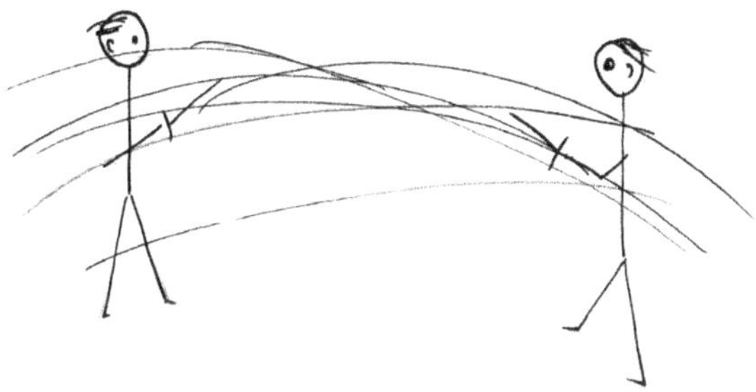

Dibujo 10-4

Pueden cambiar de colores si lo desean y continuar en este juego de disparos dibujados en la pizarra. El juego prosigue y al poco rato están ambos disparando en forma simultánea en distintos sentidos, cada uno dirigiendo los disparos de su pistolero. Continúan con la batalla, pelea o guerra de líneas, simulando fuego, libremente, sin turnos ni espacios fijos, lo que facilita en el niño la liberación de energía y tensiones.

Esta actividad es muy lúdica, y muchas veces, en la misma sesión, los niños piden repetirla. De ella no se extraen conclusiones ni se da una moraleja, pues su objetivo es que el niño aumente su bienestar y se sienta más cómodo consigo mismo y en el espacio terapéutico.

Al igual que en la actividad anterior, a menudo, los pacientes solicitan volver a hacerla en sesiones posteriores, lo que se puede hacer cuando el terapeuta lo estime conveniente.

En resumen, ***Los Pistoleros***, al igual que ***Rayas de Colores*** y ***Monos Locos***, tiene la función de recibir al niño en el espacio terapéutico, permitiendo su expresión emocional. Sirven como transición hacia actividades de mayor complejidad.

NOTAS

- Si el niño deriva hacia una actividad muy desbordada; por ejemplo, si se pone a jugar con pistolas supersónicas y a disparar sin parar, o comienza una actividad competitiva de matar, el terapeuta le dice que ese es otro juego, que se podrá hacer en otro momento, pero que ahora jugarán a este, y se recomienza el proceso.

Actividad #11

Monos Locos

INTRODUCCIÓN

La rigidez y el atenerse fuertemente a las normas establecidas interfieren en la creatividad. Los niños contenidos e inhibidos, como ya lo señalamos, se distancian de sus aspectos más creativos, mostrando poca autonomía, innovación y espontaneidad. Suelen relacionarse con el mundo respondiendo a escenarios preestablecidos o a situaciones estructuradas, en general por adultos, y siguiendo instrucciones específicas.

Asimismo, los niños tímidos y cautelosos se atreven muy poco a expresarse, desarrollando poco su creatividad, puesto que no se sienten seguros de sí mismos; temen hacerlo mal y suelen necesitar de constante aprobación.

En estos casos y en muchos otros es útil el uso de técnicas terapéuticas que favorecen la expresión libre, la espontaneidad y la creatividad, en un clima lúdico y alegre.

El humor en la psicoterapia es de utilidad para promover el vínculo terapéutico (Ellis, 1977; Fry y Salameh, 1993). Permite tener una nueva perspectiva de una situación dolorosa o difícil y asimismo facilita el proceso de cambio (Salameh y Fry, 2001). Además, contribuye a disminuir la inhibición y ansiedad, ya que la risa compartida cumple funciones sedativas y ansiolíticas, que muchos autores comparan con la relajación profunda (Fry y Salomeh, 1993). La creatividad, en conjunto con el uso del humor, ayuda a las personas a manejar sus emociones y a cambiar su estado de ánimo. Es muy importante fomentarla en el niño desde edades tempranas, señalan Besancon y Lubart (2015), y es de gran aporte en la terapia.

Monos Locos surgió en el trabajo terapéutico como una forma de dar al niño la posibilidad de salirse, por un momento, de lo establecido y permitirse libertades a la hora de expresarse. A través de la creación conjunta, en un clima distendido y de cercanía, el niño inventa, en conjunto con el terapeuta, un "mono loco", bajo el mensaje de que en este espacio se puede jugar y hacer cosas "locas", imperfectas y no estructuradas.

La actividad ***Monos Locos*** muestra al niño o joven que, en el espacio terapéutico, es permitido crear libremente, salirse de lo convencional y de lo habitual, expresarse en forma libre o realizar trabajos locos, creativos y poco estructurados. Además, indica al paciente que la creatividad, el humor y la alegría pueden ser parte de nuestro modo de comunicarnos. Este trabajo lo ayuda a ir perdiendo lentamente la inhibición, liberándose de rigideces y ataduras, y lo insta a sentirse cómodo en la situación terapéutica.

OBJETIVO

Estimular al niño a expresarse, desarrollar su creatividad y sentido del humor, junto con disminuir su inhibición, aportando una mayor sensación de bienestar y seguridad personal.

PROCEDIMIENTO

Esta actividad puede llevarse a cabo durante las sesiones iniciales, y puede favorecer la formación del vínculo entre paciente y terapeuta. También puede repetirse posteriormente en los momentos en que se quiera introducir un espacio lúdico y de humor en la terapia.

Puede efectuarse frente a un escritorio o frente a un pizarrón. Si la actividad se realiza en el pizarrón favorece en el niño la ejecución de movimientos amplios, con todo el cuerpo. Si se efectúa con lápiz y papel, sentados en un escritorio, contribuye a la cercanía y el contacto visual.

El terapeuta pone a disposición del niño plumones o lápices de colores y le indica:

"¡Vamos hacer un 'mono loco'!".

Luego, pide al niño que elija un color y dibuje un círculo o pelota:

"Por favor, dibuja aquí un círculo o una pelota más bien grande…".

Espera que el niño dibuje lo solicitado…

"¡Perfecto! Esa pelota puede ser la cabeza del mono… ¡Ahora le vamos a poner partes a este mono!".

El terapeuta dibuja entonces, por ejemplo, los ojos, y dice:

"Mira, yo le voy a dibujar sus ojos así... ¡bien locos! ¡Un ojo pequeñito y un ojo bien grande!".

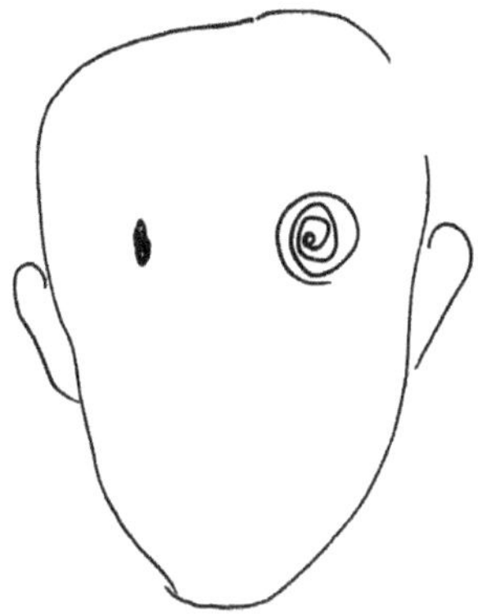

Dibujo 11-1

Luego estimula al niño a continuar, diciéndole:

"Y ahora, ¿qué le vas a poner tú al 'mono'?...".

Se espera una respuesta verbal o que el niño dibuje. Este puede contestar, por ejemplo:

"La nariz...".

O, simplemente, dibujarla...

El terapeuta celebra y refuerza la realización del niño diciendo, por ejemplo:

"Muy bien... Muy bien esa tremenda nariz que le has hecho...".

Si permanece en una actitud un poco pasiva, se le incita a dibujar. Por ejemplo, puede indicársele: *"Dibújale una nariz loca, una boca chueca o cualquier parte que tú quieras".*

Si dibuja una nariz muy chica o cualquier otra parte muy estructurada, el terapeuta no dice nada, pero en sus dibujos posteriores va modelando y va a incitándolo a atreverse a dibujar cosas más "locas", más grandes o más desestructuradas.

Dibujo 11-2

Luego el terapeuta dice, por ejemplo: *"Ahora me toca a mí de nuevo…"*.

Entonces puede dibujar una boca grande y divertida o una oreja chica y una grande, o un lunar con pelos, o unos pelos parados o unas piernas de distinto tamaño, un cuerpo pequeño o desproporcionado, entre otros. Y continúa, mientras dibuja el cuerpo:

Dibujo 11-3

"Ahora le voy a dibujar el cuerpo, bien chico… Y tú, ¿qué le dibujarás ahora?".

"Las orejas…".

"Muy bien, le has hecho una gigante y una enana… ¿Y ahora?...".

"Los brazos...".

"Y yo, ¿qué le hago?".
"Las manos…".

Dibujo 11-4

Continúa.

"Bueno, y ¿qué le hacemos al 'mono' ahora? ¿Qué le podemos agregar?".

Espera la respuesta del niño…

Si todavía estuviera en una actitud pasiva, le puede indicar: *"Bueno, podrían ser los zapatos, unos aros, un sombrero o un gorro… Lo que se te ocurra".*

Dibujo 11-5

De esta forma, terapeuta y paciente se van turnando en el dibujo del "mono", intercambiando el rol de dibujar, y continúan con este diálogo visual interactivo. Le dibujan otras partes de la cara y del cuerpo, como orejas, pelo, "guata", piernas, adicionando gorros, ropa, collares, aros o cosas divertidas, exagerando el tamaño de algunas partes, hasta que el "mono" se complete.

Presentamos a continuación trabajos realizados con niños de diferentes edades.

Dibujo 11-6
"Mono loco" efectuado en sesión con Catalina, niña de tres años y medio.

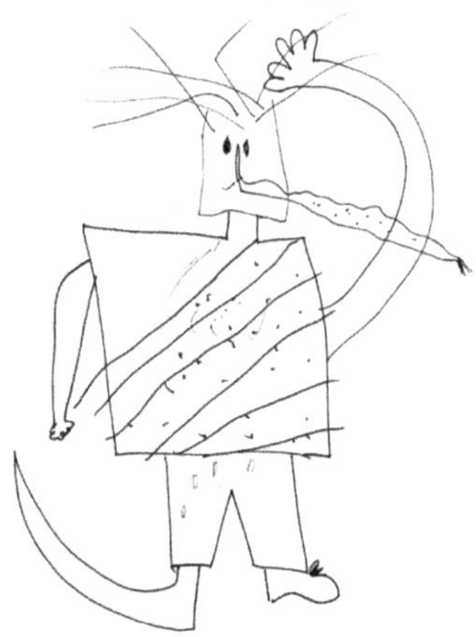

Dibujo 11-7
"Mono loco" hecho con Max, de siete años.

Dibujo 11-8
Ejemplo de "mono loco".

Sucede con alguna frecuencia que el niño, después de haber realizado un "mono loco" y haberse entusiasmado con la actividad, quiera y pida dibujar otros. Es recomendable atender su demanda, pues esto lo ayuda a irse comprometiendo e ilusionándose con lo propuesto por el terapeuta. Es posible también que solicite una repetición en sesiones posteriores. En algunas ocasiones la actividad se puede utilizar en los minutos finales de la sesión o al comenzar a trabajar.

Al igual que en las dos actividades anteriores, el objetivo es puramente expresivo, vivencial; lo que importa es que viva la experiencia de un momento de juego libre, en conjunto con su terapeuta. No se verbaliza ninguna conclusión ni se le da una tarea al niño.

Actividad #12

La Rabia

INTRODUCCIÓN

La rabia o ira es una emoción[55] básica experimentada por todos los humanos y es funcional para sobrevivir. Tiene un valor adaptativo en el desarrollo emocional infantil sano[56]. Expresar y verbalizar su rabia, ayuda al niño a conectarse consigo mismo y facilita la conexión con otras emociones más dolorosas, que normalmente están encubiertas por la rabia, como el temor, la tristeza o la ansiedad[57]. Muchas veces la rabia es intervenida por el miedo y ambas emociones actúan de manera recíproca durante momentos de dificultad. La rabia es una emoción difícil de manejar para los niños y la menos tolerada por los adultos (Hillman, 1962; Kring y Sloan, 2010). Aceptar y expresar emociones y sentimientos positivos y negativos sin temor a perder el afecto parental forma parte del desarrollo de una autoestima sana (Haeussler y Milicic, 2014).

Aunque no sea especialmente agradable experimentarla, la rabia es una reacción normal y sana de nuestro organismo, es una de las formas que tiene nuestro cuerpo para ponernos en alerta ante los problemas[58] [59]. Por lo general,

---

55 Emoción y sentimiento: ambos son experiencias afectivas básicas del ser humano. Por lo general se tiende a concebir la emoción como una reacción afectiva más inmediata y aguda frente a un evento y al sentimiento como una reacción más estable, con menos compromiso fisiológico. Muchas veces se utilizan como sinónimos.

56 Según Wallon (1987), la emoción actúa como auténtica soldadura entre el bebé y el entorno humano. Gracias a la emoción, el niño construye su psiquismo y se transforma en un ser social.

57 Son las principales figuras de cuidado las que acogen y regulan en las primeras etapas de la vida la expresión emocional, tanto positiva como negativa, del niño (Shore y McIntosh, 2011). Luego, a través de un proceso paulatino, van enseñando a su hijo a regularlas de un modo cada vez más autónomo.

58 A nivel neurológico, la rabia es una emoción de alta densidad que se caracteriza por una tasa persistentemente alta de descarga neuronal. Por ejemplo, la incapacidad de resolver un problema difícil, a pesar del esfuerzo cognitivo sostenido, altera a la persona y se convierte en rabia, y la sensación de rabia continúa hasta que la persona logra encontrar una manera de reducir la alta densidad de su descarga neuronal (Tomkins, 1963).

59 El miedo puede ser otra forma.

se activa frente a la restricción y la frustración, en particular cuando las personas no conseguimos lo que buscamos y queremos. Moviliza la energía hacia la autodefensa y nos instiga a recuperar el control perdido sobre el ambiente (Huebner, 2011). La rabia nos estimula, y nos da la energía necesaria para arreglar lo que no está bien, tal como lo señala el maestro budista Thich Nhat Hanh en su libro sobre la ira (2001). Este último, sugestivamente, en su subtítulo destaca el "Transformar la energía en sabiduría".

Como en todas las emociones básicas, altos niveles de actividad cortical, en especial en el lóbulo frontal, pueden proveer regulación cognitiva en diferentes formas. A través de este mecanismo, la rabia puede movilizar recursos psicológicos para enfrentar o solucionar un problema (Fosha, Siegel y Solomon, 2009). Sin embargo, la ira incontrolada puede afectar negativamente la calidad de vida en lo personal o en lo social. Al hacerse demasiado grande y descontrolarse en forma muy rápida, puede ser mal dirigida o expresarse en forma perjudicial (Huebner, 2011), ya que su propósito funcional es el de destruir las barreras en el ambiente (Plutchik, 1980). A veces, la expresión descontrolada de la ira provoca destrucción y daños innecesarios.

Por esta misma razón, la expresión de la rabia es poco tolerada a nivel social, lo que a veces conduce a algunos a desarrollar la tendencia a negar esta emoción o a reprimirla. A largo plazo, esto puede tener consecuencias emocionales o físicas (como somatizaciones). De hecho, muchos problemas emocionales pueden surgir de la inhibición de la rabia. Cuando un niño es ignorado, golpeado o ha sufrido algún tipo de abuso, es muy probable que pueda reaccionar con rabia o irritabilidad, la cual, al ser negada o no aceptada por el menor, puede ser dirigida contra sí mismo (Fosha, Siegel y Solomon, 2009).

De allí la importancia de verbalizar la rabia y otros sentimientos en forma adecuada y de aprender a reconocer y expresar la rabia y otras emociones (Shore, 2003). Cuando vinculamos la emoción con la palabra, tiende a disminuir la confusión o el malestar, produciéndose un alivio. Podría decirse que conectamos el hemisferio derecho, que se ha tendido a considerar como más emocional[60], con el hemisferio izquierdo, que se ha descrito como lógico y lin-

60 Sin embargo, Silberman y Weingartner (1986) sugieren que existen diferencias hemisféricas en el procesamiento de los estímulos emocionales, indicando que el hemisferio derecho se encontraría implicado en las emociones negativas y el izquierdo en las emociones positivas.

güístico. Al relacionarse con la palabra, la emoción se integraría en el mundo interno, y no quedaría bloqueada.

Reafirmando lo anterior, Miller (1979/2009) sostiene que un auténtico conocimiento y expresión de emociones y sentimientos ayudará en el futuro al niño a sentirse seguro de sí mismo y tener una verdadera y sana autoestima. Plantea la importancia de llegar a una conexión emocional verdadera. Señala que la mejor forma de conocernos realmente y sentirnos en paz con nosotros mismos se logra dándonos permiso para reconocer, aceptar y expresar nuestros sentimientos más profundos y auténticos, por lo general no expresados por temor a trasgredir las normas parentales. Según la autora, no son solo los sentimientos bellos, buenos y complacientes los que iluminan nuestra creatividad y nos permiten sentirnos vivos, sino que a menudo también lo son aquellos que preferimos evitar, como impotencia, rabia, vergüenza, envidia, celos, confusión o duelo.

En este mismo sentido, la terapia infantil gestáltica (Schaeffer, 2005) postula que los niños, sobre todo si están perturbados, tendrían un yo crítico que los lleva a autoculparse y decirse "yo debería ser un mejor niño", y a no aceptar las diferentes partes de sí mismos, en especial las más rechazadas. Estos deseos de ser mejor sin una aceptación real de sus propios sentimientos negativos impedirían la regulación emocional y el desarrollo de un yo sólido. Violet Oacklander (1992) plantea que el niño, cuando se ve restringido en los sentidos, el intelecto, el cuerpo o la expresión emocional, borra la definición del sí mismo. El sí mismo y las conexiones con los demás se construyen, según Siegel y Hartzell (2004), a partir de ser conscientes de las emociones y ser capaces de compartirlas con quienes están cerca.

La actividad terapéutica ***La Rabia*** intenta llevar a los niños a reflexionar sobre la emoción básica de la ira o rabia y a aceptarla como una parte sana y normal de sí mismos y de las demás personas, así como también a saber que no hay emociones malas ni buenas y a diferenciar las emociones de las acciones.

OBJETIVOS

Dar al niño la posibilidad de verbalizar y diferenciar sus emociones, específicamente, la rabia. Ayudarlo a reconocer, expresar y aceptar dicha emoción y a que pueda diferenciar entre sentir rabia y hacer algo malo. Clarificar que la rabia es inherente al ser humano y no depende de la voluntad.

PROCEDIMIENTO

Antes de realizar esta actividad, se recomienda efectuar una sesión previa de pintura de emociones, donde, entre otras, el niño pueda pintar la rabia. Para más detalles, ver la primera parte de la actividad ***El Señor Miedo***.

La actividad ***La Rabia*** está planteada en tres etapas o fases:

- La primera, donde se trata de que el niño aprenda a reconocer, verbalizar, aceptar y tolerar la emoción de la rabia y a entender su funcionamiento.
- La segunda, que lleva al niño a darse cuenta de que las emociones y los sentimientos no dependen de la voluntad, junto con conducirlo a reflexionar sobre la intencionalidad de las cosas.
- La tercera pretende aclarar al niño la diferencia entre sentir y hacer: que no es lo mismo sentir rabia que hacer algo malo.

Primera etapa: Reconocimiento de la rabia

El terapeuta, sentado junto al niño en una mesa o frente a un pizarrón, le entrega un lápiz o un plumón y, tomando al mismo tiempo otro, delinea un corazón y dice:

"Vamos a dibujar un corazón".

Dibujo 12-1

Por lo general, el niño lo imita y hace lo mismo o corrige o pone detalles. Luego, agregando una sonrisa dentro del corazón, el terapeuta afirma:

"A nosotros, en nuestro corazón, nos gustaría estar siempre contentos, ¿verdad?".

Dibujo 12-2

"Pero... ¿se puede o no se puede?".

Espera respuesta...

El niño suele contestar con rapidez: "¡Sí se puede!".

El terapeuta dice:

"¿A ver, conoces tú a alguien que siempre esté feliz, que nunca haya tenido rabia, pena o miedo?...".

Frecuentemente el niño se queda en silencio. Algunas veces este puede contestar: "¡Dios!". Entonces el terapeuta dice: *"¡Vamos a ver!".*

Pregunta:

- *"¿Las mamás tienen rabia a veces?".*

...Espera respuesta del niño...

- *"¿Los papás?".*

...

- *"¿Las profesoras?".*

...

- *"¿Los hermanos?".*

...

- *"¿Los bebés?".*

...

- *"¿Los abuelos?".*

...

Se va analizando con el niño el hecho de que todas las personas conocidas tienen rabia y se enojan a veces. Incluso se le puede decir: *"¡Hasta Jesús tuvo rabia!"*[61 62].

Después de este análisis, mientras el terapeuta hace una cruz sobre el corazón con sonrisa, se puede concluir con el niño: *"¡Parece que no se puede no tener rabia!".*

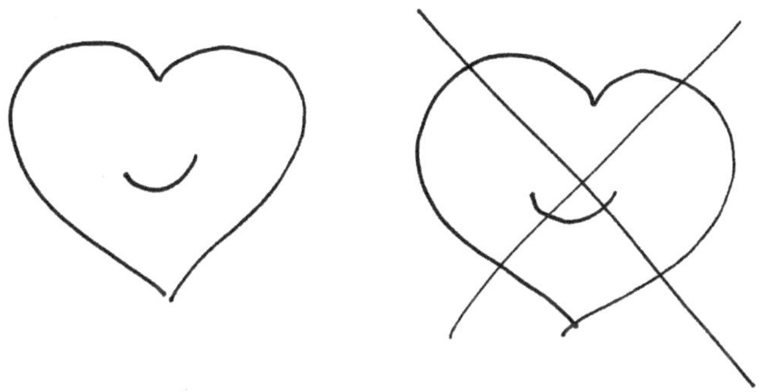

Dibujo 12-3

A continuación, dibuja un nuevo corazón al lado del corazón con la cruz, señalando:

"No podemos estar siempre contentos, pero... ¡nos gustaría! Entonces, ¿qué hacemos?

"¡Ponemos cara de feliz! (Gesto o mímica de sonrisa en el rostro del terapeuta). *Pero guardamos dentro del corazón todas las penas, rabias y miedos y los encerramos bien*[63]*. Y... ¡hacemos una especie de muro dentro del corazón para que no se nos arranquen, para que no se vayan a salir!".*

61 En la cultura occidental Jesús es un personaje conocido por la gran mayoría, aun si los niños no pertenecen a una familia religiosa o practicante (católica o cristiana).

62 A ellos se les puede relatar el episodio del evangelio donde Jesús, muy enojado, echa a los mercaderes fuera del templo (Mateo 21, 12-13.)

63 La educación y formación católica o cristiana es frecuente en la población infantil en Chile y en la mayoría de los países de América Latina. Algunos niños que reciben este tipo de educación suelen sentirse malos y culpables por tener rabia y pueden tener una serie de creencias irracionales al respecto, que provienen de una educación muy centrada en considerar pecado (malas) muchas experiencias humanas.

Mientras dice esto, el terapeuta dibuja un muro, es decir, dos líneas rectas que cierran un espacio en el corazón. En ese espacio cerrado, dibuja penas, rabias y miedos representados por algún símbolo (ver sugerencia adjunta). Fuera del espacio cerrado, pero dentro del corazón, esboza una sonrisa.

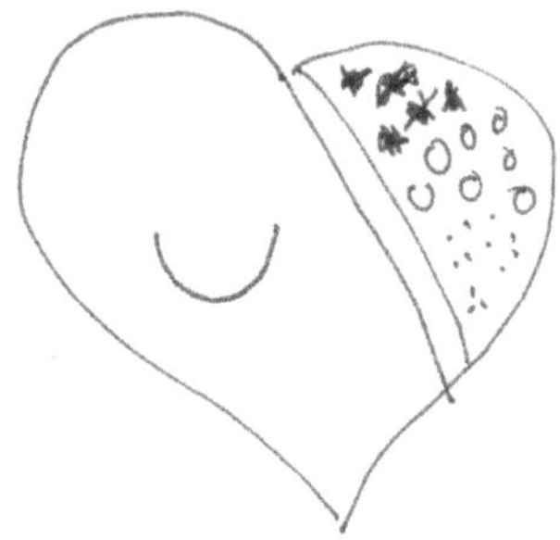

Dibujo 12-4

Se sugiere representar la rabia con una forma semejante a un asterisco; el miedo, como círculos; y la pena, como puntitos, como se muestra a continuación.

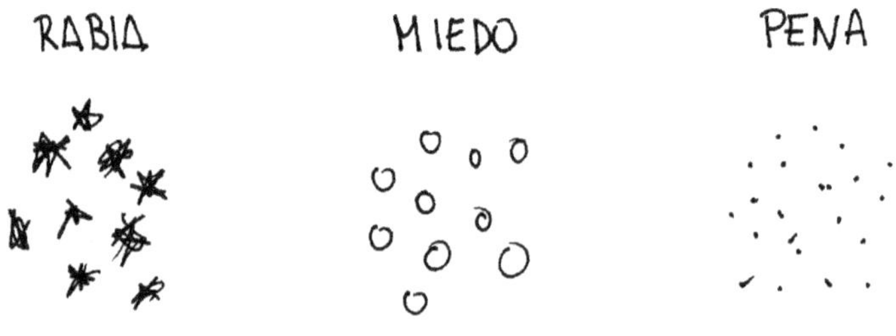

Dibujo 12-5

El terapeuta prosigue:

"Pero… ¿se quedarán tranquilos la pena, la rabia y el miedo en el corazón, o van a tratar de salir?".

Espera respuesta.

En general el niño tiende a contestar que van a tratar de salir, pero alguno puede decir que se quedarán tranquilas o que no las va a dejar salir. Si así fuera, el terapeuta lo escucha, y le trata de mostrar que es difícil que las rabias y otros sentimientos se queden ahí tranquilo. Luego expresa:

"Parece que van a tratar de salir y… nosotros ¿les damos permiso? ¡Parece que NO! No les damos permiso. Entonces estos sentimientos se nos arrancan escondidos, chuecos, transformados!".

El terapeuta dibuja una línea ondulada con una flecha desde el corazón hacia afuera.

Dibujo 12-6

"¿Por qué chuecas? ¡Porque se nos arrancan transformadas en otra cosa!".

A medida que da ejemplos, los va representando gráficamente.

"Entonces….

- *"Nos duele la cabeza…*

Dibujo 12-7

- *"O nos duele el estómago…*

Dibujo 12-8

- *"O no podemos quedarnos dormidos por las noches…*

Dibujo 12-9

- *"O lloramos por cualquier cosa…*

Dibujo 12-10

- *"O pegamos un puñete a alguien…".*

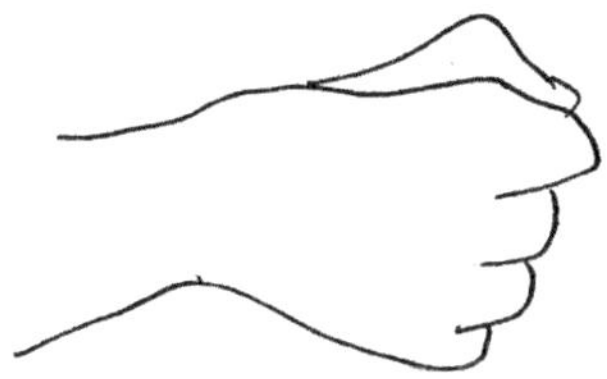

Dibujo 12-11

El terapeuta puede agregar el motivo de consulta del niño, como temores, desobediencia u otros.

Enseguida hace un corazón con un muro con varias aberturas y señala:

"¿No crees tú que, en lugar de enfermarnos, no podernos dormir en la noche o llorar mucho, no sería mejor abrir la muralla y dejar pasar las rabias, las penas, los miedos? Y aceptar que, a veces, vamos a estar contentos(as), a veces enojados(as), a veces asustados(as)…".

Dibujo 12-12

"Veamos… Si abrimos unas pasadas en el muro… ¿vamos a tener más o menos rabia?".

Espera la respuesta del niño y comenta lo que surja.

"Creemos que vamos a tener más rabia… porque pensamos que ¡va a salir toda la rabia guardada de una vez! Pero es al revés… A la larga, vamos a tener mucha menos rabia!

"Puede que en un principio tengamos un poco más de rabia, porque podemos dejarla salir toda de una vez, pero después será menos, porque ya no la vamos a acumular… Si la rabia llega, la expresamos; entonces sale y se va…".

Dibujo 12-13

Reitera:

"Cuando le damos permiso a la rabia, la nombramos, la expresamos con palabras, ella se va deshaciendo, va saliendo de a poco… Así la rabia no se queda guardada, no se acumula tanto como antes…".

Dibujo 12-14

Trabajo de la rabia con Camila de seis años

Segunda etapa: ¿Rabia: buena o mala?
Esta etapa puede realizarse a continuación de la primera o en otra sesión, según lo que haya podido trabajarse con el niño.

El terapeuta dibuja el garabato de la rabia y dice:

"Hemos visto que todos tenemos rabia, pero… ¿la rabia será buena o será mala?".

Mientras dice esto, escribe junto al garabato "Buena/Mala", como lo muestra el siguiente esquema:

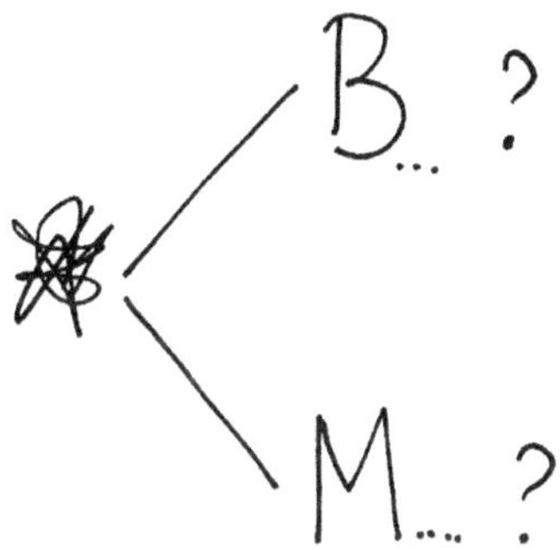

Dibujo 12-15

Espera respuesta…

El niño puede decir:

- "Mala: porque uno se siente mal…"
- "Buena: porque uno se desahoga…"
- "Las dos cosas…"

El terapeuta acoge sus respuestas y las comentan en conjunto. Luego continúa:

"Para que algo sea malo, ¿tiene que ser hecho con intención, con querer, o sin querer?".

…

"Por ejemplo, si vamos por la calle y yo te piso sin darme cuenta… ¿es algo malo?".

…

"No, ¿verdad? Porque lo hice SIN querer, entonces no es malo, aunque haya dolido un poquito...

"Pero si yo te piso, poniendo mi pie sobre el tuyo y apoyándolo con fuerza, para que te duela... Está mal, ¿verdad?".

...

"Sí, porque lo hice CON querer, CON INTENCIÓN, por eso SÍ es malo... Entonces ***lo malo*** *es lo que hacemos CON querer, CON intención de hacer daño...".*

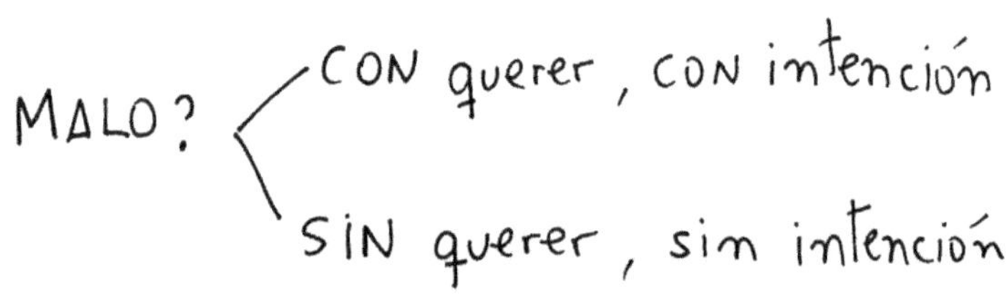

Dibujo 12-16

"Pero LA RABIA, ¿la tenemos CON querer o la tenemos SIN querer? ¿La podemos mandar o se nos mete en el corazón, sin que queramos?".

...

"¡Parece que se nos mete, que no podemos mandar la rabia, que, aunque yo no quiera, igual me enojo!

"No podemos decir '¡Enojémonos!', porque ¡no nos resultará! Podemos poner cara de enojados (el terapeuta hace mímica de enojo), *pero no estaremos realmente enojados, sintiendo rabia de verdad.*

"Tampoco podemos decidir '¡Pongámonos felices!'... Incluso puede que aparezca una sonrisa en nuestra cara (el terapeuta hace mímica de sonrisa), *pero no estaremos sintiendo felicidad".*

De este modo, el terapeuta explica al niño:

"La rabia no depende de la voluntad, aparece en nosotros, la sentimos SIN querer y, por lo tanto, no es NI BUENA NI MALA.

"Las emociones son parte del funcionamiento del ser humano y no se puede mandar el sentirlas ni suprimirlas... como tampoco podemos controlar el funcionamiento del corazón o de la respiración. Tampoco podemos mandar al hipo

cuando se nos mete, o la tos… Las emociones forman parte de nosotros, ¡al igual que respirar, toser o llorar!".

Dibujo 12-17

Finalmente, el terapeuta puede continuar con un tema que refuerza lo anterior, que es la aceptación de que "las cosas son como son".

Comienza a dibujar una especie de marciano o extraterrestre, con un ojo, una oreja sobre la cabeza y sin cuerpo, como lo muestra la figura adjunta, mientras dice:

Dibujo 12-18

"Tal vez a mí me hubiera gustado que las personas tuviéramos UN solo ojo, UNA sola oreja, SIN pelo para no tener que lavárselo, SIN cuerpo para no tener que bañarse, solo brazos y piernas y en el corazón solo alegría, sin pena, rabia, miedo…

"Pero resulta que no es así, que las personas tenemos dos ojos, dos orejas y un cuerpo y en el corazón tenemos rabia, pena, miedo…". Mientras dice esto, el terapeuta dibuja esquemáticamente una persona con alegría, rabia y pena en el corazón.

Luego señala:

"Nos guste o no nos guste… ¡los seres humanos somos con rabia!".

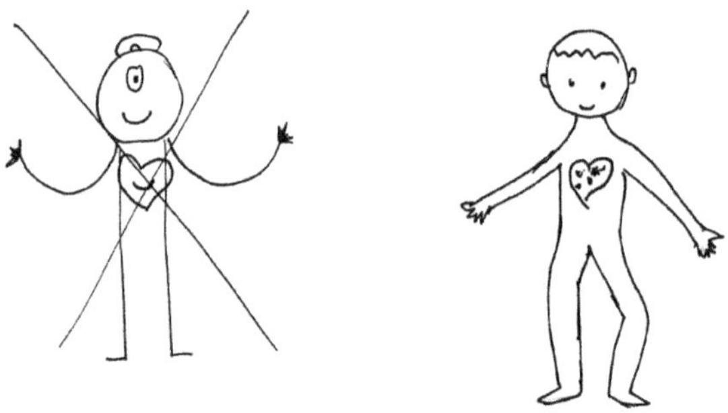

Dibujo 12-19

Y hace una cruz encima del marciano o extraterrestre, diciendo:

"¡Mala suerte o buena suerte, no somos así!

"Nosotros podemos desear que las cosas o las personas sean de una determinada manera, pero ellas son lo que son, NO lo que yo quiero que sean".

El terapeuta cierra la idea con la repetición de la idea: "LAS COSAS SON COMO SON", para que vaya quedando como una especie de "mantra" que el niño pueda repetirse cada vez que lo necesite.

Tercera etapa: Las trampas de la rabia

Esta etapa por lo general se deja para la siguiente sesión.

Después de comentarse con el paciente la imposibilidad de no tener rabia, se aborda el tema de lo complicada que es esta emoción, pues nos enreda y nos entrampa.

Pregunta el terapeuta:

“Veamos… ¿Cuáles serán las trampas de la rabia?”.

Espera y acoge lo que le niño expresa…

Indica: *“Una cosa es lo que YO SIENTO en mi corazón y… otra cosa muy distinta es lo que YO HAGO”.* Mientras lo dice, escribe en el papel o pizarra:

Dibujo 12-20

Prosigue:

“Veamos un ejemplo. Imagínate que yo invité a un niño a mi casa. Y él, que había llegado muy enojado, ¡rayó con lápices una muralla de una habitación!

“¿Qué voy a sentir yo?”.

Espera respuesta… Por lo general el niño dice: “Rabia” o “Te vas a enojar”[64].

“Y… ¿qué puedo hacer yo cuando tengo esa rabia?”.

Motiva al niño a dar ideas y espera alternativas de respuestas, como, por ejemplo:

- Retarlo
- Acusarlo a la mamá
- Decirle que no lo invito más
- Darle un castigo, como escribir diez veces “No tengo que rayar las murallas”
- Reparar la situación, pedirle que limpie el muro…

64 Si el niño dice que en esa situación el terapeuta tendría pena, este le explica que a veces la pena con la rabia se mezclan en el corazón y confunden a la persona y que, además, muchas personas dicen tener pena cuando, en verdad, sienten rabia, porque la pena es más aceptada que la rabia.

El terapeuta dice:

"Pero si yo le grito, le pego o le lanzo algo por la cabeza, ¿está bien?".

Espera la respuesta del niño…

"No. ¿Por qué?

"Porque no se pega ni se tiran las cosas lejos, ni con rabia ni sin rabia. Eso no se hace, y eso yo lo puedo controlar, yo puedo hacer otras cosas.

"Yo puedo SENTIR mucha rabia, pero yo no puedo HACER cualquier cosa. Yo me puedo controlar. Hay cosas que no se pueden ni se deben hacer".

Es necesario, como parte del proceso terapéutico, que el niño pueda reconocer la rabia y que aprenda a distinguir entre **sentir** rabia o sentir una emoción desagradable y **hacer** cosas indebidas, como romper algo a alguien, pegar fuerte, hacer daño o decir algo hiriente (que él sí puede controlar o sustituir por una conducta más adecuada).

Es importante que el niño pueda darse cuenta de que las personas no son malas por sentir rabia y que este sentimiento no está en la base de la maldad de muchos seres humanos. Gran parte de las acciones indebidas en que incurren las personas no son cometidas porque dichas personas sienten rabia.

Al terminar, se le puede dar la siguiente tarea:

- Lunes, miércoles, viernes y domingo, cuando sienta rabia, decir en voz alta: "Tengo rabia" o "Esto me da mucha rabia".

- Martes, jueves y sábado, cuando se dé cuenta de que siente rabia, no expresarla en voz alta, sino decirse a sí mismo en voz baja o en silencio: "Tengo rabia" o "Esto me molesta o me disgusta", pero no hacerlo público.

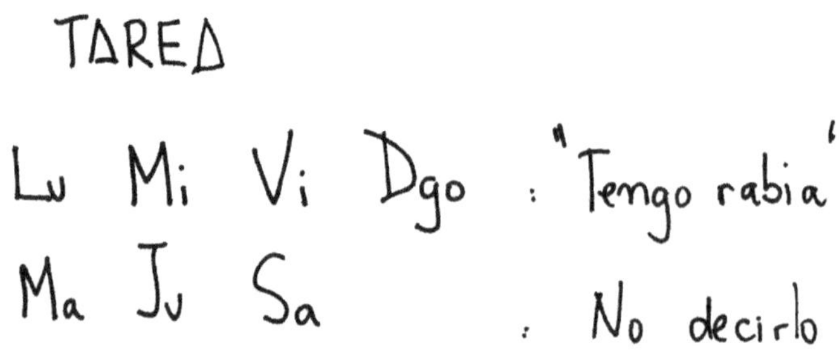

Dibujo 12-21

NOTAS

- Esta actividad tiene tres etapas y es poco frecuente que todas puedan ser abordadas en una misma sesión. Con algunos niños, el terapeuta efectúa solo una etapa en la sesión, y continúa con las demás en la sesión siguiente. Con otros, puede realizar dos etapas, y en algunos casos podrá desarrollar las tres fases en una sesión, dependiendo del ritmo y características de cada paciente. El clínico debe detenerse y continuar en otra sesión cuando perciba que el niño está cansado y ya no puede seguir procesando más información.
- Por otra parte, es deseable que el terapeuta informe a los padres que está trabajando el tema de la rabia y les dé a ellos algunas directrices. Por ejemplo, que les advierta que, dado que el niño se está haciendo más consciente de la rabia, es probable que la exprese de forma más directa, por lo que se requiere de una buena dosis de paciencia y comprensión por parte de ellos. También conviene indicarles que ojalá puedan verbalizar frente a su hijo lo que sienten, en las ocasiones donde ellos mismos experimenten un poco de rabia, molestia o frustración. Esto, para que el niño pueda percibir que sus papás también sienten rabia.
- ***La Rabia*** tiene como **actividad complementaria**, y que muchas veces la potencia, la ***Imaginería La Rabia***, adaptación de *Resentimiento-Aprecio* de John Stephens (1973) (citado por Winkler, 1976), que se adjunta a continuación. Esta imaginería puede ayudar al niño a conectarse con su rabia o resentimiento y, al mismo tiempo, terminar la sesión en forma tranquila y relajada.

Imaginería La Rabia

Esta imaginería favorece en el niño la conexión con sus sensaciones y emociones y facilita la toma de conciencia y expresión de la rabia a nivel simbólico y de imágenes.

Al presentar en la actividad #1 la ***Imaginería La Bolsa***, explicamos brevemente el uso de la imaginería en la terapia como actividad complementaria y las condiciones prácticas para su aplicación. Antes de efectuar la imaginería que sigue, recomendamos volver a leer esa sección.

PROCEDIMIENTO

El terapeuta adopta un tono de voz suave, bajo y melódico, alargando las palabras y dejando espacio entre ellas. Dice:

"Siéntate o recuéstate tranquilamente, cierra tus ojos y disponte a realizar un viaje por tu imaginación, donde todo se puede…

"Piensa en alguien con quien tú tienes mucha rabia, alguien con quien tú estás realmente resentido, alguien que te molesta o perturba, o alguien con quien tú tienes alguna dificultad. Imagínate que esta persona está frente a ti, mirándote… Visualiza a esta persona en detalle… Fíjate… ¿cómo está vestida?… ¿Cómo luce su cara y cómo te está mirando a ti?… Ahora exprésale directamente tus resentimientos, tus molestias, tus rabias, a esa persona: 'NN, estoy resentido contigo o tengo rabia contigo porque…'. Sé muy claro y específico y trata de decirle exactamente qué es lo que tú resientes de esta persona. Trata de comunicarte realmente con ella… Date algún tiempo y exprésale a esta persona una larga lista de resentimientos, de rabias, de cosas que te molestan… Esa persona está ahora dispuesta a escucharte y a acoger tus sentimientos, así es que toma el tiempo que necesites para decir todo lo que estás sintiendo o has sentido… Sí, eso es, expresa más y más… Continúa con todas las cosas de tu larga lista… Sin apuro, con calma, esa persona te está escuchando…".

Algunas veces, según el caso y el problema, se puede agregar lo siguiente:

"Ahora veamos qué pasa si repasas esta misma lista de rabias o resentimientos, y tú cambias la frase 'Estoy resentido(a)' o 'Tengo rabia' por las palabras 'Me gusta' o 'Aprecio', y dísela a esta persona.

"Por ejemplo, si el resentimiento o rabia es: 'Yo estoy resentido por tu debilidad, porque tengo que hacer cosas por ti', tú podrías decir: 'Me gusta que seas débil o yo aprecio tu debilidad, porque me hace sentir fuerte y capaz[65]*.*

"Date unos minutos y ve cuáles resentimientos puedes cambiar por aprecio…

"Toma todo el tiempo que necesites, y luego, para terminar, anda preparándote para ir volviendo al aquí y ahora, a tu vida en esta pieza, en este lugar, abre tus ojos lentamente, pausadamente, cuando tú quieras…".

---

65 Otros ejemplos que se pueden utilizar:
- Que seas egoísta, me hace sentir generoso(a).
- Que seas peleador(a), me hace sentir amoroso(a).
- Que seas pesado(a), me hace sentir simpático(a).

Actividad #13

La Ambivalencia

INTRODUCCIÓN

La ambivalencia es la presencia simultánea de sentimientos opuestos, en particular amor y odio, en la relación con una misma persona; generalmente, una persona significativa (Laplanche y Pontalis, 1971). La ambivalencia se encuentra presente en todas las relaciones significativas. El término *ambivalencia* fue tomado por Freud de los escritos de Bleuler (1911/1971), quien forjó el concepto. La noción de ambivalencia se refiere a la mantención de una oposición de tipo "sí/no", en la cual la afirmación y la negación son simultáneas e indisociables. Laplanche y Pontalis (1971) señalan que Freud en su obra, progresivamente, fue dándole a la ambivalencia una importancia acrecentada, tanto en la clínica como en su teoría del conflicto.

La teoría psicoanalítica de las relaciones objetales estudia la naturaleza y el origen de las relaciones interpersonales y de las estructuras intrapsíquicas (Bleichmar y Leiberman, 2001; Bolwby, 1988; Kernberg, 1998; Klein, 1962; Mahler, 1975; Spitz, 1965; Winnicott, 1958). Esta teoría explica el origen de la ambivalencia en el ser humano, en referencia al vínculo del niño con la madre y a las estructuras intrapsíquicas que se derivan de la internalización de ese vínculo. Dichas estructuras nacen de las relaciones internalizadas del pasado; se fijan, modifican y se reactivan en el contexto de las relaciones interpersonales presentes. Plantea la existencia en el niño de una necesidad primaria de "objetos" de amor, es decir, de personas-objetos significativos, necesidad que va más allá de la búsqueda del placer que el yo intenta encontrar para dar respuesta a su necesidad de relación.

Winnicott (1965) señala que el niño es siempre dependiente de una relación y que para crecer y organizar su psiquismo requiere de un medio o ambiente facilitador. Para este autor, al igual que para Klein (1962) y para Mahler (1975), la capacidad de comunicarse y de relacionarse están fuertemente ligadas con el establecimiento de las relaciones objetales. La relación objetal es definida como el lazo afectivo positivo y negativo que establece una persona con un objeto afectivo cualquiera (Gouin-Decarie, 1970). Es decir, la relación objetal implica lograr tolerar los sentimientos de ambivalencia hacia una misma persona.

Reconocer la ambivalencia como un sentimiento normal y constitutivo en la relación con otros, y aceptar que junto a los sentimientos positivos van a existir siempre sentimientos negativos en una relación, aleja la sensación de culpabilidad (es decir, la sensación de sentirse malo y poco valioso por experimentar rabia hacia los seres queridos) y el temor a no ser querido y aceptado por esto mismo.

En la actividad ***La Ambivalencia*** trabajamos con el niño de una manera muy simple y concreta el tema de la ambivalencia hacia las principales figuras afectivas y también la ambivalencia entre estas figuras. Hacemos énfasis en lo imposible que resulta no experimentar sentimientos negativos hacia los seres queridos. Por último, destacamos la importancia de aceptar y hacerse cargo de estos sentimientos.

La presente actividad, así como la gran mayoría de estas herramientas terapéuticas, puede utilizarse con niños desde cinco o seis años hasta adolescentes, adecuando, obviamente, la actividad a la edad del niño, tanto en su forma de presentación como en el tono en que se realiza.

OBJETIVOS

Ayudar al niño a aceptar y tolerar que junto con amar a sus figuras significativas puede, al mismo tiempo, sentir mucha rabia hacia ellas. Es decir, reconocer y aceptar que experimentar sentimientos ambivalentes es normal en las relaciones entre las personas. Hacerse consciente de que la ambivalencia aparece muy temprano en el desarrollo y no se puede evitar, puesto que es constitutiva de los seres humanos.

PROCEDIMIENTO

Esta actividad tiene dos etapas. Se comienza trabajando con el niño la relación de ambivalencia con la figura materna, enseguida con la figura paterna y luego la ambivalencia en la relación entre los padres, de modo de mostrarle que a otras personas, distintas a él, también les pasa lo mismo. En una segunda etapa, se trabajan ideas en torno a la ambivalencia y la dificultad para entenderla y tolerarla.

Primera etapa

- **Relación niño-mamá**

Una vez instalados con el niño frente al pizarrón o sentados en un escritorio, con lápices a disposición, el terapeuta comienza dibujando esquemáticamente un niño y una mamá al lado, dejando un espacio. Mientras lo hace, explicita:

"Mira, aquí voy a dibujar este niño (o niña, según sea el sexo del paciente)… ". (Lo esboza a la izquierda de la hoja o pizarra).

Continúa: *"…Y allá está su mamá"* (derecha).

Luego el terapeuta dibuja un corazón bajo la figura del niño y otro corazón bajo la figura de la mamá y pregunta:

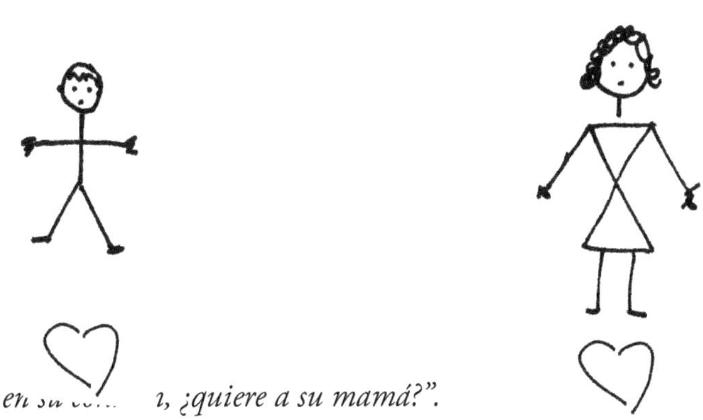

"Este niño, en su corazón, ¿quiere a su mamá?".

Espera que el niño responda…

Lo más probable es que él señale: "Sí".

"Y… esa mamá, en su corazón, ¿quiere a su hijo?".

Espera respuesta del niño…

Lo más seguro es que diga: "Sí".

Entonces, el terapeuta dibuja algún símbolo que represente el amor dentro de los dos corazones dibujados; por ejemplo, una sonrisa. Si el niño desea, o si se estima conveniente, puede ir dibujando con el terapeuta y hacer él las sonrisas en los corazones, u otros.

El terapeuta continúa teniendo enfrente el dibujo del niño y su mamá; refiere:

"Ahora, sigamos… Cuando el niño desobedece a la mamá, no quiere comerse la comida, pelea con su hermano o no quiere ir a acostarse… a la mamá le da rabia, ¿verdad?".

Espera que el niño responda…

Casi siempre dice: "Sí".

"Y cuando la mamá es pesada, reta al niño, no lo deja ver televisión o lo castiga por pelear o desobedecer… al niño le da rabia, ¿verdad?".

Se detiene un momento…

Por lo general el niño contesta: "Sí"[66].

El terapeuta continúa:

"¿Significa esto que cuando la mamá tiene rabia con su hijo no lo quiere?".

Espera respuesta…

Aquí una mayoría de niños manifiesta: "Igual ella lo quiere".

Entonces dibuja el símbolo de la rabia[67] dentro de los corazones del hijo y de la madre.

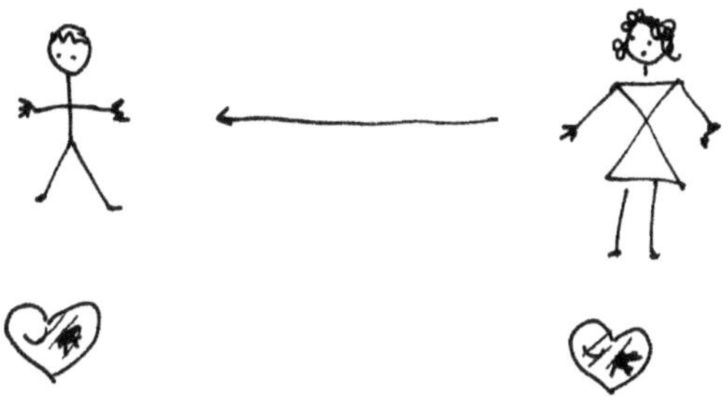

Dibujo 13-4

El terapeuta dice:

"El niño puede tener mucha, mucha rabia, tanta que piensa que su mamá es tonta o pesada y que no la quiere, pero igual la quiere, solo que tiene rabia... Lo mismo la mamá, puede decir: ¡qué niño más porfiado, es insoportable!; eso lo dice porque siente mucha rabia, pero eso no significa que no lo quiera".

Puede ocurrir que el niño señale que a la mamá no le da rabia, sino que le da pena cuando el hijo se porta mal, pelea o no obedece. Entonces el terapeuta explica:

"Muchas mamás dicen sentir pena cuando un niño se porta mal, pero el hijo se da cuenta de que la mamá también tiene rabia o tiene una pena enojada".

De este modo, señala:

66 Es necesario precisar que, si bien la gran mayoría de los niños dice SÍ a la pregunta de si el hijo quiere a la mamá (o viceversa), unos pocos niños no responden o miran a otro lado. Eso puede indicar algo respecto de la relación del niño con su madre (o padre) que habría que explorar. Lo mismo sucede cuando el terapeuta pregunta al niño acerca de si el hijo tiene rabia cuando la mamá lo reta, o si esta se enoja cuando su hijo desobedece. Hay algunos niños que, frente a las preguntas de la rabia hacia las personas cercanas, enmudecen, se ponen incómodos y no saben qué contestar. Estos silencios y otras actitudes suelen ser iluminadoras respecto de cómo el niño se percibe a sí mismo con rabia y de si tolera o no la ira de su madre o padre hacia él. Es frecuente que el niño pueda creer que estas figuras cuando están enojadas no lo quieran, por ejemplo; o que cuando él tiene rabia o está enojado, él no quiera a su mamá o papá o a ambos.

67 El garabato de la emoción de la rabia fue introducido en la actividad anterior: *La Rabia.*

"Seguramente a la mamá se le mezcla la pena con la rabia… y eso es lo que nos pasa a todos en el corazón muchas veces…".

Luego, recogiendo las señales que le muestra el niño, explicita un poco más:

"Pero resulta que aunque la mamá tenga mucha rabia… y diga o piense: 'Niñito mañoso… tan porfiado… lo mandaría a la punta del cerro', eso no significa que la mamá no lo quiera… Solo significa que la mamá siente rabia.

"Lo importante es que, aunque la mamá diga eso, igual lo quiere, solo que tiene rabia… Y cuando las personas sienten rabia, a veces dicen cosas que no piensan de verdad.

"Y cuando el hijo está muy enojado con la mamá puede decir: '¡Por qué me tenía que tocar esta mamá a mí!'. O… '¡La odio, la odio!'. Puede estar furioso, pero igual quiere a su mamá, solo que siente mucha rabia, que está muy enojado en ese momento…".

- **Relación niño-papá**

Después, el terapeuta procede a hacer con el niño el mismo análisis recién efectuado, pero ahora en torno a la figura paterna; indica:

"Veamos ahora si pasa lo mismo con el papá de este niño…".

Simultáneamente dibuja al mismo niño esquemático a la izquierda y a la derecha un papá, con sus respectivos corazones, como lo muestra la figura adjunta.

Luego delinea un corazón debajo de cada uno.

Repite las preguntas hechas con anterioridad respecto de la relación mamá-niño y va dibujando los sentimientos que se mencionan dentro de los corazones.

Es decir, el terapeuta reitera en torno a la relación niño-papá el mismo tipo de reflexión que hizo con el niño en cuanto a la relación niño-mamá. Esto, porque buscamos que tome conciencia de que tanto el hijo como el papá se quieren entre sí, pero a veces, inevitablemente, van a tener rabia el uno hacia el otro; y que cuando se tiene rabia hacia una persona querida, igual uno la quiere, aunque esté enojado por un rato.

- **Relación madre-padre**

Después de trabajarse la relación niño-mamá y niño-papá, se desarrolla el mismo trabajo en torno a la relación entre los padres. Se repiten las preguntas y se dibuja, en forma esquemática, a un lado la mamá y al otro el papá, y se procede de la misma manera.

- **Relación entre hermanos o entre amigos**

Si se desea y viene al caso, se puede efectuar el mismo esquema para trabajar la relación del paciente con uno de sus hermanos o con un amigo significativo.

Segunda etapa

Se puede hacer a continuación de la anterior, si se dispone del tiempo suficiente o si el niño está interesado, se mantiene concentrado y no presenta signos de fatiga. De lo contrario, se deja para la sesión siguiente.

Mientras escribe y garabatea un símbolo de rabia en el papel o la pizarra, como en la figura adjunta, el terapeuta dice:

"Veamos ahora: ¿con quiénes tenemos más rabia? ¿Con las personas que cono-

cemos o con las que no conocemos?".

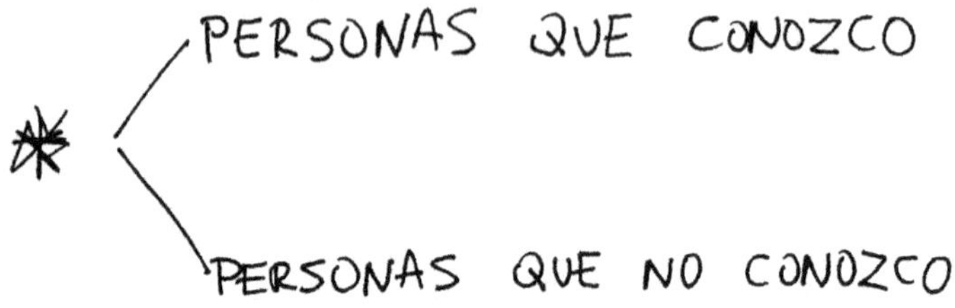

Dibujo 13-7

Deja espacio para que el niño responda…

Muchas veces este no sabe que contestar, o indica que tenemos más rabia hacia las personas que NO conocemos…

Entonces el terapeuta le propone un ejemplo como el siguiente:

"Si una persona me insulta… ¿qué me daría más rabia a mí? ¿Si el insulto me lo dice una persona que yo no conozco que va pasando por la calle, o si el insulto me lo dice mi hermano? ¿Qué crees tú?".

Espera la respuesta del niño, quien puede decir:

"¡Sientes más rabia hacia el señor que no conoces!".

El terapeuta lleva al niño a reflexionar con él:

"¿Qué me importa más, qué me duele más, qué llega más a mi corazón… el insulto de una persona conocida o de una desconocida?". El clínico hace esta pregunta para ir aproximándose con el niño a la idea de que: *"¡Parece que tenemos más rabia con las personas que conocemos!".*

Luego, nuevamente, el terapeuta esboza un esquema, como el que se muestra en la figura adjunta, que ayuda a conducir al niño a precisar un poco más hacia quiénes se suele tener más rabia:

"Ya vimos que, por lo general, sentimos más rabia hacia las personas que conocemos… Pero ¿sentimos más rabia hacia las personas que conocemos y queremos o hacia las que conocemos y no queremos?".

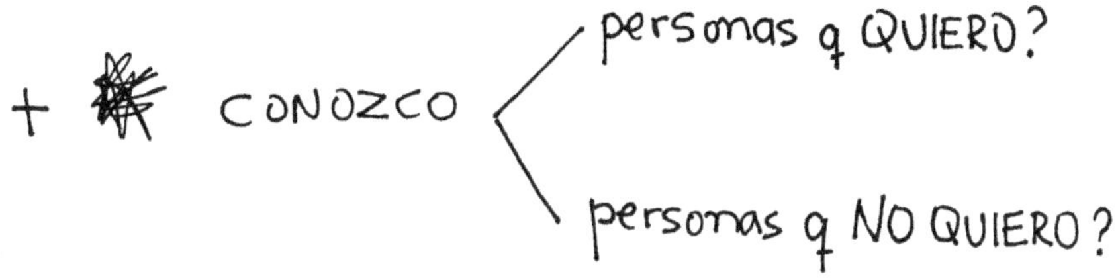

Da tiempo al niño… La respuesta no es evidente.

El terapeuta vuelve al ejemplo anterior, expresa:

"En el caso del insulto que me dijeron… ¿Qué me dará más rabia: si la palabra fea me la dice alguien que yo conozco, pero que no quiero, como un vecino o el portero de mi edificio, o si me la dice mi hermano o mi mamá?".

Estos ejemplos pueden ayudar al niño a identificarse con la situación y a entender, a nivel práctico, la idea de lo cercana que es la ambivalencia y lo difícil que es reconocerla y aceptarla.

El terapeuta puede comentar:

"Como ves, a todos se nos mezclan los sentimientos en el corazón y tener rabia no significa ser malo o no querer a alguien… Al contrario, hemos visto que tenemos más rabia con las personas que conocemos y queremos.

"Por lo tanto, tener rabia hacia alguien significa, o quiere decir: '¡Tú me importas!'.

"…Y es por eso que, por ejemplo, los hermanos pelean, los papás pelean… Si unos papás no pelearan nunca, querría decir que tal vez no se importan mucho, que tal vez se ignoran. Las personas pelean porque se importan entre sí".

La actividad resulta ser bastante larga y es movilizadora, por lo que normalmente ocupa una sesión entera.

NOTAS

- Si se dispone de tiempo, se puede terminar la sesión con algo relajante, como la **actividad complementaria** de realizar un dibujo o pintura de los sentimientos mezclados o un trabajo en plasticina relacionado con el tema tratado. También puede darse como tarea al niño, para la semana siguiente, pensar en este tema y observar si, en algunas oportunidades, descubre en sí mismo sentimientos mezclados.

Actividad #14

El Señor Miedo

INTRODUCCIÓN

El miedo es una emoción primaria que se caracteriza por una intensa sensación desagradable provocada por la percepción de un peligro, real o supuesto, presente, futuro o, incluso, pasado. Esta emoción deriva, por una parte, de la aversión natural al riesgo o a la amenaza y, por otra, de las experiencias a través de las cuales se ha aprendido a tener miedo.

Sentir miedo ante el peligro forma parte de la evolución y promueve la supervivencia, ya que ayuda a no correr riesgos innecesarios. Al respecto, Fosha, Siegel y Solomon (2009, p. 10) señalan:

> El sistema de miedo-ansiedad es tremendamente similar en todos los mamíferos y provee la función central que permite alertar a los organismos de toda clase de peligros que amenacen la integridad del cuerpo y la vida en sí misma.

Desde las neurociencias las investigaciones indican que habría un aprendizaje implícito del miedo, involucrando áreas subcorticales (amígdala), y un aprendizaje explícito, que involucra el córtex prefrontal y el hipocampo. Esta separación o disociación anatómica y funcional entre el aprendizaje implícito y explícito del miedo (que involucran distintos sistemas) permitiría explicar por qué, en algunos casos, la forma en que racionalizamos nuestros miedos difiere de lo que en realidad causó el temor y nos hizo experimentar conscientemente el miedo (Debiec y Le Doux, 2004; Le Doux, 1996; Whalen et al., 1998). Se ha podido observar que la vía implícita es más rápida que la vía explícita y, por tanto, el inicio de las diferentes respuestas[68] del organismo al miedo precedería a los pensamientos asociados a situaciones amenazantes. Esto implicaría que el

68 Respuestas conductuales, autonómicas y endocrinas.

miedo puede afectar nuestra vida psicológica y social antes de que lo podamos controlar conscientemente (Debiec y Le Doux, 2004).

El miedo es como un guardia que cuida al niño, una emoción necesaria para la supervivencia, porque permite ponerse a salvo en situaciones de riesgo. Por ejemplo, el temor a hacer el ridículo puede llevar al niño a prepararse bien para la exposición oral ante los compañeros de su clase, o el temor a despeñarse lo hace asomarse con precaución a un precipicio. Ahora bien, cuando el miedo es muy fuerte, puede llegar a paralizar al niño e impedirle llevar a cabo una actividad como subir a un ascensor, sentarse en el sillón del dentista o realizar una disertación.

Existen ciertos miedos que suelen ser comunes en los niños y frecuentes en ciertas etapas del desarrollo, variando en función de la edad y la etapa evolutiva en que se encuentran. Hasta los dos años, los niños sienten temor principalmente de separarse de los padres, ante los extraños y los animales, así como temen los ruidos fuertes, las heridas y la oscuridad. Entre los tres y los cinco años aumentan los miedos que hacen referencia al daño físico y a las personas disfrazadas. Entre los seis y los ocho años, los miedos se centran en los seres imaginarios como zombis y brujas, pero también experimentan temor ante las tormentas o frente a la soledad. Entre los nueve y los doce años, los miedos adquieren una índole más social y se relacionan con el temor a la crítica, al aspecto físico, a malos resultados en los exámenes, y también a los desastres naturales y a la muerte (Méndez, 2005; Mussen et al., 1977).

Los miedos evolutivos tienen que ver con los cambios en el desarrollo del pensamiento y de la capacidad que el niño va adquiriendo de darse cuenta de cosas de la vida que antes no percibía. Como podemos apreciar, sentir miedo muchas veces forma parte del desarrollo normal del niño, y si este es capaz de lidiar y hacerle frente de a poco será capaz de ir afrontándolo con más normalidad. En esta perspectiva, sucede, por ejemplo, que niños muy inteligentes, sensibles y perceptivos con frecuencia se ponen en situaciones en que otros menores de su edad no se ponen, y anticipan peligros y problemas que los preocupan y angustian. También pueden imaginar y fantasear eventuales situaciones amenazadoras. Esto los hace ser en exceso prudentes y temerosos. Asimismo, la sobreprotección por parte de los padres propicia en los hijos la evitación de ciertas actividades, la intranquilidad o la búsqueda de la compañía permanente de los adultos. Lo anterior les impide poner en marcha sus propios recursos para afrontar las situaciones que les provocan temor.

Sin embargo, existen otros miedos que se desencadenan a partir de situaciones negativas o traumáticas vividas por el niño, independiente de la etapa del desarrollo que él esté viviendo. Tras el acontecimiento traumático (accidente, terremoto, hospitalización, abuso sexual, enfermedad o muerte de un ser querido, entre otros), estas experiencias no pudieron ser integradas en el mundo interno de manera adecuada, pues no han podido ser simbolizadas, puestas en palabras o expresadas de alguna forma por el niño[69]. Entonces aparecen posteriormente, de manera desvinculada, a través de miedos que parecen irracionales y sin tener en cuenta el contexto en que se originaron (Siegel y Bryson, 2011). Estos miedos suelen ser intensos, tienden a surgir de forma abrupta y a permanecer en el tiempo. No siempre aparecen junto con el evento traumático, sino que pueden irrumpir hasta varios meses después de lo ocurrido[70].

En suma, si bien es cierto que el miedo es una emoción normal y frecuente en la infancia, no es menos cierto que los niños suelen sufrir de muchos miedos, de bastante intensidad, que se mantienen a veces en el tiempo y que para ellos son difíciles de vivir, resultando además ser poco comprensibles para los adultos que los rodean.

La actividad ***El Señor Miedo***[71] utiliza técnicas expresivas como el dibujo y la pintura, así como el juego de roles, el modelaje y el análisis de pensamientos y el abordaje de situaciones temidas que angustian al niño e interfieren en su vida cotidiana. A partir de este trabajo el menor va desarrollando herramientas para enfrentar sus miedos y, en los casos en que corresponda, para aprender a manejarlos, lo cual incrementa su percepción de control y sensación de bienestar.

69 Es decir, no pudieron quedar ligadas al hemisferio izquierdo, lingüístico y verbal.

70 El caso de aquellos miedos más intensos e incomprensibles, que se salen de los rangos esperados para las diferentes etapas del desarrollo, requiere de un apoyo psicoterapéutico específico y en profundidad. Esto ayudará al niño a vincular de forma verbal o simbólica el miedo con su origen o causa, de manera que pueda ser integrado en su mundo interno. La actividad aquí propuesta no está diseñada para este tipo de miedos.

71 El nombre "Señor Miedo" fue tomado del supervillano Mister Fear (Drago), creado por Zoltan Drago, que apareció en el comic Daredevil #6, DC Comics, en 1965.

OBJETIVOS

Abordar con el niño algunos de los miedos que lo angustian e interfieren en su vida cotidiana y desarrollar recursos para enfrentarlos.

PROCEDIMIENTO

La actividad ***El Señor Miedo*** consta de varias etapas que se complementan entre sí.

En la primera, se incita al niño a conectarse a través de **pintar y dibujar el miedo** y luego a personificarlo, imaginando al **Señor Miedo**.

Enseguida, a través de un juego que consiste en una **pelea contra el Señor Miedo** en un ring de boxeo, se intenta que el niño se haga más consciente de sus propios miedos, y que pueda reconocerlos, verbalizar sus pensamientos al respecto y empezar a considerar la posibilidad de enfrentarlos.

Más adelante, al realizar una **lista de sus miedos**, pone nombre a sus miedos y preocupaciones y va tomando conciencia de ellos.

Finalmente, a través de un **juego de roles**, el niño aprende estrategias para enfrentar el miedo, se da cuenta de que los miedos pueden ser modificables y controlables y percibe que él es capaz de llegar a ese control.

Pintar el miedo

El terapeuta inicia una breve conversación con el niño y lo motiva a hablar sobre el miedo (emoción que angustia y preocupa a tantos...). Luego le proporciona lápices, pasteles o témpera en barra, de diferentes grosores y colores, y hojas blancas o de un block[72]. Le pide que pinte el miedo libremente, con variedad de colores, formas y líneas.

Si el niño se muestra muy inhibido y no se atreve a comenzar a pintar, el terapeuta hace una breve demostración, diciendo:

"Mira, por ejemplo, yo podría pintar mis miedos así...", mientras dibuja algunas rayas y hace algunas manchas desordenadas y expresivas, de diversos colores, para incitarlo a trabajar y perder el temor a expresarse o a "hacerlo mal".

72 Una variante es realizar la Pintura del Miedo con témperas o acrílicos y pinceles de diferentes grosores, en una sesión previa a esta, dedicada a pintura.

Una vez que el niño ha realizado su pintura, la comentan y dialogan acerca de sus sensaciones y de cómo se sintió haciéndolo.

Pelea con el Sr. Miedo en el ring

Concluida la actividad **Pintar el miedo**, el terapeuta comienza con el siguiente relato:

"El miedo es una creación de nuestra mente. Nosotros no nacimos con miedo, sino que lo fuimos alimentando, desde que éramos muy pequeños. Por ejemplo, cuando un niño chiquito está en su casa con su mamá y esta toma su cartera para salir y el niño llora, y a la mamá le da pena, se devuelve y no sale. Entonces, al niño se le confirma su temor de que la mamá se iría, que lo abandonaría… Así, el miedo crece… pues nosotros mismos lo alimentamos… Poco a poco, el miedo va creciendo y ahora se ha hecho grande, nos asusta mucho… y no nos deja hacer cosas. Ese miedo lo podemos imaginar como un gran Señor Miedo".

Diciendo esto, invita al niño a imaginar y personificar a un poderoso "Señor Miedo" como una persona que asusta mucho. Le pide que dé detalles de cómo lo imagina… Luego, esboza uno muy esquemático, que él puede intervenir posteriormente.

Dibujo 14-1

El terapeuta dice: *"El Señor Miedo es grande y poderoso, nos asusta, nos dice cosas desagradables. Por lo tanto, ¡vamos a tener que pelear con él!... ¿Cómo lo haremos?"*. Dibuja entonces un ring de boxeo y señala:

"¡Pelearemos contra él en un ring, como los boxeadores!".

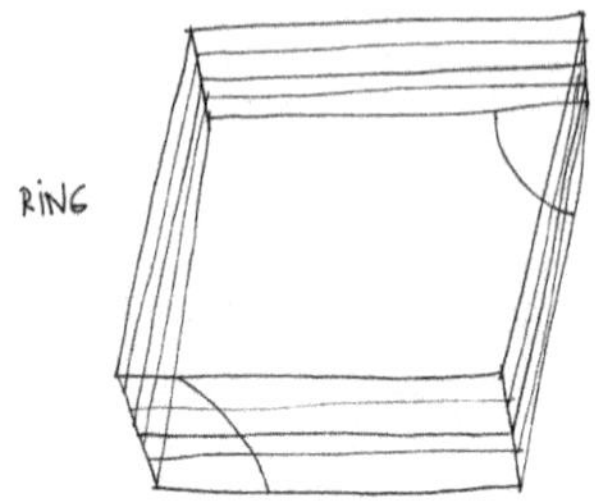

Dibujo 14-2

"En este ring vamos a pelear con el Sr. Miedo… Él va a estar en esta esquina y… aquí (muestra la esquina opuesta) *vas a estar tú, el Sr.* (o Sra.) *NN* (Juan, Sara, Martín… es decir, el paciente)".

Dibujo 14-3

"¿Qué nos dice el Señor Miedo?

"El Señor Miedo nos dice cosas… (nuestros miedos, lo que nos asusta)… ¡que son como combos con palabras! Por ejemplo, nos dice: 'Nadie quiere ser tu amigo'…".

Mientras el terapeuta dice lo anterior, dibuja una gran flecha en el ring, desde el Sr. Miedo hacia el niño, y sobre ella escribe lo que el miedo dice al paciente.

Dibujo 14-4

"... Y ¿qué le contestamos?".

Espera respuesta del niño. Por lo general, contesta en voz baja: "Sí". (Porque reconoce que sí tiene ese miedo...).

Entonces, el terapeuta dibuja en el ring una flecha cortita que va desde el niño al Sr. Miedo. Arriba de la flecha escribe: "Sí".

Dibujo 14-5

Prosigue el terapeuta:

"Después el Sr. Miedo nos puede decir también: '¡Va a haber un incendio en tu casa!'".

Mientras señala lo anterior, hace otra flecha larga en el ring desde el Sr. Miedo hacia el niño, e indica:

"Y ¿qué le respondemos?".

Da tiempo al niño para contestar, y casi siempre este responde con voz suave: "Sí". (Porque, una vez más, reconoce que sí siente ese miedo).

El terapeuta dibuja en el ring otra flecha cortita, y anota sobre ella: "Sí".

Dibujo 14-6

Puede dar un tercer ejemplo de frase asustadora dicha por el Señor Miedo, mientras traza nuevamente otra flecha grande en el ring, por ejemplo:

"Te van a pegar muy fuerte tus amigos".

Y espera la respuesta del paciente, quien probablemente responderá: "Sí".

De este modo, después de revisar algunos miedos, el niño se ve obligado a reconocer que lo que dice el Miedo es verdad, y a concluir que, por tanto, es el Sr. Miedo quien gana la pelea.

Dice el terapeuta:

"El Señor Miedo nos gana en el ring, nos deja callados, así es que deberemos pelear con él de otra manera.

"¡Vamos a buscar cómo le podremos ganar!...

"Para eso, lo primero que haremos es una lista de los miedos, de todo lo que nos dice el miedo, que tanto nos asusta... Luego, yo me encargaré de pelear con esos miedos primero y después lo harás tú!".

Confección de una lista de miedos

El terapeuta estimula al niño a confeccionar en conjunto una lista de lo que nos dice el Señor Miedo, expresando así sus miedos y las palabras o frases que el miedo le dice. Indica:

"Veamos... ¿qué nos dice el Señor Miedo?".

A medida que van surgiendo ideas, las comentan y el terapeuta las escribe sobre flechas dibujadas en una hoja, manteniendo el formato del ring (ver modelo adjunto).

A modo de ejemplo, acerca de "lo que el miedo nos dice", surgen frases como las siguientes:

- "Te van a dejar solo para siempre"
- "Tu papá se va a morir (o tu mamá o ambos)"
- "Te van a echar del colegio"
- "Tus papás no te quieren"
- "Nadie quiere ser tu amigo"
- "Se van a aburrir de ti"
- "Nadie te quiere"
- "Si tus papás viajan se va a caer el avión"
- "Nunca te sacarás buenas notas"
- "Te vas a quedar repitiendo"
- "Te van a robar"
- "Tus amigos te odian"
- "Te van a pegar una patada muy fuerte en el fútbol"
- "Va a haber un incendio en tu casa"
- "Te va a comer un tiburón"
- "Te van a encerrar en la oscuridad"
- "Te vas a quedar encerrado en un ascensor"
- "Se te va a aparecer el diablo"

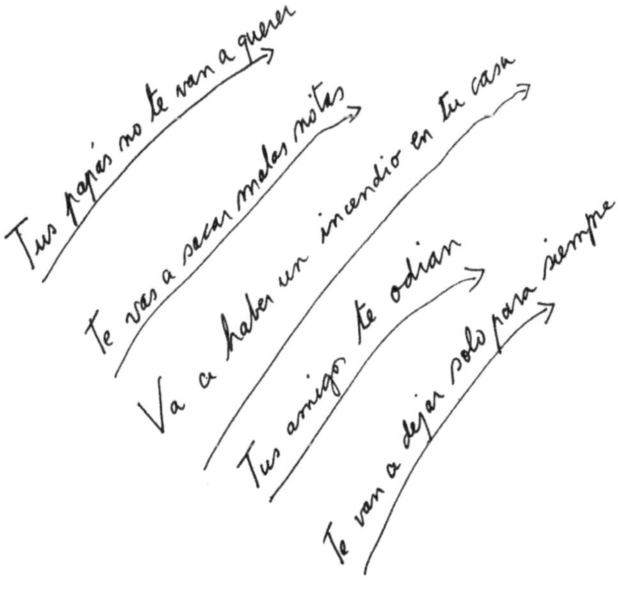

Dibujo 14-7

Ejecutar esta lista ayuda al niño a clarificar sus miedos. Ella sirve de base para el juego de roles que se efectuará, en la mayoría de los casos, en la siguiente sesión. Si quedara tiempo y se observara una adecuada disposición del niño, se podría realizar a continuación.

Juego de roles, primera parte: Terapeuta pelea con el Sr. Miedo

El terapeuta explica al niño que, ahora, sabiendo cuáles son los miedos, se podrá iniciar la pelea contra el Sr. Miedo:

"Ahora que sabemos lo que el Sr. Miedo nos dice... ¡vamos a pelear con los miedos! Como te dije antes, yo voy a pelear con tus miedos... Para eso, ¡tú vas a ser el Señor Miedo y yo voy a ser tú... Yo voy a ser... (nombre del niño)*!*

"Empecemos...

"Tú eres el Miedo...

"Ahora tú me vas a decir a mí las cosas que te dice el Sr. Miedo a ti y que anotamos en la lista...

*"Y **yo** voy a ser tú* (el terapeuta se achica físicamente y se pone a la altura del niño)*, y te tendré que contestar a ti, que eres el Sr. Miedo, y que me asustas...".*

El terapeuta se agacha o se pone en cuclillas frente al niño. Pone al alcance de la mano (como ayuda-memoria) la lista de miedos escritos sobre las flechas.

Pide al niño que se pare y diga en voz alta y fuerte un miedo de la lista, asumiendo él el papel del Sr. Miedo, tomando los gestos, la postura y la voz correspondiente; por ejemplo, dice:

"Tu mamá no te va a querer más".

El terapeuta, que desempeña el papel de niño, se agacha, cuidando de quedar frente al niño o más bajo, le contesta mirándolo a los ojos, con frases que reconozcan el temor, pero aseguren que lo puede controlar, y que hay razones para ello, por ejemplo:

"Sí, tengo miedo de que mi mamá no me quiera, porque a veces me porto mal, pero yo sé que ella es mi mamá y me va a querer siempre, aunque me porte mal. Tengo ese miedo, pero lo puedo controlar".

El niño, que está desempeñando el rol del Sr. Miedo, continúa enunciando en voz alta, uno a uno, los miedos de la lista, y el terapeuta va contestando como si él fuera el niño, de la forma ya señalada.

De esta manera, se repasa todo el listado de miedos. Probablemente la sesión concluya con esta actividad. Pero puede suceder que haya tiempo y disposición del niño para seguir y, entonces, se continúa con la segunda etapa del juego de roles.

Juego de roles, segunda parte: Niño enfrenta al Sr. Miedo

Esta segunda parte se puede iniciar con un repaso o repetición de la primera parte del juego de roles. Luego, se cambian los roles; el terapeuta pasa a ser el Sr. Miedo y dice las frases de la lista de miedos y espera la respuesta del niño, y es el niño quien, ya preparado, lo enfrenta ahora y responde a los dichos de este.

Se procede a esta etapa después que el niño ha trabajado bien la primera, desea continuar con el juego de roles y se ha atrevido a decir varias veces sus miedos en voz alta (leyendo la lista o espontáneamente). Casi siempre se realiza en una siguiente sesión.

NOTAS

- Como **actividad complementaria**, se puede pedir al niño dibujar o modelar en plasticina, masa o greda al *Señor Miedo*, tal como él se lo imagine.
- El terapeuta debe preocuparse de aclarar que los miedos pueden disminuirse, perder su poder sobre nosotros y desaparecer, y que podemos tener control sobre ellos.
- Reiteramos que, en el transcurso de la terapia, el clínico debe preocuparse de que el niño vaya haciendo su propio proceso y sacando sus propias conclusiones, evitando darle lecciones o pidiéndole recordar o repetir ideas o moralejas.

Actividad #15

El Auto de la Vida

INTRODUCCIÓN

En el mundo contemporáneo, probablemente como consecuencia del gran avance en el desarrollo de la tecnología y de los conocimientos sobre educación y desarrollo infantil, se ha producido un cambio notorio en la manera en que se cuida y se atiende a los niños. Desde su nacimiento, los infantes de hoy reciben una cantidad de cuidados y atenciones que jamás tuvieron los de generaciones pasadas. Ha aumentado la conciencia de la importancia del apego y de la atención parental a los hijos pequeños. Sin embargo, en ocasiones esto se ha malentendido, llegándose a atender a estos como pequeños príncipes, intentando los padres satisfacer cada una de sus necesidades. Muchas veces ellos tienen grandes dificultades para hacer obedecer a sus hijos, puesto que con frecuencia los requerimientos de estos suelen ser órdenes para sus progenitores. También les cuesta lograr que sus hijos desarrollen autonomía o asuman responsabilidades.

Los niños, por su parte, instalados en ese rol tan confortable, muestran poco interés por ser independientes, tomar decisiones o hacerse cargo de algo. Casi siempre hay un adulto disponible para solucionar sus inconvenientes y evitarles frustraciones, dado que además los mayores desean no hacerse problemas ni pelear con los pequeños para que obedezcan.

Últimamente, solemos observar a niños que dicen no desear crecer y prefieren continuar siendo pequeños. Expresan el temor y la inseguridad que el mundo de los adultos les provoca. Temen incorporarse a este y, además, no ser capaces de poder cumplir con las expectativas familiares. Tienden a percibir el mundo externo como difícil y exigente y a no considerarlo atractivo y lleno de posibilidades. Tampoco logran visualizar lo positivo de crecer, ser más grandes o adultos y descubrir el mundo[73]. Por tanto, desean quedarse en la comodidad

73 Los niños aprenden a través del hacer y de explorar activamente el mundo que los rodea (Piaget, 1965), por lo que cuando dejan de explorar limitan una parte vital de su proceso de desarrollo.

y acogida del ámbito familiar y de un mundo para niños pequeños, donde todo les resulta fácil.

Los padres, a su vez, suelen reforzar esta tendencia infantil, por ejemplo, tratando a sus hijos como si fueran de menor edad, realizando ellos una serie de labores que los niños podrían ejecutar por sí mismos, fomentando y celebrando la mala pronunciación de las palabras que están aprendiendo o con sus actitudes y verbalizaciones del tipo "Le pondría un ladrillito encima para que no crezca".

Al conseguir casi todo lo que desean, a los menores les cuesta perseverar y asumir responsabilidades, perdiendo oportunidades de descubrir por sí mismos, de aprender a demorar sus gratificaciones, de esforzarse en lograr las cosas y de afrontar decepciones (Siegel y Bryson, 2015).

La independencia y la autonomía se constituyen en forma gradual y paulatina en la medida en que el menor se siente rodeado de un entorno confiable (Bolwby, 1988 y 1988b; Dolto, 2005). Son centrales en el desarrollo socioemocional del niño, pues, en parte, a través de ellas, desarrolla su autoestima y adquiere seguridad en sí mismo, autoconocimiento, sentido de habilidad y competencia personal para desenvolverse con confianza en el mundo (Haeussler y Rodríguez, 2005).

La independencia es clave en el desarrollo de la propia identidad, es decir, un sentido firme y coherente de quién es uno, hacia dónde uno se dirige y en qué parte de la sociedad encaja (Erikson, 1973). Esto implica adquirir libertad y "alas" propias, pero también asumir errores, frustraciones y dificultades.

Para el niño es importante, desde pequeño, percibirse como un ser involucrado de alguna manera en la conducción de su vida, así como sentirse independiente y autónomo en lo que sea posible y libre de tomar algunas determinaciones acerca de cosas relevantes en su cotidianeidad. También es importante para él darse cuenta de que dispone de un cierto margen de maniobra, que puede experimentar y que tiene posibilidades de ejercer su libertad en ciertas materias, así como estar consciente y a cargo de sí mismo, y sentir que las cosas no le suceden simplemente.

La actividad ***El Auto de la Vida*** muestra al niño, por una parte, los inconvenientes de pasarse la vida en "la comodidad de una limusina con chofer", sin conducirla, sin decidir dónde va y por qué. La actividad le presenta las ventajas de ser independiente y autónomo, y de sentirse capaz de manejar su vida. Por otra parte, le indica los beneficios de tomar y hacerse cargo de algunas decisiones que le atañen, de acuerdo con su edad y periodo evolutivo, valorando la libertad, la responsabilidad y la tarea de ir asumiendo su vida.

En síntesis, ***El Auto de la Vida*** ayuda al niño a tomar conciencia de que él puede adoptar un rol activo en su vida, que tiene posibilidades de ejercer cierta libertad, aun siendo pequeño. Favorece la conexión con la sensación de autonomía y bienestar que produce el sentir que uno mismo toma decisiones en asuntos que le conciernen.

OBJETIVOS

Facilitar en el niño la toma de conciencia de que puede hacerse cargo de sí mismo, decidir en forma responsable, sentirse más autónomo, ver las ventajas que tiene esto en su vida y, paralelamente, conectarse con el bienestar y la sensación de libertad que esto le otorga.

PROCEDIMIENTO

Frente a un pizarrón o sentados en la mesa, con lápices de pizarra o de colores, el terapeuta pide al niño que dibuje, si él lo desea, una limusina grande, lujosa, con un chofer que la conduce. Si no desea dibujar, lo hace el terapeuta, quien delinea el gran vehículo con colores brillantes o dorados.

Dibujo 15-1
Limusina dibujada por Jerónimo, niño de siete años.

Una vez realizado el dibujo, frente a este, el terapeuta comienza el siguiente relato:

"A nosotros en la vida nos encantaría poder andar en una limusina bien grande, con un chofer elegante, con gorro y traje especial, ¿verdad?

"Él conduce este auto inmenso que brilla y que todos miran cuando circula por las calles... Como la limusina tiene un chofer, nosotros vamos sentados en el asiento de atrás, y solo podemos mirar por la ventana...

Dibujo 15-2

"No sabemos dónde nos lleva, no sabemos por dónde vamos... Tan solo tenemos la posibilidad de mirar para afuera o escuchar música, pero no dirigir el auto, porque... si uno no maneja, no puede decidir nada.

"Y uno se pregunta, ¿qué sacamos con ir en un auto increíble si uno no puede conducirlo?

"Si otro maneja y decide y ni siquiera sabemos adónde vamos... ¿no será mejor que yo maneje y que sea en mi propio auto...?".

El terapeuta dibuja entonces un auto mucho más pequeño que la limusina, con una persona que conduce y que, por ejemplo, está subiendo un cerro.

Dibujo 15-3

Y continúa el relato:

"Y entonces busco para mí un auto de un tamaño que yo pueda manejar. Puede que sea más pequeño y no sea tan nuevo ni tan brillante como la limusina... pero es mi auto, el auto de mi vida... y... mi auto lo manejo yo.

"Yo (nombre del niño) *llevo el volante (o manubrio), el acelerador y el freno. Yo sé dónde quiero ir, yo quiero decidir y hacia allá iré...*

"Si lo quiero, puedo subir un cerro, o puedo decidir ir a una playa a ver la puesta de sol al atardecer... Porque es mi vida... voy en mi auto.... y mi vida la manejo yo...".

El terapeuta dibuja, esquemáticamente, un auto en una playa con una puesta de sol.

Dibujo 15-4

"Si quiero pintar mi auto de otro color, o de muchos colores, lo hago... Si quiero ponerle otras luces o cambiar los tapices de los asientos, lo hago...".

El terapeuta esboza entonces un auto con un neumático pinchado y señala:

Dibujo 15-5

"Si se me pincha una rueda (o neumático), la arreglo, porque es mi auto y yo me preocupo de él...

"Aunque mi auto sea chiquitito, yo soy quien lo conduce y quien decide qué hacer y dónde ir. Yo decido qué camino tomar, dónde quiero ir, cuándo detenerme para descansar...".

Este relato se efectúa en un diálogo interactivo con el niño, quien va participando en el dibujo, o realizando otro en forma paralela. Así, niño y terapeuta, cada uno con un lápiz o plumón en la mano, van incorporando nuevos elementos al dibujo, haciendo modificaciones, a medida que avanza el relato y la conversación sobre el tema.

Dibujo 15-6
Actividad El Auto de la Vida realizada con Mateo, de nueve años.

Y continúa dando ejemplos como:

- Si se me descarga la batería, la cargo...
- Si se me abolla la carrocería, la arreglo...
- Es el auto de mi vida y yo me preocupo de lo que le pasa.
- Yo decido dónde voy y qué es lo que hago.
- Si quiero subir el cerro, lo subo.
- Si me quiero dar media vuelta e irme a la playa a ver la puesta de sol, voy.
- Si tengo que tener una clase de algo que yo sé que necesito, la tengo.
- Si me duele una muela, voy al dentista, aunque me dé lata, porque es mi vida y yo tengo que ir arreglándola cuando lo necesito.
- Si veo que no entiendo una tarea, le puedo pedir a alguien que me ayude, porque yo quiero entender de qué se trata, porque es mi vida.

- Si una amiga o amigo se peleó conmigo, puedo conversar con ella o él, porque quiero seguir siendo su amiga (o) y a mí eso me importa, porque es mi vida.

Si corresponde y es adecuado, el terapeuta puede introducir algunos ejemplos relacionados con la problemática del niño.

Una vez terminada la actividad, como cierre, se puede proponer al niño dibujar "un auto" o "su propio auto" como él se lo quiera imaginar.

Actividad #16

La Reja de mi Jardín

INTRODUCCIÓN

Desde pequeño, el niño se va diferenciando de los demás y construyéndose como una persona única. Para eso requiere de adultos que favorezcan su crecimiento y lo reconozcan como una persona diferente a ellos y respeten sus espacios y necesidades, sin invadirlo (Mahler, 1975; Spitz, 1965). Progresivamente irá aprendiendo a marcar y defender su propio territorio y a discriminar entre quiénes puede dejar entrar a su mundo y quiénes no. Uno de los componentes clave de la experiencia personal lo constituye el cuán bien las personas definen los límites personales. Cuando hablamos de límites nos referimos a la capacidad para separar la propia experiencia de la de los otros, y para dividir las experiencias globales en las partes que la componen (Yapko, 1995).

Las fronteras delimitan quiénes somos, a quiénes queremos tener cerca de nosotros y a quiénes no. Así como los países tienen fronteras, el jardín de nuestra casa tiene una reja que delimita nuestro territorio. Desde el punto de vista psicológico, los límites que establecemos con quienes nos rodean son fundamentales para desarrollar autocuidado, autoprotección y la propia identidad (Foelsch et al., 2015).

En etapas tempranas, el niño no es capaz de protegerse solo y necesita de adultos que lo cuiden, favorezcan su crecimiento y desarrollo, satisfagan sus necesidades en todos los ámbitos y le entreguen referentes que le den seguridad y confianza en sí mismo y en la vida (Winnicott, 1958). Desde esta experiencia de seguridad y cuidado, el niño podrá explorar y establecer sus propios límites, separándose paulatinamente de sus padres para ir desarrollando su identidad.

Los límites son muy importantes a la hora de definir la relación con uno mismo a nivel interno, y también para regular la relación con los otros. Puede parecer obvio que la experiencia de otra persona no es la propia, pero muchas veces ocurre que reaccionamos a otras personas como si fueran nosotros mismos o una extensión nuestra (Kernberg, 2002; Yapko, 1995).

Es importante ser capaces de separar claramente quiénes somos nosotros de quiénes son los demás. Los límites separan y definen las relaciones. Esto quiere decir que los roles que tenemos en un momento dado determinan lo que es posible y lo que no es posible entre nosotros. Por ejemplo, no se puede ser al mismo tiempo el psicólogo clínico y el amigo personal de una persona.

Permitir a otro la entrada en nuestro espacio personal es una señal de que nosotros lo estamos validando. No cualquiera puede entrar a este espacio, dando opiniones o sugerencias que no hemos solicitado. Si ese ingreso que nosotros hemos permitido lo sentimos como una invasión y nos produce molestia, dolor o desagrado, es necesario aprender a no aceptarlo, poner límites y lograr controlar lo que queremos y no queremos acoger.

Si dejamos libre el paso a otro para entrar en nuestra vida, sin poner algunas barreras, le estamos dando la posibilidad de afectarnos, herirnos o manipularnos. Le estamos entregando poder sobre nosotros. Cada uno es el único que puede protegerse de la manipulación de los demás, pero eso solo se puede hacer si se tiene un sentido claro de los propios límites (Yapko, 1995).

Para los niños es crucial aprender a poner límites a los otros, cuidar su propio mundo, no dejarse invadir por los demás ni permitir que otros los agredan gratuitamente con sus actitudes, acciones u opiniones descalificadoras.

A medida que los niños crecen, los pares van teniendo cada vez más importancia en la configuración de su identidad. Sin embargo, a veces los menores escuchan en exceso la opinión de los amigos y compañeros, olvidándose de sí mismos. Al mismo tiempo, temen defraudarlos y suelen preocuparse de que digan a otros sus secretos compartidos, sean desleales o hagan comentarios negativos acerca de ellos.

Muchas veces, niños y jóvenes pueden permitir la entrada de otros a su propio espacio, sin cuidarse o protegerse. Lo hacen por dar una buena impresión, por mostrarse fuertes y resistentes y que nada les afecta, o buenos y amorosos, o, en fin, por complacer a los demás, para así tener atención y valoración.

En la actividad ***La Reja de mi Jardín***, a través de la imagen de un jardín, se trabaja con el niño para que se haga consciente de que, frente a la invasión de su espacio personal por parte de otros, él puede decidir no poner una reja y permitir que otros entren y paseen. También puede optar por una mayor protección, instalando una reja y una puerta de acceso y elegir a quiénes y en qué momento desea permitir la entrada.

OBJETIVOS

Favorecer en el niño el darse cuenta de la importancia de los límites en las relaciones interpersonales y del respeto a los espacios personales de cada uno. Ayudarlo a valorar la autoprotección y a discriminar entre a quiénes quiere abrir su corazón o tener cerca, y a quiénes no.

PROCEDIMIENTO

El terapeuta prepara primero el clima de la sesión conversando con el niño, a propósito de sus experiencias en relación con el tema de los límites y de la invasión a los espacios personales. El tema puede surgir en sesión durante el proceso terapéutico, a partir de situaciones o problemas señalados por el mismo niño.

Mientras dibuja una casa simple en un jardín, con flores y pasto, el terapeuta dice:

Dibuja 16-1

"Si yo tengo un lindo jardín con flores y plantas, y un pasto bien verde que he cuidado y regado cada día y lo tengo precioso... y si tal vez por descuido dejo que entre cualquiera y se pasee por él, corte las flores y pise el pasto... o si permito que entren perros, caballos o vacas y ensucien y destrocen mi jardín, es mi responsabilidad, porque yo lo he permitido...

"Yo no he puesto ninguna barrera que les corte el paso...

"Si yo no le pongo reja a mi jardín y permito que lo rompan y lo pisoteen, es mi responsabilidad".

El terapeuta dibuja una reja al jardín con una puerta.

Dibujo 16-2

Continúa:

"Si yo no quiero que pisen mi pasto o que rompan mis flores y plantas... Si yo quiero que no entre cualquiera a mi jardín, entonces debo poner una reja para protegerlo. También tengo que ponerle una puerta y así yo poder decidir a quién le abro el paso y le permito entrar y a quién se lo cierro.

"Así, por ejemplo, si una compañera de curso le dice cosas pesadas o desagradables a una niñita. La niña puede optar por abrirle la puerta y dejarla entrar en su vida, es decir, contestarle, darle explicaciones o rebatirla dándole atención. Pero también puede decidir no abrirle y, por lo tanto, no le contesta, no la mira, y se va a otra parte.

"Si nosotros no protegemos y cuidamos nuestro jardín, nadie va a hacerlo por nosotros... Y corremos el riesgo de que sea maltratado, que esté descuidado o un poco abandonado... Depende de nosotros el que esté bonito y bien".

NOTAS

- Esta actividad puede ser utilizada para trabajar con el niño o joven el tema de aprender a poner límites para que no entren en su vida: las pesadeces, las bromas antipáticas, las agresiones, las mentiras, las cosas injustas, las intromisiones, las faltas de respeto.

- **Como actividad complementaria** se puede proponer al niño cerrar los ojos e **imaginar o visualizar un jardín** y, a modo de imaginería guiada (Leuner, 1984; Leuner, Horn y Klessmann, 1983), pedirle que vaya describiendo en detalle, verbalmente, lo que va visualizando. Después de un rato, se le solicita que visualice una reja que protege al jardín que acaba de imaginar. Le da tiempo para realizar y cerrar la actividad lentamente.

- La ***Imaginería Los Límites*** resulta ser otra buena **actividad complementaria** para ser realizada con adolescentes.

Imaginería Los Límites

Autor: Michael Yapko (1995, pps. 188-191, adaptación)

PROCEDIMIENTO

Se dan al paciente las siguientes instrucciones:

"Cierra tus ojos, acomoda tu postura y comienza a relajarte tranquilamente... agradablemente... sin hacer ningún esfuerzo, permitiendo que te surjan diferentes ideas... y diferentes maneras de mirarte a ti mismo... De a poco te das cuenta... de a poco... de lo claro que empieza a ser para ti... lo interno... lo que te define a ti como siendo tú y lo claro que es para ti que lo que está afuera..... sigue estando fuera de ti... en el mundo externo... Ese mundo externo del cual tú formas parte, pero del que... al mismo tiempo, estás separado... Por lo tanto, ahora y al comienzo de esta experiencia... a medida que permites que tus ojos se cierren...y dejas que tu atención vague sin rumbo dentro de ti... puedes ser consciente de que hay distintas partes en ti... Y que tú puedes centrar tu atención en una parte de tí mismo (a)... sabiendo que hay muchas otras..."

"Es así como una parte valiosa tuya es la que tiene los pensamientos que pasan por tu mente... Cualquier cosa en la que tú piensas... cualquier cosa que se te ocurra... en respuesta a lo que yo voy diciendo... A medida que un pensamiento te lleva a otro pensamiento, que a su vez provoca otro pensamiento... A medida que tu mente salta de un pensamiento a otro, y de un lugar a otro... Toda esta experiencia mental... experiencia consciente... es una parte muy importante de tí..."

"También hay otra parte tuya que vale la pena que tú puedas reconocer... que es la sensación de tu propio cuerpo... mientras te relajas cómodamente en el sillón... Observa tu cuerpo... ¿Qué parte de tu cuerpo... parece relajarse primero?... ¿En qué momento empiezas a darte cuenta de que tu respiración se vuelve más lenta...de que tu pulso se hace más lento?... ¿Qué parte de tu cuerpo empiezas a sentir más lejos?... y... ¿qué parte de tu cuerpo empieza a sentirse más cerca?... Tantas sensaciones... Hay tantos aspectos diferentes en cada uno de nosotros..."

"Y otra parte valiosa tuya... es la que tiene tus sentimientos... Sentimientos de bienestar...de disfrute... de aprovechamiento de momentos tranquilos como este... sin tener que pensar... sin tener que analizar...sino poder "estar" simplemente... Sentimientos de agrado... de orgullo por lo que sabes o puedes hacer... de confianza de poder aprender... de tranquilidad por no tener que decir nada... ni hacer nada..."

"Y... cuántas más partes tuyas están allí dentro de ti?... Hay partes optimistas... y hay partes pesimistas... Partes que quieren trabajar... y otras que quieren jugar... Algunas que les gusta estar con los demás... y a otras que les gusta estar solas...Hay partes que piensan... partes que sienten... y tantas otras... Podríamos nombrar cientos de ellas... Y lo que tú vas a descubrir ahora...es que cada parte tuya... tiene un maravilloso potencial... de ser valiosa para ti... alguna vez, en algún lugar..."

"¡Qué fantástica sensación de control!... De poder personal... Cuando conoces y valoras todas las partes de ti mismo... y sabes cómo... entrar y salir de cada una..."

"Y tú estás descubriendo ahora que puedes separar diferentes partes de tu experiencia... incluso puedes separar las experiencias que tienes normalmente... de las que tienes cuando trabajas con tu mente inconsciente... y puedes separar todas las cosas que tienes que hacer hoy más tarde... de esta experiencia que estás teniendo aquí ahora... de relax... y de escuchar...y de aprender..."

"Ahora tú sabes que todos los países... todos los Estados... tienen sus fronteras... Existe una línea divisoria que separa un país de otro... Chile de Argentina... y Chile de Perú... Hay una línea que separa la casa en que tú vives... de la casa del lado... Los países incluso tienen aduanas y patrullas en las fronteras... que tienen la tarea de proteger las fronteras... Para dejar dentro lo que debe quedar dentro... y dejar fuera lo que debe quedar fuera... Y una de las misiones de cada nación... es ser capaz de proteger las fronteras... para que nos pueda definir a nosotros... como nosotros... A cualquier lugar que tú vayas... cada país tiene sus fronteras... y su propia manera de definirse... su cultura... su idioma... sus costumbres..."

"Tú sabes tan bien como yo... con cuánta frecuencia...un grupo de personas invade a otro grupo...y cruza los límites... e intenta imponer sus deseos y su forma de vivir... No es diferente a nivel individual… a nivel de cada persona... tú puedes empezar a ver claramente en las personas que te buscan... las cosas que quieren de ti... Y ahora estás tú... y tus límites...Y tu capacidad para proteger estos límites, para protegerte a ti mismo... Límites que te ayudan a no dejarte absorber por los planes de otra persona... siendo capaz de resistir... a las tácticas de culpabilizar que pueda tener esa persona... o de asustarte...o de lo que sea... para poderte proteger... de manera hábil... cuidadosa... poderosa... Y estás aprendiendo...más rápido de lo que eres consciente... que cada parte tuya es valiosa... en algún lugar... en algún momento... Ya sea una parte enojada... o una parte alegre... una parte cariñosa... o una parte crítica... todas tienen un fin valioso... cuando las usas bien...Y lo que estás aprendiendo ahora... es que puedes tener la capacidad... de entrar tú cuando tú quieras a una parte de ti mismo... siempre que tú lo elijas... Así... cuando haces algo que no te resulta muy bien... puedes encontrar a tu parte comprensiva...y quedarte en ella... y cuando sientas tensión... puedes encontrar la parte tuya que sabe cómo relajarse… y cuando descubras que estás siendo autocrítica(o)... puedes encontrar la parte tuya que es paciente... y aceptar… Tu experiencia es tuya y de nadie más... y cuando te das cuenta de que….. no importa cuánto una persona te quiera... Si te quiebras una pierna... tú tendrás que ponerte el yeso y usar un bastón para caminar y nadie se lo pondrá por ti... Siempre hay... un límite que te separa a ti de los otros... Y qué bueno que la vida sea así... De manera que tú puedas ser tú...y puedes desarrollar todas las partes de ti mismo(a) plenamente... Saber cómo y cuándo usar cada una de ellas... de manera que te hagan sentir bien... Disfrutar de la vida... de los sentimientos de bienestar…"

"Te tomas algún tiempo para comprender la experiencia... integrar nuevos conocimientos... y usar esto de manera hábil y agradable... Y cuando tú te sientas preparado(a)… puedes ir terminando esta experiencia... ir reorientándote plenamente...volviendo al aquí y ahora, a esta pieza, en este lugar... y abre los ojos cuando tú quieras...".

Actividad #17

La Montaña Abrumadora

INTRODUCCIÓN

Los niños suelen ingresar al colegio ya cargados de expectativas provenientes de los padres y de su entorno social. Desde una edad temprana, empiezan a darse cuenta, de manera consciente o inconsciente, de que deben cumplir con ellas. Perciben sobre sí la mirada expectante de los adultos en relación con el logro de hitos del desarrollo, aprendizajes y conductas sociales, como por ejemplo aprender a leer y escribir precozmente, tener habilidades motrices o poseer alguna habilidad artística o deportiva. Advierten la presión de su entorno en cuanto a la importancia de ser buenos alumnos, buenos deportistas, sociables, amistosos y bien considerados por sus pares, así como de ser fuertes y capaces de defenderse. Se agregan las exigencias escolares mismas con extendidas jornadas de clases, actividades extraprogramáticas semanales en la escuela y otras impuestas por los mismos padres, además de las autoexigencias propias de cada niño.

Las altas exigencias conllevan perfeccionismo y presión por el éxito, junto con la sensación de estar frente a una situación percibida como inabordable. Esto tiene variadas consecuencias, entre las que se pueden mencionar el estrés escolar y el surgimiento de emociones negativas, como el desaliento, la angustia, la rabia, la impotencia o la pena. De allí la gran cantidad de niños en edad escolar que llegan a consultar por estar angustiados, agobiados, sin ánimo, frustrados y, en muchas ocasiones, paralizados o deprimidos.

Alcanzar las expectativas y cumplir con estas obligaciones se transforma, en muchos casos, en un objetivo prioritario para el niño, pues él puede haber desarrollado la creencia de que de esa forma logrará y mantendrá el amor de sus padres. En estos casos, para el menor, el afecto parental estaría condicionado al logro y a ser capaz de competir adecuadamente.

En ese intento, muchos niños y jóvenes empiezan a sentirse cada vez más cansados y abrumados, y van perdiendo el goce por el proceso de aprender.

Olvidan que el objetivo de las tareas y actividades para los estudiantes es desarrollar y consolidar nuevos aprendizajes y conocimientos.

Frente a la situación escolar, los niños a menudo se sienten sobrepasados y sin disponer de estrategias para abordarla en forma apropiada. Esto se hace más notorio en los períodos de evaluación o de fin de semestre, por el aumento de tensión y sobrecarga de trabajo.

El estrés que la situación escolar provoca en los estudiantes puede ser abordado de diversos modos. Lazarus y Folkman (1986) plantean que el uso de una u otra estrategia de afrontamiento del estrés estaría determinado por la naturaleza del estresor y las circunstancias en las que se produce. Ellos incluso crearon una Escala de Modos de Afrontamiento (Ways of Coping WOC, Folkman y Lazarus, 1988)[74].

Estos autores proponen dos tipos generales de estrategias[75]: las de resolución de problemas[76], que son aquellas directamente dirigidas a manejar o alterar el problema que está causando malestar, y las de regulación emocional, que consisten en métodos dirigidos a regular la respuesta emocional ante el problema (Lazarus y Folkman, 1986). Estas estrategias y estilos de afrontamiento de las situaciones permiten ofrecer al niño o joven alternativas de respuesta ante un mismo suceso.

La presente actividad, ***La Montaña Abrumadora***, favorece el darse cuenta del valor de detenerse, observar y ordenar con calma lo que se debe hacer. Una vez aprendida esta nueva aproximación, el niño podrá apreciar que la percepción de sus deberes cambia, observando que la cantidad de cosas pendientes era menor a la que inicialmente le parecía, y que, además, no todas las tareas tienen la misma importancia o dificultad. Asimismo, podrá aprender que no es necesario realizar todo el mismo día y al mismo tiempo.

74 La Escala WOC (Folkman y Lazarus, 1988) describe una completa serie de pensamientos y acciones que se efectúan para manejar una situación estresante, y cubre al menos ocho estrategias diferentes, como son: Confrontación y Planificación, centradas en la solución del problema; Distanciamiento, Autocontrol, Aceptación de responsabilidad, Escape-evitación, reevaluación positiva, centradas en la regulación emocional, y, finalmente, Búsqueda de apoyo social, basada en ambas.

75 Los autores definen las estrategias de afrontamiento como procesos cognitivos y conductuales constantemente cambiantes que se desarrollan para manejar las demandas específicas externas o internas que son evaluadas como excedentes o desbordantes de los recursos del individuo.

76 El esquema del proceso de resolución de problemas se basa tanto en la situación misma como en la percepción que se tiene de esta, y desde ahí se desarrolla la conceptualización, especificación, búsqueda de solución y, luego de encontrada esta última, su implementación.

Como puede advertirse, la actividad entrega algunas estrategias de resolución de problemas, pues se analiza la situación por partes, se estudian posibles alternativas de solución y se plantean pasos a seguir. Dichas estrategias, de tipo cognitivo-conductual, suponen un proceso más amplio, que tiene como pasos previos la identificación del asunto y su modelado (Bunge, M. 1999; D'Zurilla y Goldfried, 1971; D'Zurilla y Nezu, 2007).

La actividad ***La Montaña Abrumadora***, haciendo honor al proverbio chino "Una imagen vale más que mil palabras", utiliza la imagen de una "gigantesca montaña", que se viene encima de la persona y que parece imposible de subir. Este símil ilustra la sensación abrumadora del niño o joven cuando se ve enfrentado a la "montaña de deberes".

Con esta visualización, se hace la analogía con la situación escolar, sus deberes y exigencias y se analiza con el niño cómo él se puede aproximar a esta "montaña" de una manera diferente. La imagen de la gran montaña inexpugnable se presenta en contraposición a múltiples cerros o montañas más pequeñas que son posibles de abordar, si se va paso a paso.

OBJETIVOS

Darse cuenta de la gran cantidad de exigencias y deberes de la situación escolar, percibidos como inabordables, y de las consiguientes sensaciones de sentirse abrumado, agotado o sobrepasado.

Facilitar el desarrollo de un acercamiento organizado y parcializado a los quehaceres. Ayudar al niño o joven a decidir y priorizar lo que es más importante.

Fomentar el desarrollo de la sensación de competencia y autoeficacia y de disfrutar del proceso de aprendizaje, junto con disminuir el agobio y el cansancio.

PROCEDIMIENTO

Frente al pizarrón o sentados en un escritorio, con lápices y plumones a disposición, el terapeuta indica al niño:

"Vamos a dibujar una montaña grande, que muestra cómo nosotros nos sentimos a veces".

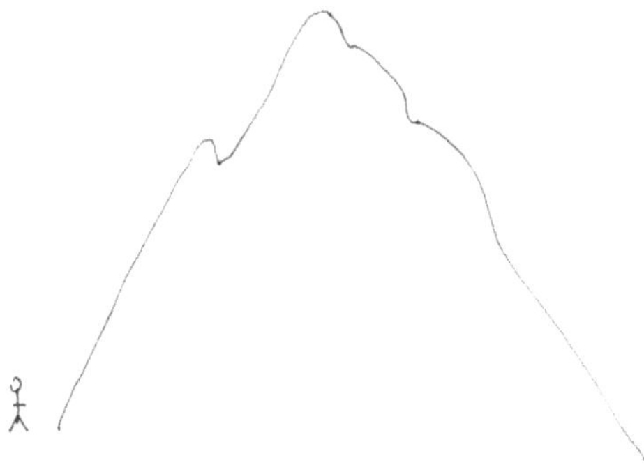

Dibujo 17-1

Mientras, el terapeuta dibuja una gran montaña con una figura humana muy pequeña en la parte de abajo, permitiendo al niño, si lo desea, intervenir el dibujo. Luego prosigue con su relato:

"Hay veces que frente a la vida, frente al colegio… nos sentimos como mirando una tremenda montaña que se nos viene encima, como si estuviéramos frente al monte Everest o al Aconcagua… por TODO lo que tenemos que hacer.

"Es tanta la sensación de cansancio que tenemos cuando vemos la cantidad de cosas pendientes, que lo único que queremos es no hacer nada o, simplemente, acostarnos... porque sentimos que ya no podemos más…".

Mientras habla, el terapeuta esboza un niño muy esquemático, acostado.

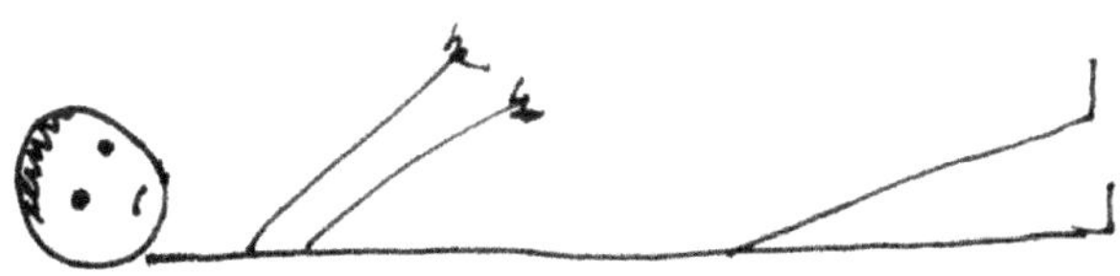

Dibujo 17-2

Y continúa:

"Entonces, cuando uno está así de agotado... uno puede decidir parar un poco, detenerse, y preguntarse a uno mismo:

"A ver, ¿qué es lo que realmente tengo que hacer en los próximos días? ...Y verlo en la realidad... Por ejemplo, tú... ¿qué tendrías que hacer esta semana? ¡Veámoslo como un ejemplo!".

Espera la respuesta del niño... Generalmente comienza a enumerar deberes pendientes.

Si el niño se resistiera y señalara: "Nada", el terapeuta dice:

"Es un ejemplo, tú o un niño cualquiera... Imaginemos todo lo que podría tener que hacer un niño, que está muy cansado por lo que tiene por hacer en el colegio...".

El terapeuta confecciona con el niño una lista de posibles deberes, como los siguientes:

- Prueba de matemáticas
- Trabajo de ciencias
- Leer un libro
- Poesía en inglés
- Disertación
- Hacer una maqueta
- Presentación de historia
- etc.

Dice:

"Uno se pregunta: '¿Cómo lo voy a hacer...?'. En estas situaciones, uno siente que debe hacer tantas cosas... que cree que no será posible poder hacerlas todas...".

El terapeuta comienza entonces a dibujar cerros pequeños, unos más chicos que otros, a medida que va conversando con el niño.

Esboza un niño esquemático parado frente a los cerritos o montañitas sucesivas, a medida que van diciendo los deberes pendientes. Escribe en cada montaña lo que el niño va señalando: matemáticas, ciencias, libro, historia, inglés, etc.

Dibujo 17-3

Expresa:

"Si, por ejemplo, mañana tengo prueba de matemáticas, solo me preocupo de ese cerrito, porque ese es el que está primero y veo que no es tan grande, después tengo lo de inglés y ese cerrito es un poco más chico y puedo pasar por el lado. Después viene la lectura del libro, ese es un poco más grande, pero no tanto…".

Mientras conversa el tema con el paciente, el terapeuta esboza un niño esquemático avanzando entre medio de los cerritos, con flechas que van mostrando su recorrido por entre los cerros, unos más chicos y otros más grandes…

Dibujo 17-4

Continúa:

"Así puedo ver todo lo que tengo que hacer, y puedo darme cuenta de que estos cerritos sí los puedo subir… Que no es una sola montaña gigante…

"Es importante ver las cosas separadas, una por una, en cerros o partes más chicas, y no verlas todas juntas, como una montaña que se nos viene encima".

El terapeuta continúa dialogando con el niño sobre el tema y sobre la importancia de separar las preocupaciones en partes y no visualizarlas todas juntas.

Luego escribe lo siguiente:

"Es mejor detenerme a pensar:

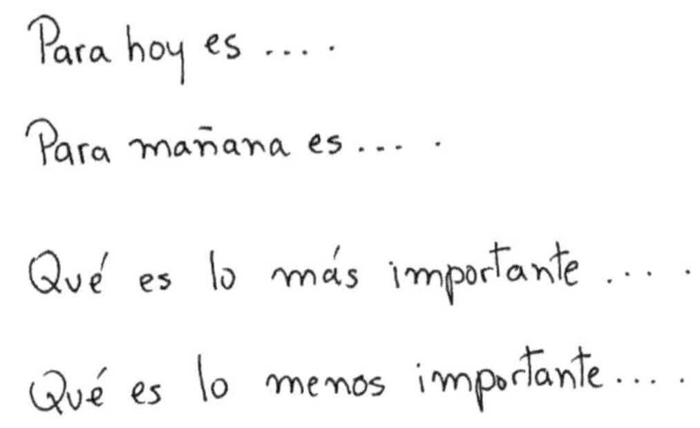

Dibujo 17-5

Una vez terminada la actividad, con pacientes que cursan escolaridad básica, puede continuarse el trabajo con una conversación relativa al colegio y sus exigencias, abordando el tema de cuáles son las cosas importantes del colegio para los niños de su edad[77].

El terapeuta pregunta al niño:

"Ahora veamos... ¿Cuáles serán las cosas más importantes del colegio para un niño de tu edad? ¿Qué cosas de esta edad, de esta etapa, en que tú estás ahora, van a ser importantes para cuando tú seas grande?".

Da tiempo... Espera las respuestas del niño, que pueden ser diversas. Deja espacio para que se exprese y opine...

Después de un rato, el terapeuta, con humor, resume lo dicho por ambos. Mientras escribe una lista, va diciendo, por ejemplo:

---

77 Este tema se trabaja en forma paralela con los padres.

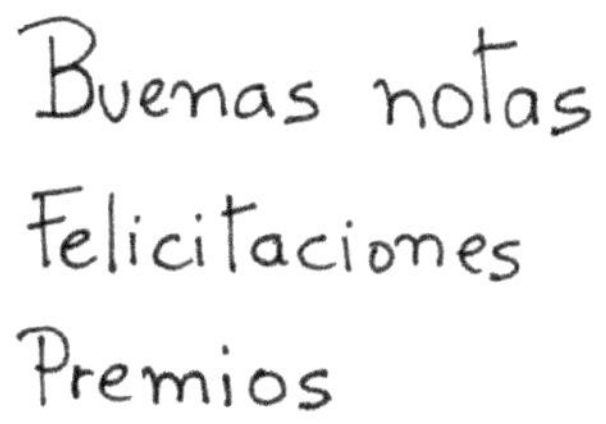

Dibujo 17-6

"¿Sacarse buenas notas?

"No".

El terapeuta hace una cruz sobre la frase escrita…

"¿Tener felicitaciones?

"No.

"¿Ganarse premios y medallas?

"No…", etc.

Dice el terapeuta:

"Sí… esas cosas son agradables de obtener; pueden ser atractivas, pero también puede ser cansadoras... y, además, no garantizan a nadie buenos resultados en el futuro. El que un niño sea muy premiado y felicitado cuando chico no asegura que él vaya a ser tan buen alumno y tener tan buenos resultados cuando sea grande... No es ninguna garantía...".

Luego expresa algo como lo siguiente, de la manera más simple y breve posible y adecuándose a la edad del niño:

"Más bien lo importante sería:

1. *"La curiosidad, el interés por aprender"*

Explicar al niño que:

"Las ganas de aprender son las que mueven a las personas, las llevan a querer saber y conocer el mundo, a descubrir cómo son las personas y las cosas. Son mucho más importantes que las notas, especialmente en los niños de tu edad.

"Sin curiosidad no hay creatividad. Los creativos, los sabios y los investigadores tienen una gran curiosidad, se interesan por infinidad de cosas, siempre quieren saber y descubrir cómo estas son. Muchos de ellos se aburrieron de sobremanera en

el colegio. A ninguno le gustaba aprender pasivamente y repetir lo que decían sus profesores. Podemos citar el caso de Pablo Picasso, que fue muchas veces suspendido, ya que mientras el resto de los alumnos seguía la clase, él se aburría y dibujaba incansablemente. También Stephen Hawking, el astrofísico estudioso de los agujeros negros, que no fue un buen alumno en el colegio y recordaba sus años de estudiante como unos de gran aburrimiento; Charles Darwin, naturalista que planteó la teoría de la evolución, a quien sus profesores encontraban poco inteligente, puesto que solo le gustaban los animales; y Winston Churchill, político y estadista, gran líder durante la Segunda Guerra Mundial, quien se aburría en clases, molestando constantemente, y que decía que le gustaba aprender, pero no que le enseñaran".

2. "Cumplir, funcionar"

Aclarar al niño que, a su edad, solo es necesario aprender a cumplir con las obligaciones escolares, a funcionar dentro del sistema… Por ejemplo, decirle:

"A tu edad, basta ser responsable, hacer las tareas, estudiar lo suficiente y cumplir con los deberes. Pero no es necesario obsesionarse, amargarse la vida ni vivir estudiando o pendiente de las notas y de las décimas conseguidas… Obtener notas aceptables, azules… Basta con mantenerse en el sistema y no tener problemas. El resto del tiempo libre vale la pena disfrutarlo como niño, al aire libre, jugando, descubriendo la naturaleza y el mundo, estando con la familia y los amigos, leyendo, inventando juegos u otros…".

Ayudar al niño a pensar en su presente escolar y a no obsesionarse con su rendimiento en el futuro. Mostrarle que en el buen rendimiento en un estudiante mayor influyen muchos otros factores, además de las solas notas obtenidas siendo un niño de edad escolar.

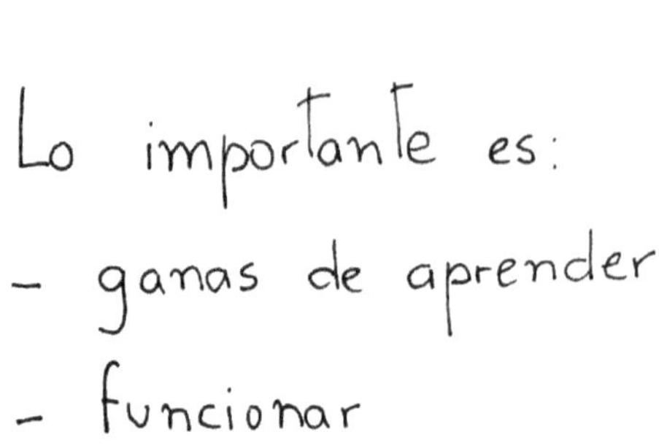

Dibujo 17-7

El terapeuta se explaya sobre estos temas y otros similares, cuidando de mantener la motivación del niño y acogiendo sus comentarios, preguntas y opiniones.

Actividad #18

Metas

INTRODUCCIÓN

Los niños de hoy, acostumbrados a la inmediatez del mundo tecnológico en el que están inmersos y a la gratificación inmediata[78], con frecuencia se sienten frustrados al no obtener con rapidez y perfección lo que quieren.

Desconocen o se olvidan de que todo lo que hacemos en el día a día tiene un tiempo. No han aprendido aún que lo importante no es solo alcanzar una meta, sino cómo esta se va logrando, el proceso de ir llegando; tal como un detective o un buscador de tesoros, que va obteniendo pistas y acumulando pruebas que lo acercan a descifrar el misterio o a encontrar el tesoro y que va disfrutando cada paso de su búsqueda. Tienen dificultades para aceptar y asumir labores de la vida cotidiana, como aprender y automatizar hábitos, adquirir buenos modales o desarrollar nuevas destrezas, pues todos requieren tiempo y paciencia.

Les cuesta ser conscientes de que para alcanzar sus metas primero deben identificar las que son realistas y que realmente desean alcanzar por razones personales (como agrado, desafío, logro de bienestar), y diferenciarlas de las que son por agradar a los demás.

Niños y jóvenes han tenido poca formación en la práctica de superación de pequeños obstáculos para conseguir finalmente un bien mayor, con lo que desarrollan poco el interés por los logros a largo plazo. Han asumido poco el valor del esfuerzo y la perseverancia y su relevancia en la consecución de metas.

---

78 Si bien es cierto que la capacidad de posponer gratificaciones se desarrolla durante toda la infancia y parte de la adolescencia (Anderson, 2002) y que, de hecho, las funciones ejecutivas —como la capacidad de inhibición, planificación, etc., asociadas a la corteza prefontal— son de las últimas en desarrollarse a cabalidad (Giedd y Rapoport, 2010), no es menos cierto que hay factores culturales contemporáneos que no favorecen este desarrollo.

Sería muy bueno que a ellos se les pudiera hace presente lo que Isaac Newton[79] señaló hace casi trescientos años: "Si he hecho descubrimientos valiosos ha sido más por tener paciencia que por cualquier otro talento".

Alcanzar las altas cumbres de la cordillera de los Andes requiere entrenamiento, planificación de las etapas, esfuerzo y perseverancia. Los deportistas que lo hacen enfrentan el desafío con mucha preparación, dedicación, esfuerzo, motivación y, además, cargados con una mochila que contiene las herramientas necesarias para cada etapa de la travesía.

La presente actividad lleva al niño a estructurar pasos para llegar a sus objetivos. En cierto sentido, está en consonancia con técnicas cognitivo-conductuales clásicas (Beck, 2000; D'Zurilla y Nezu, 2007), como la terapia de solución de problemas.

Metas provee un espacio al niño o joven para detenerse y pensar sobre las metas y expectativas que está tratando de cumplir. Se analiza si estas son realistas y posibles de alcanzar; además, se le muestra la importancia de parcelar las metas y transformarlas en objetivos más pequeños y, por tanto, posibles de ser logrados.

La actividad lleva también a repensar el valor, la posibilidad y el sentido de tener como meta ser bueno en todo, es decir, el perfeccionismo.

OBJETIVOS

Ayudar al niño o joven a reflexionar acerca de los objetivos que desea lograr y las formas en que podría alcanzarlos, facilitando la comprensión del beneficio de parcelar las metas y de plantearse desafíos más pequeños y a corto plazo. A la vez, ayudarlo a hacerse consciente de su propio nivel de autoexigencias.

PROCEDIMIENTO

Frente a un pizarrón o sentados en el escritorio, el terapeuta, asegurándose del interés y la atención del niño, expresa:

"Ahora vamos a ver el tema de las metas... Pensemos cuáles son las metas que nos gustaría alcanzar...".

79 Citado por A. Timón (2016).

Dibuja varios cerros altos uno al lado del otro y dice:

Dibujo 18-1

"Pensamos que nos gustaría lograr muchas metas, tal vez ser buenos en todo... Quisiéramos alcanzar lo más alto de cada montaña, y de muchas montañas...".

Continúa:

"Así, por ejemplo, podemos querer:

- *Tener el mejor promedio del curso,*
- *Ser el más popular,*
- *Ser el que mejor dibuja del curso,*
- *Tener muchos amigos,*
- *Ser súper bueno para el fútbol, etc....*

"Y tal vez muchas, muchas otras cosas más. ¿Cuáles son las cosas que te gustaría lograr a ti?".

El terapeuta estimula al niño a pensar cuáles serían sus propias metas, las más importantes, las que desea y quiere alcanzar ahora.

Espera respuestas...

Si este no logra precisar cuáles serían, le puede sugerir, a modo de ejemplo, algunas señaladas por otros niños, para que pueda descubrir cuáles serían las suyas.

Ejemplos de otras metas expresadas por niños:

- Ser el más rápido para correr del curso
- Ser el máximo goleador del equipo

- Ser el mejor arquero
- Sacarse notas sobresalientes
- Ser al que más invitan los compañeros
- Ser el que canta mejor
- Ser el más rápido para todo
- Ser el más amistoso

Cuando el niño ha escogido y expresado algunas metas, escribe en la pizarra o en el papel, bajo cada montaña, una de ellas; si prefiere, las escribe el terapeuta…

Luego, este último manifiesta:

"Y, además, todas estas metas las queremos lograr rápido, de una sola vez…".

Diciendo esto, esboza una bandera en la cumbre de una montaña. En la parte de abajo y a un lado de esta, dibuja en forma muy esquemática un niño que estira su pierna y la alarga tanto que alcanza con su pie la cumbre.

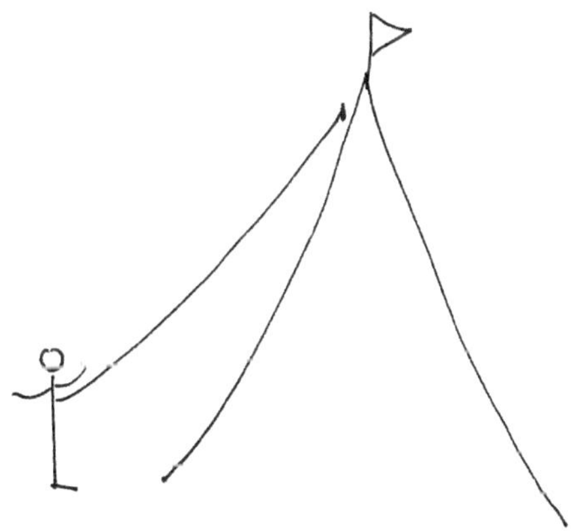

Dibujo 18-2

Expresa a continuación:

"Así, pensamos que debemos lograr cada una de las cosas que nos proponemos… Como, por ejemplo, (dice las metas señaladas por el niño) *y… ¡pensamos que eso nos podrá resultar fácilmente…!*

"¡Como si fuera cosa de estirar la pierna y llegar hasta arriba!... ¡Como si fuera tan fácil lograr cada una de estas metas!".

Agrega:

"¡Veamos cómo es esto!… Pensemos…

"Resulta que las cosas ¡no son tan simples!

"Si yo quiero ***ser muy bueno*** *para algo; por ejemplo, para el fútbol, tengo que ir de a poco… Paso a paso… No puedo llegar de una vez a la meta... No me va a salir tan fácil… Uno no llega con un paso allá, arriba de la montaña…".*

Cuando dice esto, el terapeuta hace una cruz sobre la pierna del niño estirada hacia la cima y comienza a dibujar en un cerro caminos diagonales que suben lentamente a la cima. Dice:

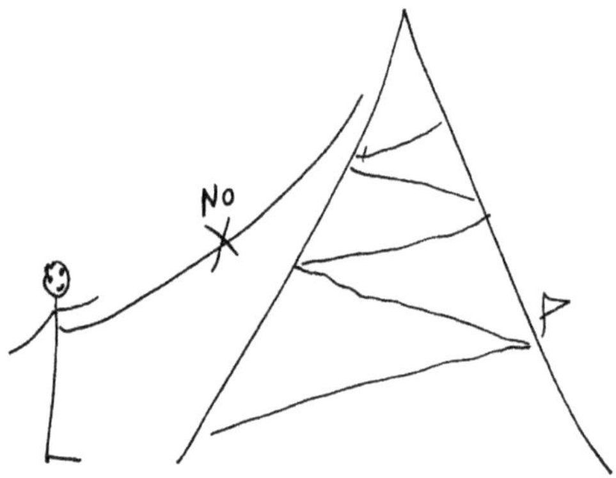

Dibujo 18-3

"Entonces, tendré que hacer un plan para ir poco a poco subiendo la montaña de mi meta…

"Tengo que ir aprendiendo que lo que yo quiero lo voy a lograr paso a paso, tal como se escala una montaña...

"Así, si quiero ser bueno para el fútbol, tal vez empezaré primero jugando en el arco y aprenderé a atajar goles y a estar alerta. Si lo hago y lo aprendo, podré colocar mi primera banderita…".

El terapeuta dibuja entonces un pedazo de camino en zigzag y una banderita en esa primera etapa conseguida.

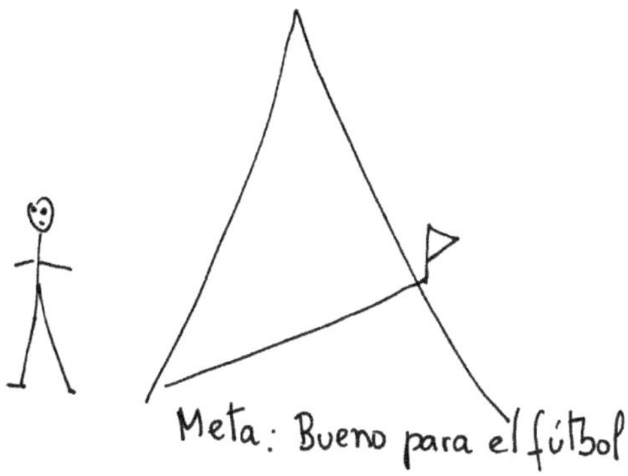

Dibujo 18-4

Prosigue:

"Luego, me pondría a entrenar corriendo mucho con mis amigos, haciendo carreras, para estar en buen estado físico, y así podré lograr hacer otro pedazo del camino, es decir, alcanzar otra pequeña meta, y pondré otra bandera…".

El terapeuta (o el niño) dibuja otro tramo del camino en zigzag y otra bandera al final de este segundo tramo.

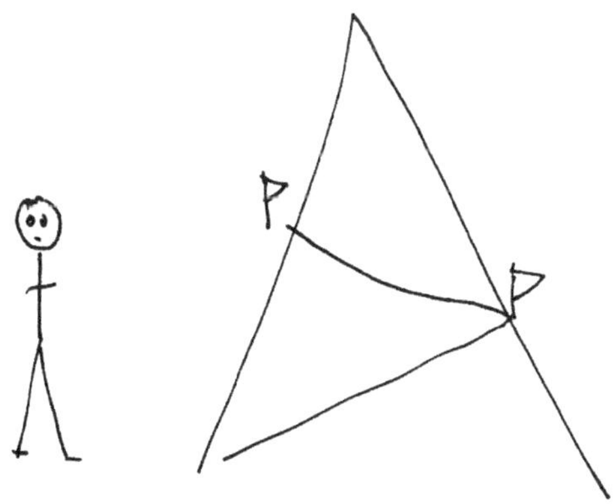

Dibujo 18-5

Continúa:

"Después puedo proponerme, por ejemplo, jugar fútbol en casi todos los recreos o ir a entrenamiento algunos días, aunque me dé lata a veces, y así podré colocar

otra banderita en mi camino hacia la meta, y así sucesivamente, y de a poco podré llegar a ella".

El terapeuta dibuja el siguiente tramo del camino y otra bandera al fin de ese tramo.

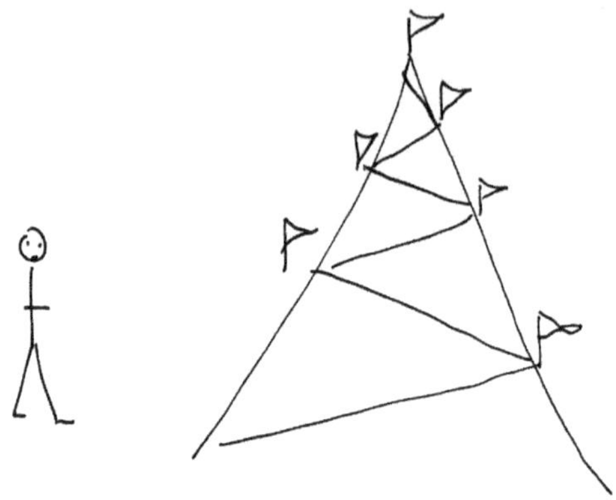

Dibujo 18-6

Enseguida expresa:

"Así, como yo no puedo levantar una pierna y llegar a lo alto del cerro, tampoco puedo pretender que todo me salga tan fácil, y lograr mis metas muy rápido o con unos pocos intentos. Tengo que hacerlo por parte, y poco a poco…".

Continúan con el análisis de otra de las metas explicitadas por el niño, que habían sido anotadas previamente bajo las diferentes montañas dibujadas. Juntos van examinando la situación y diseñando los pasos para lograr cumplir con el nuevo objetivo. Después, hacen lo mismo una tercera vez, con otra de las metas planteadas por el niño, siguiendo el mismo esquema.

A veces puede suceder que el niño señale, por ejemplo, que en el fútbol, pese a entrenar mucho, tanto como un compañero, no obtiene resultados tan buenos como este. Entonces el terapeuta puede decir algo como:

"Uno puede pensar que entrena igual que su amigo que juega bien al fútbol, pero en realidad no sabemos exactamente cuánto tiempo él se dedica a entrenar cada día, el esfuerzo que él hace, los planes que deja de hacer por entrenar. Uno no sabe lo que realmente hace otra persona en su vida".

En un caso como este, una idea a transmitir sería que las cosas se consiguen a través de esfuerzo y perseverancia y de tiempo dedicado y que, si el compañero del paciente obtiene tan buenos resultados, lo más probable es que sea debido a su implicación y esfuerzo.

Otra idea que se puede agregar en relación con el ejemplo reciente es que todos somos diferentes y algunos son mejores para una cosa y otros, para otra:

"También puede ser que ese niño, tu amigo, sea en verdad muy bueno para el fútbol, mejor que otros, pero aun así, si una persona es muy buena para un deporte, debe tener mucha disciplina, esforzarse y perseverar; si no, tampoco va a ser muy bueno en el largo plazo, porque otros, que son iguales de buenos, pero esforzados, le ganarán".

Es importante, además, sembrar la idea de lo necesario y útil que es parcelar las tareas e ir de a poco para la consecución de metas, destacando el rol determinante de la paciencia, el esfuerzo y la perseverancia. También hay que enfatizar que, como somos todos diferentes, siempre habrá una persona mejor que otra en algo, y que no es necesario ni útil compararse con los demás.

Cuando el niño quiere ser bueno en todo

El tema de desear ser bueno en todo se podrá desarrollar o no, según el interés del niño y según como él vaya participando. Si se aborda, se sugiere hacerlo directamente a continuación de trabajar las ***Metas***.

Al enfrentarlo, el terapeuta necesita proceder con humor y cautela y no convertir la situación en una lección o una clase magistral. Tampoco conviene partir diciendo algo como: *"Tú sabes que es imposible ser bueno en todo, nadie es bueno en todo"*, etc. Ese discurso el niño muy probablemente ya lo conoce, y, aunque se le repita, va a seguir creyendo que sí es posible y no va aceptarlo.

En cambio, es preferible llevarlo a reflexionar sobre la posibilidad de ser bueno en todo, descolocándolo un poco, por ejemplo, de la siguiente manera:

"Todos quisiéramos ser buenos, en todo, pero ¿qué pasaría si todos fuéramos buenos en todo?... ¡Seríamos todos iguales! Y eso no sería muy entretenido… sería una lata… Lo bueno de los seres humanos es que ¡todos somos diferentes!

"Todos quisiéramos ganar siempre… Pero, si todos ganáramos, ¡no habría juegos!

"Además, hay pocas personas que son buenas para todo, porque los seres humanos, como somos diferentes, por lo general, unos somos fuertes en un área y otros, en otras…

"Aun si se diera el caso de una persona que lo hace casi todo bien… Esa persona lo hace muy bien en su mundo, que ella conoce y donde ella sabe funcionar… Es en ese entorno donde las cosas le resultan y donde no está acostumbrada a fallar…

"Pero si esa persona cambia de lugar, como ir a otro colegio, entrar a la universidad, o ir a vivir a otro país… ya no lo sabe todo, ya no sabe cómo funcionan las cosas, ya no está en un terreno conocido… Es probable que más de alguna cosa no le resulte, lo que le será difícil de tolerar, porque no está acostumbrada… No sabemos cómo le va a ir… No sabemos si podrá adaptarse a los cambios y seguir siendo tan buena en todas las áreas…

"Es muy probable que en otro lugar ya no sea tan perfecta, ya no sea tan buena para todo… Es muy posible que en otros ambientes se encuentre con personas que hacen las cosas tan bien o mejor que ella… Puede que le cueste mucho adaptarse al cambio, y aceptar que ya no es "perfecta"… Puede que nunca más se sienta tan buena, y que le sea muy difícil aceptar ser una persona normal, común y corriente y no un ser de excepción y… que termine siendo una persona muy poco feliz".

Al plantear un tema como este, es importante ir revelando al niño facetas del problema en un diálogo abierto, no dando conclusiones demasiado armadas, sino más bien sembrando dudas y dejando que él vaya sacando libremente sus propias impresiones y deducciones.

Cuando el niño es muy autoexigente

Puede darse el caso, también, de niños muy autoexigentes, que se ponen altas metas en muchas áreas, creyendo además que podrían lograr todo lo que se proponen.

Aquí se podría conversar con el niño a partir del siguiente ejemplo:

"Te voy a contar el caso de Lucía, una joven de quince años, que se sentía un poco sola, aislada, y con pocos temas en común con sus amigas. Por el cúmulo de actividades que realizaba, dedicaba poco tiempo a estar con ellas. Lucía era muy buena alumna en el colegio y, además, excelente voleibolista.

"Durante una sesión de terapia, se explayó acerca de que uno de sus grandes sueños era participar alguna vez en las olimpíadas como voleibolista... Un rato después señaló que quería ir a estudiar a alguna de las mejores universidades del mundo (como Harvard, Oxford, etc.). Enseguida, mencionó que, además, desearía ser una excelente mamá, tener muchos hijos y dar a cada uno la atención y dedicación que necesitaran".

Con niños tan autoexigentes la realización de la actividad ***Metas*** puede facilitar la reflexión sobre el tema y llevarlos a pensar acerca de que si una persona quiere alcanzar como meta lo más alto de la "montaña del deporte" (en el ejemplo, el vóleibol), no será fácil, al mismo tiempo, alcanzar lo más alto de la "montaña de los estudios", ya que tendrá que poner todos sus esfuerzos y energías en el deporte. Se podría continúar con el ejemplo:

"Si Lucía deseara practicar el voleibol, sin pretensiones de alta competitividad, podría poner como objetivo final llegar a la mitad de su 'montaña del deporte'. Entonces, tal vez, ella podría disponer de la energía y el tiempo requeridos para alcanzar lo más alto de la meta 'montaña del estudio'".

Se puede seguir conversando que lo que ocurre en cuanto a las metas es que todo depende de cuáles sean las metas propuestas, qué prioridades establezcamos entre ellas y de la forma en que decidamos y elijamos cuanta energía deseamos poner en cada una. El ejemplo muestra que no resulta posible intentar alcanzar al mismo tiempo lo más alto de muchas "cumbres" en nuestra vida, además de ser muy costoso.

Actividad #19

La Moto y el Monopatín

INTRODUCCIÓN

Un entorno escolar muy exigente y que no presta atención a los distintos estilos de aprendizaje y ritmos de sus alumnos convierte el día a día de estos en una competencia. Eso es lo que desafortunadamente vive un número importante de estudiantes en la actualidad.

Como lo afirmamos con anterioridad, desde pequeños los niños están inmersos en un contexto escolar competitivo y exitista, donde destacarse y tener una posición de privilegio ha pasado a ser algo muy central para muchos. Vivir en un ambiente de esta naturaleza por un período prolongado hace que numerosos alumnos —especialmente aquellos que tienen algunas dificultades escolares, que son más lentos o que tienden a quedarse atrás— pierdan el interés por alcanzar metas que les parecen inaccesibles. Ellos pueden ir dejando de esforzarse y de trabajar. Al mismo tiempo, van perdiendo la motivación, se van sintiendo cada vez menos capaces, menos valiosos y, de este modo, su autoestima disminuye.

Los padres, por su parte, con frecuencia presionan a sus hijos por obtener notas sobresalientes, sin tener en consideración sus características y habilidades personales. Además, suelen tender a comparar sus resultados con los de sus hermanos y compañeros.

Para un niño que pone mucho empeño y estudia cada día para preparar sus pruebas, resulta muy ingrato no alcanzar los resultados académicos esperados por su entorno. También es decepcionante no obtener logros deportivos satisfactorios aun habiendo entrenado duro y habiendo dedicado mucho tiempo a la preparación. Esto lleva al niño a tener la sensación de hacerlo mal casi siempre y a sentirse poco considerado por sus pares, costándole conseguir la estima de estos últimos. Asimismo, tiende a creer que será querido y aceptado solo si se destaca, puesto que percibe que la mayoría de los niños suelen interesarse más por sus compañeros "exitosos". El niño puede empezar a sentir envidia (o celos) de aquellos a quienes las cosas les salen más fáciles o de quienes son más agiles y rápidos. Suele pasar por momentos de irritabilidad, baja de ánimo y tristeza. Puede llegar a sentirse bastante mal consigo mismo y expresarlo con frecuencia con frases como: "Soy el último", "Siempre me sale todo mal", Nunca podré lograr nada". Al mismo tiempo, piensa que todo sucede por su culpa, porque se considera tonto o se siente incapaz, por ejemplo; es decir, puede aparecer una sintomatología de tipo depresivo (Schulterbrandt y Raskin, 1977). Esforzarse y no obtener resultados origina una sensación de frustración y de incompetencia personal. Además, puede generarse una suerte de **indefensión aprendida**[80] (Abramson, Seligman y Teasdale, 1978; Seligman, 1983), en la que el niño rehúsa esforzarse, porque aprendió a comportarse pasivamente por acumulación de experiencias negativas. Parte enfrentando la situación sintiéndose derrotado. Tiene la sensación subjetiva de no poder hacer nada, que nada de lo que haga servirá, que existe una absoluta incontrolabilidad de la situación que vive. Entonces no responde ni actúa, a pesar de que puedan existir oportunidades reales de cambiar la situación aversiva, evitando las circunstancias desagradables.

Seligman (1983) plantea que la indefensión aprendida tiene mucho en común con la sintomatología depresiva, partiendo por la experiencia de incontrolabilidad o percepción de ausencia de control sobre el resultado de la situación. También en estos casos se observa disminución de la iniciación de las respuestas voluntarias, lo que podría producir pasividad, lentitud intelectual e, incluso, retraso psicomotor. A esto se suma una disposición cognitiva negativa que lleva a las personas a considerarse más ineficaces de lo que realmente son, a perder **capacidad de agencia**[81] y a apartarse de los otros.

80 El fenómeno de la indefensión aprendida, según Seligman (1983), se manifiesta a través de tres déficits:
- Déficit motivacional: inactividad o retraso en la aparición de nuevas respuestas de éxito.
- Déficit cognitivo: incapacidad o retraso para realizar nuevos aprendizajes de éxito.
- Déficit emocional, mayor incidencia de desórdenes conductuales y fisiológicos (como úlcera) característicos de un estado de ansiedad y miedo, seguidos de una depresión.

81 La capacidad de agencia es la capacidad que posee una persona para actuar en el mundo, es la libertad efectiva para alcanzar aquello que se tiene en mente (Amartya Sen, 1995). La agencia cognitiva conlleva la ampliación del espacio interior en el sujeto (Cooke, 1999), así como establecer una distancia reflexiva que permite revisar preferencias y reconstituir niveles de autoestima, autorrespeto y autoconfianza, al revertir mecanismos caracterizados como "olvido de conocimientos" (Honneth, 2007).

La Moto y el Monopatín es una actividad pensada para el niño que necesita más tiempo, tiene un ritmo más lento o se siente menos competente y menos hábil que sus pares. Lo ayuda a identificar su inseguridad y los sentimientos de frustración, rabia y desaliento frente a la reiterada experiencia de no ganar ni destacarse y a la vivencia de esforzarse siempre sin obtener buenos resultados.

Esta actividad permite al niño mostrar y verbalizar su inseguridad, su sensación de desvalimiento o incapacidad y lo que está viviendo en un espacio protegido, es decir, un espacio donde los adultos no le dan lecciones acerca de que debe esforzarse más, ser el "mejor" en lo que se propone u otro tipo de consejos similares.

Adicionalmente, ayuda al niño a incorporar nuevas variables en su análisis y a introducirse a la idea acerca de la relatividad de las cosas y de la importancia de cambiar de mirada en cuanto a lo que es el logro. Asimismo, lleva al menor a reflexionar respecto a la misión de cada persona en la vida, o acerca de que aquellos niños rápidos o exitosos que él conoce también pueden tener sus propios problemas.

OBJETIVOS

Acoger y reconocer al niño en sus sentimientos de inseguridad, frustración e impotencia, en su sensación de hallarse en desventaja respecto a su grupo de pares o a sus hermanos. Ayudarlo y acompañarlo para que pueda mirar su situación personal desde un punto de vista diferente al habitual, sin recibir lecciones ni amonestaciones y pudiendo expresarse sin temor.

PROCEDIMIENTO

El terapeuta se instala a trabajar con el niño frente a un pizarrón o en un escritorio, teniendo lápices y plumones a su disposición. Empieza a esbozar, de manera muy simple y esquemática, un niño en un monopatín y comienza el siguiente relato:

"De repente uno siente que va por la vida como si fuera andando en un monopatín, tratando de darse mucho vuelo con el pie, y va feliz en su monopatín, pero, de pronto, mira a su alrededor y ve que otros pasan por su lado en moto a toda velocidad… ¡rajados!".

Dibujo 19-1

"A pesar de ir echándole mucho vuelo con el pie, al ver a esas personas que pasan tan rápido, uno siente que no avanza tanto, que no va tan rápido… que no puede ir rápido…

"Uno tiene la sensación de que los otros que van por las pistas van rapidísimo, como si fueran en moto… a toda velocidad… Y uno siente que siempre lo pasan a uno…".

Dibujo 19-2

"La moto parece ser muy grande, enorme, de colores fuertes y brillantes, y… va tan rápido que… parece volar… Su conductor no mira a nadie… maneja como si no

le importara nada... Pareciera que con su moto puede pasar a llevar a cualquiera y botarlo... Pareciera que se siente muy fuerte y poderoso con su moto tan grande y potente...".

Durante el relato el terapeuta va observando la actitud, mirada y gestos del paciente. Se preocupa de favorecer la comunicación, comentando con el niño anécdotas y experiencias al respecto y propiciando que se exprese.

Luego le propone dibujar una moto o un monopatín o ambos, si él lo desea.

En la presente actividad es vital que el niño perciba en la terapia un espacio de real acogida, donde se sienta entendido en su frustración y donde vivencie comprensión hacia su persona y su situación personal. Por tanto, es importante que el terapeuta pueda acoger las quejas o la sensación de injusticia que experimenta el niño, que no minimice ni intente "solucionar" su sentimiento negativo o queja, ni tampoco dé una lección simplista, por ejemplo, diciendo algo como: *"A todos les pasa"* o *"Dan lo mismo las notas"*.

Una vez realizada la actividad, y luego de que el paciente haya podido expresarse, el terapeuta puede, poco a poco, llevarlo a abordar temas relacionados como los que se presentan a continuación. Estos ayudan a sembrar ideas que podrán ser de provecho en las etapas siguientes de la terapia.

Temas para cambio de perspectiva

- **Malos alumnos en el colegio que triunfaron**

"Hay personas que han sido muy aportadoras al mundo, a la ciencia, al arte y que nunca se destacaron en la escuela. Por ejemplo, Albert Einstein, Christian Boltanski, Pablo Larraín y tantos otros... Einstein, premio nobel de Física, un hombre muy sabio, que hizo grandes aportes a la ciencia, fue muy mal estudiante en la etapa escolar. Boltanski, el artista francés actual más reconocido en el mundo, odiaba el colegio, y ni siquiera llegó a terminarlo (Boltanski, 2015). *Pablo Larraín, el premiado y reconocido director de cine chileno, que ha hecho películas que han dado la vuelta al mundo, lo pasó muy mal en el colegio, donde sus talentos nunca fueron reconocidos ni valorados por sus profesores...*

"El colegio es muy complicado, porque es la única etapa de la vida donde a las personas se les exige ser buenos en TODO (lenguaje, matemáticas, deporte, artes plásticas, música, ciencia, historia, etc.), y eso es muy difícil... Después del periodo

escolar, uno nunca tiene que ser bueno para todo... Cada uno puede estudiar o trabajar en lo que le gusta y en lo que se siente competente".

- **Encontrar sus propias habilidades**

"Lo importante es encontrar algo donde uno sienta que lo hace bien y que a uno le guste, algo que le resulte, algo donde uno puede lograr metas.

"Muchos piensan que lo primero es que cada persona encuentre en este mundo un lugar donde se sienta cómodo, donde haya cosas que le interesen... Un espacio donde experimente la sensación de sentirse capaz, seguro y competente... Un espacio donde sienta que hay cosas que le salen fáciles, donde puede lograr lo que se propone, obtener resultados, alcanzar sus metas".

- **Lo que se necesita para ser feliz**

"Para ser felices, encontrar un lugar en el mundo, desarrollar un proyecto de vida, ser queridos por los demás, no necesitamos grandes cosas... No necesitamos andar en la moto más rápida ni sacarnos premios y medallas, no necesitamos hacerlo todo bien. Basta con existir. Todos tenemos un lugar. En este mundo cabemos todos. Hay muchos adultos que cuando eran chicos tuvieron muy buenas notas y que cuando grandes no han sido nada de felices, les ha ido mal en su vida, lo pasan mal...".

El terapeuta entrega otros ejemplos, conocidos por él, de personas que fueron muy exitosas en la etapa escolar y que en sus vidas posteriores fueron tristes o poco felices, y ni siquiera tan exitosas. Personas que abandonaron su interés por esforzarse. Da espacio para que el niño comente, opine y cuente otras anécdotas.

- **Mitos**

"Las apariencias engañan. Hay muchos mitos de personas exitosas o personas que se venden bien o cuyos padres y su entorno cercano "venden" bien y que son puro mito. Por ejemplo:

— "'Esta niñita es un genio, tiene cuatro años y aprendió a leer y escribir sola'... pero resulta que su mamá estaba todo el día encima de ella, enseñándole y exigiéndole, sin nunca decirlo a los demás, que creían que era cierto...

— 'Es seco para el tenis' y su papá lo hacía entrenar varias veces a la semana y todos los sábados, aunque el niño estuviera cansado y quisiera hacer otra cosa, lo

retaba cuando perdía en los partidos, por lo que el pobre niño, por temor al reto, entrenaba más y más, ¡sin disfrutar del deporte!

— "'Este niño está lleno de amigos', y son sus papás los que le organizan y arman todos los panoramas con otros niños; lo presionan para complacer a sus 'amigos'. El chico deja de jugar a lo que le gusta y regala sus cosas para que estén con él…

— "'Es la mejor alumna, y solo pone atención en clases', cuando en verdad estudia todo el fin de semana, y en los días de semana hasta tarde, y no tiene tiempo para jugar, hacer cosas que le gustan, o descansar… Los padres le dan premios por las notas y la castigan si no obtiene notas excelentes en cada prueba…".

Así, el terapeuta puede terminar el tema diciendo:

"Las cosas no son como parecen ser… Pueden parecer ser una cosa y ser otra… Y si voy en monopatín, bienvenido, porque es lento… pero seguro y agradable".

- **Ver el fondo de las cosas**

"Cuando uno piensa en un niño que es tan rápido o que va tan veloz en una moto tan grande, uno puedo preguntarse: ¿cómo será en verdad la vida de ese niño? ¿Por qué ese niño necesitará mostrar todo el tiempo que es tan fuerte y poderoso? ¿No será que está dudando de sí mismo? ¿Cuáles serán sus verdaderos sentimientos? ¿Cómo se sentirá él en su casa, con su familia, que tiene que ser tan pesado o pasar a llevar a los demás? ¿Cómo serán su papá y su mamá con él?".

Es decir, el terapeuta puede mostrar al niño que las cosas pueden ser muy diferentes de lo que parecen… También puede enseñarle a hacerse preguntas, a dudar, a mirar "otra cara" en las cosas.

- **Siempre habrá alguien mejor que uno, cualquiera sea la actividad**

"Cualquiera actividad que yo desarrolle, si me comparo con otros, siempre va a haber uno mejor que yo…

— "Si corro 100 metros planos en atletismo, siempre habrá alguien que corra más rápido que yo... Siempre va a haber alguien corriendo como una flecha en una carrera o en una competencia…

— "Si resuelvo rápido los problemas de matemáticas es probable que también haya alguno más rápido que yo o que encuentre una mejor solución que la mía…

— "Siempre habrá uno más rápido o mejor que uno en cualquier ámbito de desempeño… Y por suerte es así… ¡Nunca nos podemos creer ser ni tan especiales ni tan únicos!".

NOTAS

- **Los niños inmaduros.** El niño muy inmaduro o varios meses menor que sus compañeros de curso puede tener un rendimiento más bien bajo y no sentirse cómodo con ellos, por tener intereses de niño menor. Además, puede creer que sus pares son más rápidos o más capaces. (¡Los compañeros irían en moto y él en monopatín!). Sin embargo, eso sucede porque está en un curso que puede no corresponder a su nivel de madurez, lo que puede llevarlo a sentirse más lento y menos capaz. Una repetición de curso puede ayudar a que las cosas cambien para ese niño. Al repetir curso y pasar a tener compañeros de gustos e intereses parecidos y un nivel de atención-concentración semejante, sus resultados pueden mejorar en forma notoria y, además, puede sentirse mejor adaptado en lo social. Así, ese niño que estaba desmotivado y creía ser lento puede transformarse en rápido y desempeñarse bien en cuanto a rendimiento. Esta medida suele ser eficaz en niños de hasta ocho o nueve años de edad.

Actividad #20

Niño Bueno

INTRODUCCIÓN

Muy a menudo se utiliza, de manera un tanto equivocada, el término "niño bueno" para designar a un pequeño del que no queda claro que responda realmente a ese apelativo. Y así nos podemos preguntar: ¿quién es en verdad un niño bueno? ¿Cuántas veces se dice que un menor es muy bueno queriendo decir que es callado, obediente o que no molesta? ¿A cuántas madres se les felicita por su hijo tan bueno, dando a entender que valoran que no haga ruido, no desordene y deje en paz a los adultos? Pero ¿será su pequeño bueno en realidad, o tal vez solo se comporta de modo un poco pasivo o excesivamente tranquilo o contenido?

Esta mezcla de conceptos puede confundir y reforzar creencias erróneas.

Dichas creencias, unidas al deseo de agradar y de complacer a los padres, pueden hacer que el niño adopte una actitud muy contenida y niegue su propia naturaleza; puede aumentar su nivel de autoexigencias y hacer un gran esfuerzo por responder al apelativo "bueno" y contentar así a su entorno familiar. Se comporta, así, como un niño sobreadaptado, que desarrolla un falso *self*, en la terminología de Winnicott (1972; 1993). Este autor propone el término de falso *self* para hacer referencia al niño que establece un contacto con el entorno de tal manera que lo interno del sujeto va produciendo pseudos que satisfacen las demandas del medioambiente[82], diluyéndose en el proceso el verdadero *self*, es decir, la esencia del individuo, lo que esa persona es de manera sincera, genuina y auténtica.

No molestar a los adultos o ser callado o muy controlado no es equivalente a ser bueno. En las relaciones humanas se tiende a considerar buena o bondadosa a aquella persona que muestra una disposición proactiva positiva

82 El niño se intenta adaptar en función de ganar el amor de sus padres, el cual no es sentido como gratuito o incondicional, sino condicionado a su buena conducta social.

hacia los otros, que actúa como mediador en los actos de conciliación y en los conflictos, que toma en cuenta a los demás, entre otros. Según Alberti y Emmons (1978), un "niño bueno" es aquel que posee habilidades sociales, se defiende sin ansiedad inapropiada, expresa cómodamente sentimientos honestos o ejerce sus derechos personales sin negar los derechos de los demás.

Es decir, ser bueno implica una actitud activa, de ir hacia los otros, tenerlos en mente en distintas formas y acciones, preocuparse de ellos y de su bienestar. Pero ser una buena persona, en el caso de un niño, no excluye hacer travesuras, ser muy activo e inquieto o, en algunas oportunidades, pelear o molestar a los demás.

Confundir "niño tranquilo" con "niño bueno" en el vocabulario usual puede inducir a error y desorientar a los pequeños, pues eso los puede conducir a creer que la bondad está contenida en el autocontrol, la inhibición, la pasividad, el ser silencioso y no perturbar en su entorno. Puede llevarlos a creer que ser bueno es complacer a los adultos y satisfacer sus exigencias y deseos.

A veces, un acto fortuito o poco importante —como dar vuelta un vaso con jugo y manchar un mantel— puede ser vivido por el niño como algo muy malo, especialmente durante la edad preescolar, vistas las reacciones desproporcionadas que este tipo de conductas desencadenan.

Es así como se requiere que los adultos cercanos puedan observar y "leer" a los niños en lo que sienten y son en verdad, reconociendo y destacando en ellos características, contenidos y actitudes reales, concretas y tangibles, y no mirarlos desde sus propios deseos o ideales. Es lo que Winnicott (1972/1993) llama una madre "suficientemente buena", es decir, aquella que es capaz de dar cabida al desarrollo del "verdadero *self*" en el niño. Lo anterior, para que este pueda ir reconociéndose en lo que es y no se exija ser lo que no es.

La actividad ***Niño Bueno*** ayuda al paciente a comprender lo que es ser una buena persona y entender que el concepto de "niño bueno" no significa pasividad y sumisión. Comprender también que el ser humano es, en esencia, imperfecto. Asimismo, permite reflexionar acerca de lo que nos hace ser mejores personas, más humanos y comprensivos.

Contribuye a liberar y relajar en alguna medida a aquellos niños muy controlados, inhibidos, autoexigidos o apegados a la norma, que desean ser siempre perfectos y reconocidos por su obediencia, y a ayudarlos a relajarse un tanto de las exigencias para con ellos mismos. Contribuye, además, a que niños más bien activos, dispersos, inquietos o inmaduros comprendan realmente el significado de bondad y diferencien estas características del hecho de ser un "niño malo".

OBJETIVOS

Ayudar al niño a reconceptualizar lo que significa ser una buena persona y a reflexionar acerca de que las personas buenas también pueden pelear, enojarse, molestar o desobedecer algunas veces.

PROCEDIMIENTO

El terapeuta propicia un clima de trabajo donde se pueda conversar con cercanía y complicidad con el niño. En este contexto dice:

"A ver, pensemos: ¿qué es ser un niño bueno? ¿Qué será lo que hace y no hace un niño bueno?

"A veces nosotros pensamos que un niño bueno es un niño tranquilo, que no se mueve mucho, bastante serio y callado, que se ríe poco, se lo pasa sentado, tranquilo, sin molestar a nadie…".

Mientras el terapeuta da esta explicación, va dibujando esquemáticamente un niño muy serio, sentado en una silla.

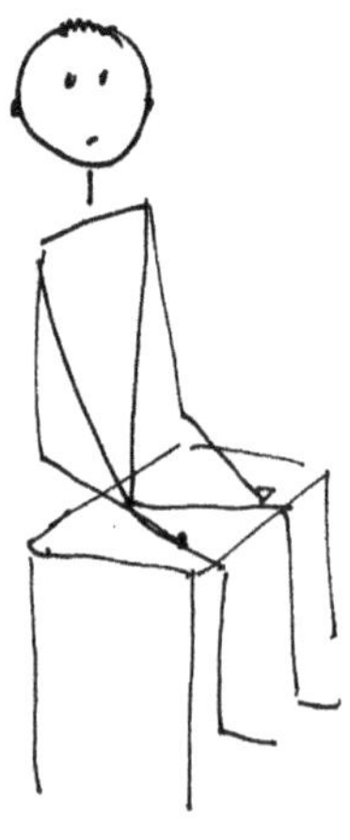

Dibujo 20-1

El terapeuta prosigue:

"En realidad, yo no sé si este niño es bueno, pero sí que me parece que es un poco 'fome', poco atractivo, un poco 'latero'… Parece tan serio, tan poco expresivo, ¡parece no querer reírse ni moverse!

"Del niño del dibujo podemos pensar lo que acabamos de decir… Sin embargo, si ese niño es bueno o no, ¡no tenemos idea!

"Podría ser serio, tranquilo, callado, no molestar… Pero esas cosas no hacen buena a una persona".

Enseguida, hace una cruz sobre el dibujo del niño sentado muy tranquilo, diciendo:

"Entonces esto no es un niño bueno…".

Dibujo 20-2

Luego continúa:

"Ahora, pues… ¿qué es ser un niño bueno?".

Da tiempo de reflexión…

"¿Un niño que estudia?".

Espera respuesta...

"No, un niño que estudia es un chico estudioso, pero eso no significa que sea bueno… ¿Qué cosas hacen ser bueno a un niño? A ver, veamos, ¿qué crees tú?".

Da tiempo al niño para pensar al respecto…

El terapeuta lo estimula a expresar las ideas que se le ocurren acerca de lo que los niños buenos hacen.

Mientras el paciente va verbalizando, el terapeuta puede delinear en forma esquemática lo que el niño va expresando, o dibujarlo junto con él. Por ejemplo, si dice: "Presta sus juguetes", puede esbozar un juguete, como una pelota o un autito.

Dibujo 20-3

Si al niño no se le ocurren muchas cosas, el terapeuta intenta ir buscando con él conductas que pueden realizar niños buenos. Por ejemplo, algunos niños han señalado:

- Un niño que ayuda a los otros cuando lo necesitan
- Comparte su colación
- Quiere a sus papás
- Acompaña al que está solo
- Se da cuenta de que su compañero está en problemas por algo
- Ayuda a su compañero a hacer la tarea
- Acompaña a su abuelita a comprar
- Comparte su postre favorito
- Presta su libro preferido de Harry Potter a su amigo
- Ayuda a sus papás a poner la mesa
- Consuela al amigo o hermano que está triste
- Se preocupa del que está asustado
- Observa la conducta y expresión emocional de sus personas cercanas

El terapeuta deja un tiempo para que el niño pueda dibujar, si quiere, en torno a los temas que van apareciendo y acompañando en sus respuestas.

Dibujo 20-4

Luego de que se ha abordado el tipo de cosas que puede hacer un niño bueno, prosigue preguntándole:

"¿Un niño bueno puede pelear?".

Espera la respuesta del niño…

Dice el terapeuta: *"Por supuesto que puede pelear… Todos los niños pelean a veces. En ocasiones hay que pelear para defenderse de niños que son muy 'peleones' o peleadores. Por ejemplo, si estás en el recreo y un niño te quiere quitar tu colación, ¿deberás defenderte?".*

Espera respuesta…

"Y ¡quizás pelear para que te la devuelva si te la quitó!

"Y… ¿un niño bueno puede decir alguna vez un garabato?".

Espera la respuesta del niño…

Agrega el terapeuta:

"Sí, claro que sí, se le salió no más, no pensó…

"Y… ¿un niño bueno puede decir chistes o hacer bromas?".

Espera la respuesta del paciente…

"Obvio, que diga chistes algunas veces. Eso no quiere decir que no sea bueno… significa que es un niño chistoso o travieso".

Es importante que el niño caiga en la cuenta de que ser bueno no significa realizar exclusivamente cosas buenas, ser siempre tranquilo y obediente, ayudador y sonriente, sino que a veces las personas buenas también pelean, se enojan, gritan, molestan o dicen bromas. Que ser bueno es hacer cosas buenas, es una actitud activa frente a los demás, es estar disponible; no es pasividad ni perfección.

Para finalizar le puede solicitar dibujar un niño haciendo algo bueno.

NOTAS

- Como **actividad complementaria** al tema, se le puede contar al niño una breve historia o anécdota de algún personaje que haya sido muy buena persona, pero que en su infancia o juventud o a lo largo de su vida haya hecho cosas buenas un poco osadas o divertidas, no tan clásicamente buenas, como las leyendas de Robin Hood o las historias de Manuel Rodríguez, durante el proceso de la independencia de Chile. Y a niños de religión católica, las historias peculiares del humor y las bromas de Santa Teresa de Ávila o San Ignacio de Loyola y su combatividad juvenil.

Actividad #21

La Torta

INTRODUCCIÓN

El nacimiento de un hermanito es una experiencia que tiene un alto impacto. Cuando esto sucede, el mundo cambia notablemente para el niño, quien se ve inundado de emociones como rabia, sensación de exclusión, soledad y ansiedad ante este nuevo ser (Shonkoff y Phillips, 2000). De hecho, la rivalidad fraterna, el espíritu de competencia, los celos y resentimientos entre hermanos surgen tan pronto como llega un nuevo miembro a la familia (Dolto, 2005; Dunn y Kendrick, 1982; Harter y Whitesell, 1989; Rutter y Hersov, 1985). Al respecto, Winnicott (1998, p. 139), en su obra *Acerca de los niños*, expresa:

> A quienes han olvidado sus sentimientos de infancia y niñez temprana debo recordarles que los sentimientos que surgen tras el nacimiento de un hermano son muy intensos, quizás más de lo que pueden experimentar los adultos. El arribo de un nuevo hermano le hace tomar al niño aguda conciencia de tener la posición de tercero en relación a sus padres.

El recién nacido acapara la atención y restringe los tiempos que la familia en general y sus figuras parentales en particular le dedicaban al niño antes del evento. Además, en este período, el niño suele percibir a sus padres más cansados, de peor humor y con menos paciencia.

En el caso del primogénito que con frecuencia gozaba de relaciones seguras con ambos padres antes de la llegada del bebé, el proceso de adaptación se le hace particularmente difícil y le cuesta continuar disfrutando de lazos estrechos después (Dunn y Kendrick, 1982; Howe y Ross, 1990; Mussen et al., 1977). El niño tiene miedo de perder el cariño de sus padres y también teme compartir este afecto con el nuevo miembro de la familia, pues piensa que dicho cariño irá en su totalidad a este y, por lo tanto, se acabe y no alcance para él. Suele tener la noción de que dicho cariño es finito, limitado, medible, circunscrito, cuantificable. Es frecuente que el niño aumente sus niveles de ansiedad y se incline a exhibir comportamientos regresivos o problemáticos (Dunn, 1993).

Del mismo modo, el niño siente mucha ambivalencia, ya que su entorno más cercano refuerza y anhela de su parte atenciones de cuidado y ternura hacia el recién llegado (Howe y Ross, 1990), cuando en muchas oportunidades no es lo que él desea hacer. Más bien, las actitudes que en el círculo familiar se esperan de él se oponen a lo que, de verdad, el menor está sintiendo.

La actividad ***La Torta*** favorece el abordaje, junto al niño, del tema del temor a perder el cariño materno y paterno por compartirlo con los hermanos, especialmente con motivo de la llegada de un nuevo miembro a la familia. Le ayuda a reflexionar sobre el cariño y la capacidad de querer de los padres de un modo concreto y sencillo, a través de la imagen de una torta que representaría la totalidad del amor parental. También lo ayuda a entender que este amor se mantiene igual, aun cuando se incorpore un nuevo miembro a la familia, contribuyendo a disminuir su temor a compartir este cariño, pues tiende a creer que, si lo hace, su parte de afecto será menor.

OBJETIVOS

Facilitar en el niño la toma de conciencia de que el cariño de los padres hacia sus hijos no es cuantificable, ni disminuye cuando nace un nuevo hermano. Ayudarlo a mitigar los sentimientos negativos que se gatillan con el nacimiento de un hermano y afirmar la seguridad acerca del cariño de los padres hacia sus hijos.

PROCEDIMIENTO

El terapeuta dice al niño: *"Vamos a trabajar el tema de la torta"*. Le pide, si así lo desea, que dibuje una torta; si no, la realiza el terapeuta.

Dibujo 21-1

El terapeuta, preocupándose de atraer la atención del niño, inicia su dibujo indicando:

"Uno podría imaginar que el cariño de los papás es como una torta, y que cuando uno es un hijo único TODA la torta es para uno…".

El terapeuta hace una pausa, esperando la reacción o comentario del niño…

Continúa:

"Uno cree que es mucho mejor ser hijo único, porque así todo el amor de los padres es para uno. Así, un niño puede decir: Si soy el único hijo, toda la torta, todo el cariño, de mis papás es para mí. Pero… si ya somos dos hijos, la torta se parte en dos pedazos, y solo habrá una mitad para mí". En ese momento el terapeuta corta la torta por la mitad haciendo una raya vertical, como lo muestra la figura adjunta. Luego, continúa diciendo:

"Si somos más hijos, ¡cada vez me va a tocar una parte más pequeña de la torta, o sea del cariño, para mí!". Y hace ahora una raya horizontal sobre la torta, volviendo a partirla, en más trozos.

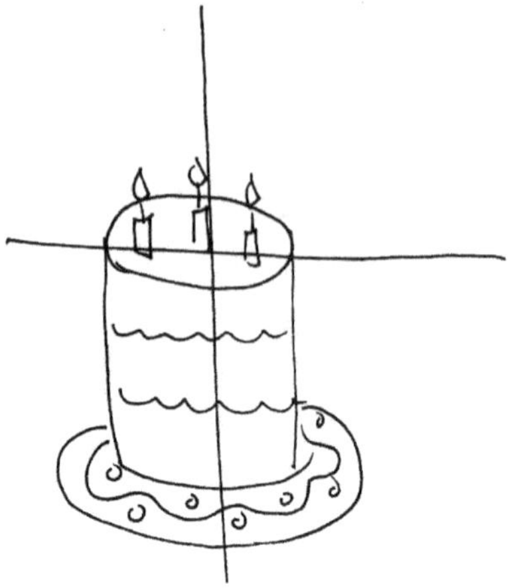

Dibujo 21-2

Después de hacer una nueva pausa, sigue el terapeuta:

"Uno tiene miedo... porque cree que cuando nace un nuevo hermanito, el pedazo de torta que tendrá va a ser cada vez más pequeño. Entonces, uno no quiere tener hermanos, porque piensa que cada vez le tocará un pedazo de torta más chico, cada vez tendrá menos cariño de los papás. Uno piensa que la torta tal vez se podría acabar de tanto repartirse y uno quisiera que la torta solo sea para uno".

Da tiempo a reacciones y comentarios del niño...

Y continúa: *"Pero esto es FALSO, porque el cariño de los papás* ***no*** *es como una torta".*

Al decir esto, el terapeuta hace una cruz sobre la torta antes dibujada:

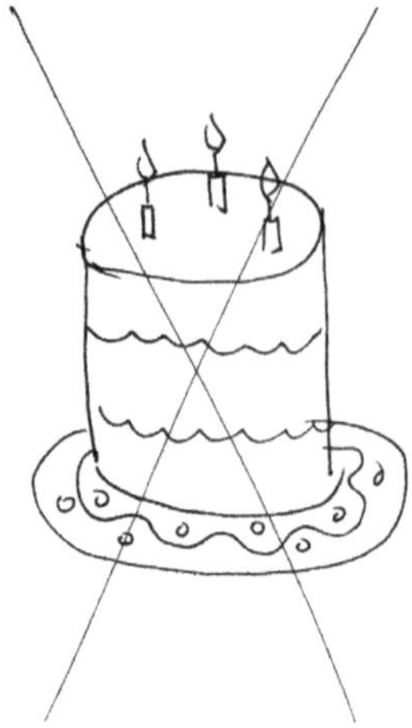

Dibujo 21-3

Y prosigue su relato: *"El amor, el cariño en los seres humanos, es una capacidad. Una capacidad que va creciendo cuando las personas dan ese amor a otros. Los que no dan mucho amor tienen una capacidad de querer a los demás muy chiquita".*

"El cariño de los papás es una capacidad que va creciendo a medida que los papás tienen más hijos. Al principio la capacidad de los padres de dar cariño a sus hijos es pequeñita, es de este porte".

Diciendo esto, el terapeuta dibuja un círculo pequeño en la hoja o en la pizarra...

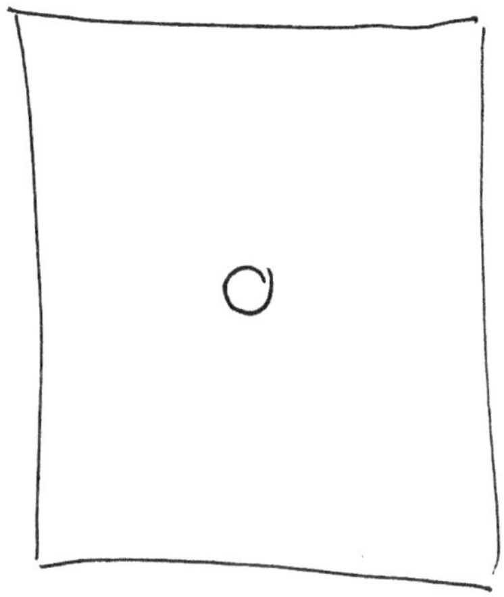

Dibujo 21-4

Luego expresa:

"Pero a medida que los papás tienen más hijos, su capacidad de querer a sus hijos va creciendo, porque se aprende a querer".

Mientras, va dibujando círculos concéntricos cada vez más grandes, en torno al círculo recién dibujado, como lo muestra la figura adjunta.

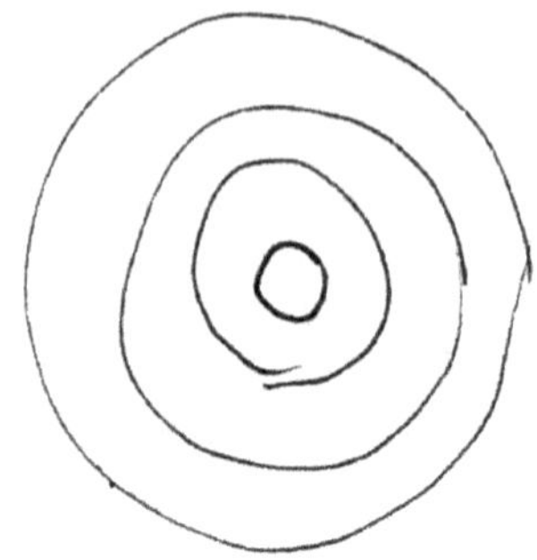

Dibujo 21-5

Y continúa:

"Los hijos enseñan a los papás a querer... A más hijos, más capacidad de dar cariño, y un nuevo hermano ayuda a los papás a aumentar su capacidad de amar... Aunque los papás estén muy ocupados y cansados por un tiempo con el bebé, eso no significa que no quieran a sus otros hijos".

Agrega finalmente:

"Los papás cuando aman a sus hijos lo hacen con toda su capacidad, no los quieren con una parte de su corazón, sino con todo su corazón, con toda su capacidad. No existen pedazos o partes para cada uno".

Como lo hemos aclarado antes, reiteramos que no es aconsejable que el terapeuta saque una conclusión de la actividad ni entregue al niño una moraleja o una lección. Resulta mejor dejar espacio para que el menor cierre el trabajo o su reflexión a su manera.

NOTAS

- Como **actividad complementaria**, para finalizar, el terapeuta puede solicitar al niño dibujar y pintar una torta o hacer una en plasticina. También puede pedirle que dibuje y pinte un corazón.

Actividad #22

Mamá Embarazada

INTRODUCCIÓN

El proceso de comunicación intensa y cercana entre el niño pequeño y su madre (Mahler, 1975; Tyson, 2000) se ve afectado cuando esta queda embarazada.

Una mamá embarazada experimenta una serie de cambios físicos y psíquicos que repercuten en su humor, pudiendo estar más cansada, irritable o enojada y menos disponible. Muchas veces, es el niño el que más resiente estos cambios, resultándole difícil procesar la variabilidad de las actitudes maternas.

Es un hecho que el nacimiento de un hermanito es un evento vital que genera perturbaciones tanto en el niño como en su núcleo familiar, pues implica abrir un espacio a una nueva personita (Klein y White, 1996).

Como lo señalamos anteriormente, con la expectativa de la llegada del anunciado bebé y las transformaciones que observa en su entorno, el niño se suele sentir desplazado y ve amenazada su relación con sus figuras de afecto, su espacio personal y su posición en la familia.

Con el embarazo materno, el niño empieza a percibir que sus padres no le prestan tanta atención como antes, y que su madre ya no está tan pendiente de él. De manera casi automática, los padres modifican su modo de dirigirse al niño y dejan de tratarlo como a un bebé, para comenzar a considerarlo como el hermano mayor (Howe y Ross, 1990).

Durante este período, es frecuente que el menor sienta mucha ambivalencia hacia el futuro miembro de la familia y que coexistan en él sentimientos opuestos como felicidad, tristeza y enojo, lo cual le puede generar bastante malestar. Por un lado, quizás él deseaba un hermanito. Pero, por otro lado, este representa también una amenaza en cuanto a quitarle espacio con los padres y atención de estos, lo que, como es natural, lo conduce a sentir celos y, a veces, rechazo.

Después del nacimiento del hermano, a menudo el niño, para no decepcionar a sus padres, puede intentar reprimir sus sentimientos negativos hacia el recién nacido. Sentimientos que pueden manifestarse en conductas como ignorar por completo al bebé, no mirarlo, no hablar de él o comportarse como si no existiera. También pueden aparecer en el niño conductas regresivas, como volver a mojar la cama en la noche, pedir la mamadera o el chupete, hablar como un bebé o querer que sus padres lo lleven en sus brazos (Dehart et al., 2004; Winnicott, 1998). Por último, la ambivalencia y los celos pueden mostrarse a través de irritabilidad, problemas de sueño, pataletas o reacciones explosivas, entre otros (Mussen et al., 1977).

La actividad ***Mamá Embarazada*** está pensada para niños pequeños cuya madre está embarazada o ha tenido un bebé recientemente. A través de una explicación fácil y cercana, busca ayudar al niño a comprender mejor la conducta de su madre en este nuevo estado. Valida los sentimientos ambivalentes que puede suscitarle el embarazo y ayuda a entender las conductas de su mamá durante ese período, quien suele presentar irritabilidad, fatiga, menos paciencia, así como menor atención hacia él. Asimismo, contribuye a legitimar los sentimientos ambivalentes del niño hacia el nuevo ser que se incorpora a la familia y que ha provocado y provocará tantos cambios en su vida.

OBJETIVOS

Reconocer y validar en el niño sus sentimientos ambivalentes, su inseguridad y su cambio de percepción del mundo debido al embarazo de su madre o con la llegada de un bebé a su familia.

PROCEDIMIENTO

Esta actividad consiste en presentar al niño la historia de una niña pequeña que era la reina de la casa. El clínico puede modificar la historia de acuerdo con las características de su paciente y de la situación terapéutica.

El terapeuta parte dibujando en forma esquemática una niña y una mamá que van felices de la mano. Dice:

"Esta es una niñita que estaba muy feliz porque tenía una mamá muy simpática y amorosa...".

Dibujo 22-1

Mientras dibuja una niña o un niño con corona, continúa:

Dibujo 22-2

"La niña era la reina de la casa, era la regalona de mamá, hacían muchas cosas juntas, la mamá siempre estaba pendiente de ella".

Luego delinea en forma esquemática una mamá embarazada y agrega:

Dibujo 22-3

"Pero la niña un día comienza a ver que a la mamá le empieza a crecer la 'guata' ('la panza'), y le explican que la mamá está embarazada y que va a tener un bebé… La niña observa cómo las cosas empiezan a cambiar en su familia y en su casa… La mamá se pasa el rato acariciando su guata (o su panza), que crece día a día, y además le habla al bebé que tiene dentro… La mamá, simpática y amorosa, se empieza a poner pesada, tiene mal genio, se enoja por cualquier cosa y a cada rato; se ha convertido en una mamá enojona (o gruñona)".

El terapeuta dibuja entonces una mamá embarazada con cara de enojada, una niña con corona con cara de sorpresa y un papá pasivo, y expresa:

"La niñita no entiende nada, no entiende este cambio en el humor de la mamá, no sabe qué es lo que le pasa…

"La niñita se asusta y se preocupa…".

Dibujo 22-4

Continúa:

"Pasa un tiempo en que sigue viendo cambios y más cambios en su casa; llega una cuna nueva, traen muebles, cambian las cosas de una habitación a otra… y están todos preocupados y nerviosos… Más adelante en el tiempo, un día la mamá se va a la clínica o al hospital a recibir la guagua (o el bebé)…".

El terapeuta dibuja entonces una mamá muy contenta con una guagua en brazos y una niña al lado, o una mamá mirando un bebé instalado en una cuna. Dice:

Dibujo 22-5

Dibujo 22-6

"Cuando la niña va a visitar a su mamá al hospital, ella está en cama junto a su guagua recién nacida, la sostiene en sus brazos, la acaricia, la mira todo el tiempo… La mamá ya no mira a la niñita.

"Todos en su familia ven solo al bebé… La niña se siente muy triste y preocupada…".

El terapeuta dibuja entonces una cabeza de niña con una corona puesta y dice:

Dibujo 22-7

"La niña, que era la reina de la casa, y que estaba tan feliz antes, siente que ya no es la reina, siente que se le acabó la corona…".

Luego hace una cruz sobre la niña con corona…

Dibujo 22-8

Agrega:

"La niña está muy triste porque siente que se quedó sin corona…".

Enseguida dibuja un padre y una madre mirando a un bebé en una cuna y al lado una niña enojada, y prosigue su relato:

"Cuando la mamá regresa a casa, la niña siente que mamá ya no la quiere como antes. Siente que nadie se interesa por ella, nadie la mira, que nadie la toma en cuenta; siente que ella se puso transparente… Ahora todos miran al bebé. Todos están pendientes del recién nacido que llegó a la familia… y a ella nadie la ve…

"La niña se pone muy triste y enojada…".

Dibujo 22-9

Luego delinea, muy simplemente, una mamá enojada y una niña triste, llorosa, y continúa su relato:

"Cada día, la niñita, que antes se portaba tan bien, ahora hace pataletas, se enoja por todo, como cuando era más chica, le cuesta dormir por las noches… No le gusta este cambio en su vida. No le gusta el nuevo habitante que llegó a su casa… No le gusta el hermanito que ocupa tanto el tiempo y la atención de su mamá… y siente que nadie la entiende…".

Dibujo 22-10

Prosigue:

"La niñita no está nada de contenta con este nuevo hermano que ha llegado a la familia… Molesta tanto… Llora todo el día… No deja dormir en la noche. Es muy poco agradable que llegue una persona nueva a la familia… Cuesta mucho

acostumbrarse... No es nada fácil para un niño. Va a tener que tener mucha paciencia la niñita... Paciencia con su mamá, que está muy mañosa y reta todo el día y por cualquier cosa. Paciencia con el bebé, que molesta y molesta... Y paciencia para tal vez recuperar algún un día su corona...".

El terapeuta se preocupa de acoger los comentarios, las reflexiones y especialmente los sentimientos y todo lo que el niño vaya expresando durante el relato, con una actitud cálida y contenedora.

Al finalizar la actividad, es preferible no sacar conclusiones ni moralejas, ya que lo que se persigue aquí es que el niño, luego del nacimiento de su hermano, se sienta reconocido en sus sentimientos y sensaciones ambivalentes en torno a su figura materna con sus nuevas y desconocidas conductas y actitudes. Y también en sus sentimientos frente al nuevo miembro de su familia y a los cambios que experimenta su propia vida.

NOTAS

- Esta actividad se complementa adecuadamente con ***La Torta***, y ejemplifica el tema de ***La Ambivalencia***.

Actividad #23

Mamá y Papá Superhéroes

INTRODUCCIÓN

La identificación del niño con sus figuras de afecto más significativas forma parte del desarrollo psicológico normal y es básica para construir la propia identidad. Los padres proveen modelos de conducta a sus hijos, de manera inconsciente. Los niños pequeños les confieren cualidades de seguridad y protección, lo que es una condición imprescindible para poder avanzar en su desarrollo y autonomía, pues les permite sentirse capaces de explorar el entorno cercano de manera independiente, con seguridad en ellos mismos y confianza en el mundo.

De acuerdo con la psicología evolutiva, todos los niños idealizan a sus padres, generalmente hasta los primeros años de la adolescencia (Dehart et al., 2004; Mussen et al., 1977; Osterrieth, 1999, entre otros). Esta superioridad heroica de los padres constituye para el yo infantil la seguridad en el mundo; es decir, el niño necesita de esta idealización. Según la psicología dinámica, la idealización consiste en la necesidad de otorgar un valor o poder especial a una persona, de la que se depende emocionalmente, y así poder asociarse con alguien omnisciente y omnipotente, que resolverá las dificultades de manera definitiva (McWilliams, 2011; Tyson, 2000).

Durante toda la etapa escolar, los niños suelen tener dificultades para aceptar que sus figuras de afecto tienen aspectos o conductas que a ellos no les gustan o les molestan. Se pueden sentir desleales con sus progenitores si piensan, reconocen o ponen en palabras sensaciones poco agradables que, en algunas oportunidades, sienten hacia ellos. Progresivamente, al hacerse "reales" ciertas actitudes de sus padres que los niños no habían visto antes, aparecen sentimientos de inseguridad y, muchas veces, de culpa.

A medida que el niño crece, va descubriendo que sus papás son de "carne y hueso"; o sea, imperfectos, como todos los seres humanos. Esto, por lo general, se suele dar en un proceso paulatino hasta la adolescencia, etapa en que los padres son ubicados en su realidad humana y comienzan a ser criticados por sus hijos.

Sin embargo, a veces el niño puede experimentar sentimientos muy ambivalentes hacia sus progenitores, por situaciones o experiencias al interior de la familia que le producen marcada angustia, inseguridad y culpa. Tener la posibilidad de darse cuenta de que a todas las personas les desagradan ciertas conductas o actitudes de sus padres puede producirle al paciente un gran alivio, junto con saber que es algo normal y que ocurre a todos.

La actividad ***Mamá y Papá Superhéroes*** está pensada para que, a través del diálogo y la reflexión, el niño tome conciencia de que sus padres, a diferencia de los superhéroes, cometen errores, no son perfectos, se equivocan y a veces se comportan o hacen cosas que no les gustan a sus hijos. Favorece el reconocimiento y aceptación de sentimientos y pensamientos ambivalentes o negativos hacia sus padres generados por conductas, actitudes o características parentales que no son agradables para el niño. También le ayuda a tener claro que reconocer aspectos negativos en ellos no significa ser malo o no quererlos, sino, más bien, aceptar la realidad tal cual es.

OBJETIVOS

Entregar al niño la posibilidad de tener un espacio de reflexión sobre sus sentimientos y pensamientos en torno a sus principales figuras de afecto, y que pueda reconocer, aceptar y tolerar en estas figuras sus aspectos y conductas que no le agradan o le perturban. Facilitar el darse cuenta de que no existen los padres perfectos, puesto que estos, como todos los seres humanos, se equivocan. También, darse cuenta de que reconocer aspectos negativos en sus padres no significa no quererlos.

PROCEDIMIENTO

Instalados frente a un pizarrón, o sentados ambos en el escritorio, el terapeuta primero traza esquemáticamente la figura de una madre colocada en un pedestal y dice:

"A veces nosotros pensamos que nuestros papás son perfectos, que nuestros papás están en lo más alto, en un pedestal, son como unos santos que están en un altar,

unos superhéroes, que todo lo hacen bien...

"Por ejemplo, aquí he dibujado una mamá que tiene muchas cosas buenas".

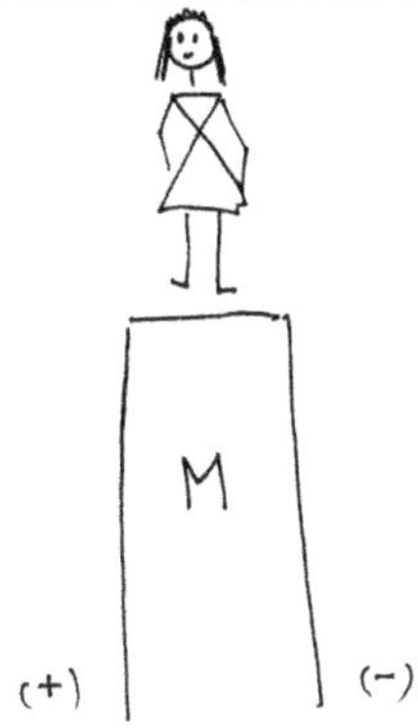

Dibujo 23-1

El terapeuta se preocupa de dejar espacio bajo el pedestal de Mamá para dos columnas donde va a escribir cosas positivas y negativas de esta figura significativa.

Continúa:

"Veamos qué cosas buenas puede tener una mamá...".

Espera sus respuestas...

Anota lo que el niño dice y, al mismo tiempo, va armando una columna (+) de características o conductas positivas de la mamá. Anima al niño a aportar características positivas de las madres y va escribiendo lo que dice.

A modo de ejemplo, presentamos algunas características maternas señaladas por algunos niños:

(+) Mamá: aspectos positivos

- Cariñosa
- Ayudadora
- Justa
- Amorosa
- Entretenida
- Buena para jugar
- Comprensiva
- Buena para explicar las tareas

El terapeuta continúa:

"Sucede que poco a poco nos damos cuenta de que mamá no es tan perfecta como pensamos... A veces hace cosas que no nos gustan, que nos molestan y que nos enojan... Por ejemplo, ¿qué cosas de las mamás no les gustan a los niños?".

Espera las respuestas del niño...

El terapeuta escribe en la columna (-) las respuestas que indican conductas negativas de las mamás.

Si el niño no expresa mucho, se puede recurrir a las siguientes conductas expresadas por algunos niños.

(-) **Mamá: Cosas negativas**

- Grita mucho
- Reta por cualquier cosa
- Es muy exigente, quiere todo perfecto
- Se enoja mucho
- Es muy mandona
- No tiene tiempo para jugar
- No deja jugar tranquilo, siempre pide favores
- No presta sus cosas
- Obliga a ayudar

Puede que el niño no se atreva a tocar la imagen de perfección que tiene de su mamá y, por tanto, manifieste verbalmente que ella no hace nada mal. Si esto sucede, el terapeuta da algunos ejemplos de conductas negativas maternas que puedan hacerle sentido, según su motivo de consulta, aunque sin señalarle que su madre hace aquello que a él le disgusta. Es el niño el que, internamente, debe llegar a hacer la relación.

Por ejemplo, puede decir algo como:

"Uno puede querer mucho a su mamá y ella puede tener muchas cosas buenas, pero también ella puede hacer algunas cosas que a uno no le gustan o que le molestan... Por ejemplo, a veces puede gritar o enojarse por cualquier cosa... o retar mucho... o echar la culpa a cada rato...".

Luego el terapeuta hace el mismo ejercicio con la figura paterna. Lo dibuja en un pedestal y repite lo mismo que trabajó con anterioridad, adecuando los ejemplos al caso paterno.

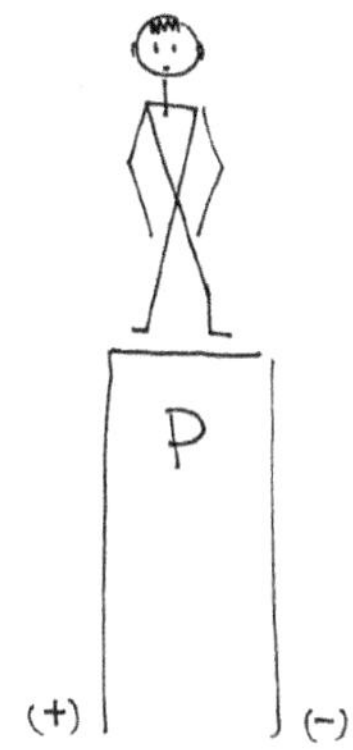

Dibujo 23-2

Después de terminar con las características positivas y negativas del padre, el terapeuta expresa:

"Uno tal vez quisiera que el papá y la mamá fueran perfectos. Casi uno quisiera poder decir 'Mamá-ídola' y 'Papá-ídolo' o 'Santa Mamá' y 'San Papá' y que ambos pudieran estar en un podio o en un altar, o que todos los admiraran y creyeran que son perfectos, como unos superhéroes".

El terapeuta dibuja luego las figuras de Padre y Madre, una junto a la otra, cada una en un podio, donde pueden ser aplaudidos... Siempre da la posibilidad al niño de intervenir en el dibujo y acoge y valora sus acotaciones y sugerencias.

Dibujo 23-3

El terapeuta prosigue:

"Sé que me gustaría que mi mamá y mi papá fueran perfectos, que tuvieran solo cosas buenas… Pero resulta que mi mamá es la que es… con todo lo bueno y todo lo malo… Si no tuviera esas características que no me gustan o que me molestan, si fuera diferente, ***sería otra persona, no sería mi mamá*** *(o mi papá)… Y a la que yo quiero es a MI MAMÁ (o a mi PAPÁ) y NO a otra (u otro).*

"Por lo tanto, aunque haya cosas que no me gusten, lo mejor es aceptar cómo ELLA (o ÉL) es y la quiera tal como es ella, sin querer cambiarla… ¡Eso de los ídolos o superhéroes es imposible!".

Enseguida pide al niño hacer una cruz sobre los dibujos de los padres superhéroes o ídolos, o la dibuja él mismo y dice:

"Es imposible que sean superhéroes… No se puede, ¡no es real!".

Dibujo 23-4

Finalmente agrega:

"Es mejor tener UN PAPÁ y UNA MAMÁ REALES, que a veces hacen cosas buenas y a veces no tan buenas, cosas que nos molestan, y que no nos gustan… Es mejor eso que querer que sean un príncipe y una princesa perfectos… que no son. Mejor acepto como son mi papá y mi mamá, aunque muchas cosas no me gusten. Ellos son lo que son.

"Las cosas son como son y no como yo quiero que sean".

El terapeuta puede terminar la actividad proponiendo al niño un dibujo o un trabajo en plasticina sobre el tema de los padres superhéroes y los padres reales.

Actividad #24

El Camión y el Auto Deportivo

INTRODUCCIÓN

Muchas veces en la práctica clínica infantojuvenil los terapeutas nos encontramos con niños y adolescentes que se caracterizan por ser tranquilos, perceptivos y sensibles, pero que muestran bastante inseguridad personal, por sentirse muy diferentes a su figura paterna o a sus hermanos mayores, sobre todo cuando estos responden al prototipo del "macho fortachón"[83].

Varias situaciones comunes se perciben como ejemplos: mientras la figura paterna con frecuencia es de un tipo físico fornido y con mucha fuerza, el niño suele ser delgado y poseer poca fuerza. Si el padre, los hermanos o algunos amigos hablan en tono fuerte y se muestran temerarios y avasalladores, el niño suele ser temeroso, prudente, tímido y reservado. Si el padre es muy deportista y amante del fútbol, al niño no le atraen los deportes y prefiere la lectura o la música.

Estas diferencias con frecuencia producen dificultades para vincularse con la figura parental e identificarse con ella, pues el niño puede sentir que su figura paterna muestra una permanente actitud crítica hacia él. Para niños y niñas resulta difícil identificarse con sus figuras parentales de su mismo sexo cuando estas son percibidas en exceso diferentes a sí mismos. Pueden tender a acercarse al padre de sexo opuesto, y esto, a su vez, puede reforzar la crítica y la actitud negativa de la figura de identificación para con el niño.

En estos casos, a menudo, el niño varón tiene la sensación de que debería ser distinto, igual a su padre, y no se siente querido ni aceptado como él es. Es sabido que el conocimiento de sí mismo y la autoestima dependen en gran medida de la forma en que las personas significativas reaccionan ante nuestro

83 Esta actividad está diseñada para ser utilizada más bien con niños varones. Situaciones parecidas se producen también en algunas relaciones niña-madre, cuando son muy diferentes. Sería el caso de una madre muy sociable y una hija retraída, o una madre muy competitiva y que busca la excelencia académica y una hija sensible y artista.

comportamiento (Haeussler y Milicic, 2014). El concepto de yo espejo o yo reflejado (Cooley, 1902/2005) indica que la autoidentificación surgiría a través de la captación de la imagen de uno mismo en el otro. Y en este caso, cuando el niño trata de imitar a su padre y no lo consigue, resulta en una frustración para él y también para su progenitor, quien espera verse reflejado en su hijo.

Este escenario se observa con frecuencia y suele concitar problemas y tensiones familiares, pues en muchas ocasiones el padre ataca al niño y la madre lo protege porque lo ve más débil y frágil, con lo que se refuerza la sensación de inseguridad del menor y, además, se le generan culpas porque se responsabiliza del conflicto entre sus padres.

En definitiva, se trata de dos tipos de personas muy distintas, que necesitan reconocer sus diferencias y aceptarse tal como son. El padre requiere efectuar un proceso que lo lleve a darse cuenta de que no va a poder cambiar a su hijo; y el hijo deberá realizar un trabajo paralelo que lo lleve a tolerar —y en lo posible aceptar— las características de su padre con las que le cuesta empatizar. Muchas veces los padres, desde el deber ser, o ante la creencia de que determinados prototipos de masculinidad son los correctos, no perciben lo que el niño está sintiendo o viviendo, no respetan su sentir y no lo respetan en su integridad como persona.

Al respecto, Siegel y Hartzell (2004) afirman que para que se dé una comunicación sana y abierta se requiere que cada uno respete la experiencia interna y subjetiva del otro. Según los autores, cada persona tiene su propio mundo interno, con sus propios pensamientos, creencias, percepciones. El mundo interno constituye una experiencia subjetiva y única. Desde su perspectiva, una comunicación integradora implica que el padre respete la experiencia subjetiva de su hijo, que sepa que lo que el niño siente no es lo mismo que lo que él siente, que se dé cuenta de que su experiencia es diferente a la de su hijo y que este tiene sus propios sentimientos y su propia visión de las cosas.

El lograr una convivencia razonable pasa por la aceptación de las características, cualidades y dificultades de cada uno, no por estar intentando constantemente cambiar a los demás. Padres, hermanos o amigos muy diferentes necesitan aprender a relacionarse desde la aceptación y no desde la crítica, a través de ir generando relaciones de cariño e intimidad. Es decir, se trata de generar situaciones donde se conversa acerca de los sentimientos de cada uno y se comparten las propias historias y recuerdos.

La actividad ***El Camión y el Auto Deportivo*** es una aproximación al tema de las importantes diferencias que sienten algunos niños con respecto de sus padres y también a veces con sus amigos. Busca, a través de la metáfora de un camión y un auto deportivo, que el niño se haga consciente de que existen diversos tipos de personas y que ningún tipo aventaja al otro, aunque sea su progenitor, su hermano mayor o su compañero, y que el ser diferente no implica, de ninguna forma, el ser superior. Es evidente que un camión es muy distinto a un coche deportivo, pero no se puede afirmar que uno sea mejor que el otro.

También permite que el paciente tenga un espacio para expresar su incomodidad respecto a su figura paterna, o frente a cercanos que corresponden al prototipo de personas avasalladoras y más fuertes, ante las cuales se percibe frágil o débil.

Por otra parte, esta actividad también ayuda al niño o adolescente a darse cuenta de que, si tiene dificultades en la relación con dichas personas, no es por culpa de su forma de ser, ni es su responsabilidad, sino porque ambos son muy distintos y tienen pocas cosas en común.

Por último, favorece en el niño el reconocer y aceptar sus propias características y dificultades, especialmente en las áreas donde se compara con otros y se siente perdedor.

OBJETIVOS

Validar al niño o joven en sus características personales y en sus sentimientos inconfortables respecto a alguna figura de identificación significativa, como el padre o un hermano, frente a la cual se siente diferente y disminuido.

PROCEDIMIENTO

Este trabajo, al igual que otros descritos anteriormente, se realiza a través de metáforas. El terapeuta comienza el trabajo conversando con el niño acerca de que en la vida existen distintos tipos de personas, tal como hay diferentes tipos de vehículos.

"Fíjate, por ejemplo, un camión andando por una carretera: es grande y pesado".

En ese momento el terapeuta comienza a dibujar un camión con su conductor.

Prosigue:

"El camión circula cargado, con mucho peso, pero con sus enormes neumáticos ni le importan los hoyos del camino, apenas los siente... Tampoco ve a los demás vehículos, le cuesta dar la pasada a los otros, aunque vaya lento... Es tan grande que ni ve a los demás... Cuando llega a una curva ni se mueve, sigue pesadamente su camino casi sin inmutarse... El chofer va preocupado de mantener el control desde lo alto de su asiento, mirando hacia abajo a los demás que transitan".

Mientras efectúa el relato el terapeuta termina de esbozar un camión en un camino. Comenta el tema con el niño y, si este lo desea, dibuja o pinta otro camión, modifica el ya dibujado o le agrega nuevos elementos.

Dibujo 24-1

Agrega:

"Muy diferente al caso de un auto deportivo, sea uno pequeño o uno más elegante y caro, como un Ferrari. Un auto deportivo es más chico que un camión, es más delicado, más sensible, hay que manejarlo con cuidado... Para el conductor es un vehículo muy agradable de conducir y cuando lo hace, disfruta la conducción y el paisaje por donde va pasando. Es un auto sensible a las ondulaciones del camino; si este tiene hoyos o si hay piedras, los neumáticos lo notarán de inmediato y los que van dentro del auto también. Cuando viene una curva, el auto se mueve y es muy importante la velocidad a la cual se toma la curva, muy diferente al camión, que tiene poca sensibilidad y ni se inmuta en las curvas...".

El terapeuta dibuja ahora en forma esquemática un auto deportivo, o lo hace el niño, si este lo desea.

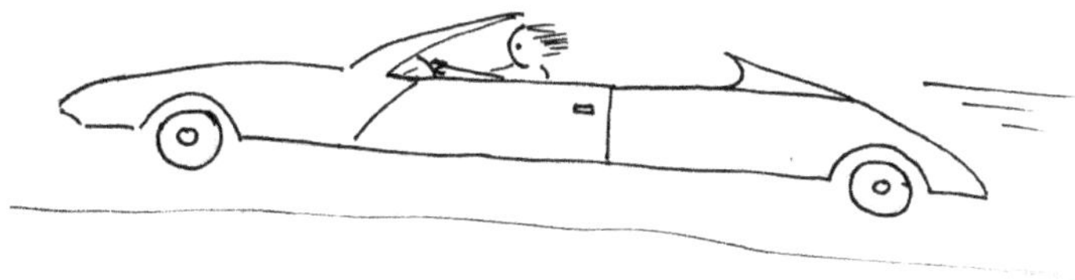

Dibujo 24-2

Luego expresa:

"Hay personas que pueden ser muy parecidas en su manera de ser a un camión, y hay otras que pueden ser semejantes a un auto deportivo.

"Las personas camiones parecen súper seguras, son fuertes, avasalladoras y parece no afectarles los problemas de la vida. Son muy persistentes en sus puntos de vista y en mantener su camino y su visión de las cosas. Pero, al mismo tiempo, son poco sensibles, no les afectan los hoyos o piedras del camino, es decir, no les afectan mucho las cosas. A veces son un poco pesados, no consideran ni se adaptan mucho a los demás y tienden a ser poco atentos y a pasar por encima de otros."

El terapeuta dibuja una persona-camión maciza esquemáticamente.

Dice:

"Estas personas no son peores ni mejores que otras, simplemente son así, tienen esas características, algunas positivas y otras negativas. Los demás necesitan aprender a llevarlas y a vivir con ellas".

Continúa:

"Claro que esto no es siempre muy fácil, sobre todo para un hijo chico, si tiene un temperamento muy distinto al de su papá, pues le costará acercarse e identificarse con él".

El terapeuta da espacio aquí para comentarios e intervenciones del niño al respecto…

Luego, reanuda su relato:

"Por otra parte, las personas auto deportivo son muy diferentes a las personas camiones. No son tan fuertes ni tan seguras, suelen ser amables, son más sensibles, les afectan más las cosas. Se tratan de adaptar a los demás y se preocupan por ellos. A muchos les gusta probar cosas distintas. No se parecen a las personas camiones y muchas veces les temen…".

En esta actividad, el terapeuta crea un espacio para que el niño, que está en una situación como la aquí presentada, pueda sentirse reconocido y validado, y sienta la confianza suficiente como para expresar sus puntos de vista y experiencias al respecto… Mantiene un diálogo donde lo central es que el paciente se sienta comprendido y aceptado por el terapeuta y donde sus características personales sean confirmadas.

Es importante, en lo posible, ayudar al paciente a darse cuenta de que no hay un tipo de persona mejor que otro, que las diferencias entre las personas nos enriquecen y que todos tendremos posibilidades de desarrollar nuestros proyectos y planes para nuestras vidas.

Actividad #25

El Árbol de Navidad

INTRODUCCIÓN

La idealización de los padres y otras figuras significativas, como profesores o amigos, es, como ya lo hemos abordado[84], un fenómeno normal en la niñez y también en la adolescencia. A medida que el niño crece paulatinamente traslada esta idealización hacia el grupo de pares, con relaciones idealizadas con amigos o parejas (Browning, 2008)[85].

La idealización es el "proceso psíquico en virtud del cual se llevan a la perfección las cualidades y el valor del objeto" (Laplanche y Pontalis, 1971). En esta perspectiva, el otro es visto como maravilloso, perfecto o casi perfecto, con todas las cualidades que esperábamos encontrar en otra persona. Freud (1926/1980) considera que en la idealización habría una sobreestimación del objeto-persona, el cual es engrandecido en virtud de sus cualidades. En este proceso solo se perciben las características positivas de la persona amada, y se atenúan o se justifican sus características negativas, tal como lo hace el niño con sus padres, en el proceso normal en la constitución de todo ser humano en sus primeras etapas de desarrollo (Segal, 1981).

Con el correr del tiempo y la madurez, después de descubrir las virtudes y valores de una persona amada o muy atractiva, que inicialmente idealizamos, poco a poco deberíamos integrar diferentes aspectos de su imagen. Este proceso de integración incluye el reconocer sus debilidades y partes poco

84 Ver *Mamá y Papá Superhéroes.*

85 Deborah Browning (2008), en su libro sobre las identidades del adolescente, plantea que este, por su necesidad de pertenecer al grupo, podría incluso pasarse a llevar a sí mismo otorgando al grupo de pares características ideales, poco realistas. Browning también hace referencia al traslado de la idealización hacia el sí mismo, aumentando la grandiosidad del *self*, lo que podría llevar en algunos casos al adolescente a caer en conductas de riesgo.

agradables, para luego llegar a amar a esa persona aceptándola y reconociéndola en su totalidad.

Sin embargo, la tendencia a idealizar la realidad, a negar lo que nos incomoda, para intentar quedarnos con nuestras ilusiones y fantasías, es un mecanismo de defensa que continúa, de alguna manera, presente a lo largo de la vida; en muchas ocasiones es adaptativo. No obstante, en otras ocasiones, el uso de este mecanismo puede llevarnos al autoengaño con respecto a nuestra mirada hacia alguna persona significativa, cuya conducta no se ajusta a lo que esperamos. Desarrollamos entonces estrategias para adecuar a nuestros deseos la conducta de la persona idealizada. De este modo, no vemos la realidad de esta persona y continuamos con la ilusión. No vemos lo que no queremos ver.

De hecho, puede suceder que luego de conocer a una persona que nos deslumbra y atrae, rápidamente esta se convierta en amigo/amiga (o novio/novia), estableciéndose una relación muy estrecha. Sentimos coincidir en todo y estar de acuerdo en la mirada del mundo, de los demás, del bien y el mal, entre otros. Y nos fascinamos. La persona pasa a ser para nosotros poseedora de múltiples cualidades y virtudes. Entonces, inconscientemente comenzamos a adjudicarle características, carteles o etiquetas positivas, muchas de las cuales no posee. Así, la persona real empieza a desaparecer bajo los "adornos" que nosotros le vamos instalando, a la imagen de un árbol de Navidad recién comprado, el cual decoramos con variedad de elementos brillantes y atractivos. Poco a poco, olvidamos quién es, en verdad, el que está bajo esa capa de ornamentos.

Pasado un cierto tiempo, cuando suceden eventos de la vida diaria que nos incomodan y que desconfirman esa imagen maravillosa respecto del amigo idealizado, tenemos dificultades para creer y aceptar lo que estamos observando. Tendemos a justificar sus actitudes y conductas negativas, incluso aquellas que son dirigidas hacia nosotros mismos ("No se dio cuenta de que me estaba mintiendo", "Se equivocó y por eso se llevó mi dinero", "Fue broma cuando dijo que no era amigo mío", etc.). Simplemente, nos negamos a aceptarlo. Cuesta mucho admitir que ese "arbolito navideño" fue construido por nosotros y que esa persona no tenía las características que le habíamos atribuido. Cuesta aceptar que nosotros hubiésemos deseado que fuera de aquella manera, pero ese era nuestro deseo, no la realidad.

La actividad ***El Árbol de Navidad*** fue surgiendo en nuestro quehacer terapéutico como una forma de visualizar la tendencia observada en nuestros pacientes, especialmente adolescentes, a idealizar o atribuir a algunas personas admiradas o queridas (como compañeros, amigos y novios, por ejemplo) características que ellos desearían que tuviesen. A veces las personas idealizadas pueden llegar a la vida de los pacientes a llenar vacíos en sus historias personales, y entonces no es raro que, al igual que con un árbol de Navidad, les pongan una serie de "adornos" y les atribuyan cualidades que nunca tuvieron. Sin embargo, más temprano que tarde, la verdad termina por imponerse, con el consiguiente sufrimiento y desilusión.

Esta actividad es especialmente útil con adolescentes, a partir de los trece o catorce años. Si fuera pertinente realizarla con un niño de menor edad, se sugiere partir dibujando un árbol de Navidad, como se describe en la actividad complementaria.

OBJETIVOS

Ayudar al joven a darse cuenta de su tendencia a idealizar a algunas personas significativas, atribuirles cualidades que desearía que tuvieran y negar en ellas la presencia de conductas desagradables. Favorecer, paralelamente la toma de conciencia de que "las personas son como son y no como yo quiero que sean".

PROCEDIMIENTO

El terapeuta, sentado junto al niño, empieza el siguiente relato:

"A nosotros nos encantaría que las personas que queremos, que tenemos cerca o nos importan fueran tal como nosotros deseamos (es decir, que fueran amorosas, generosas, que digan siempre la verdad, que sean de buen carácter, respetuosas, honestas, etc.). Entonces, sin darnos cuenta, poco a poco, las vamos adornando y decorando y les atribuimos características que deseamos ver en ellas, como si fueran árboles de Navidad. Las llenamos de guirnaldas, estrellas y luces. Es decir, a dichas personas les asignamos todo tipo de cualidades que estamos deseando que tengan... y poco a poco las comenzamos a ver de otra manera... Y nos olvidamos por completo de que... ¡fuimos nosotros los que adornamos el arbolito!

"Les adjudicamos a ellas aquello que a nosotros nos atrae y que deseamos ver en las personas que tenemos cerca. Las transformamos en un perfecto arbolito navideño hecho a nuestra medida y manera".

Aquí el terapeuta puede, si lo considera oportuno, dibujar una persona-árbol de Navidad, llena de adornos.

Dibujo 25-1

*"Pero resulta que esa persona es **ella** y no mi arbolito…".*

Entonces el terapeuta dibuja esquemáticamente un árbol de Navidad adornado.

Dibujo 25-2

"Esa persona ¡no tiene por qué ser como yo lo deseo!

"Entonces, las primeras veces que nos damos cuenta de que esa persona se comporta de una manera pesada, distante o diferente a como la imaginamos o

deseamos, ¡no podemos creer que sea verdad lo que estamos observando!... No nos calza con lo esperado... y en ese momento, buscamos una explicación externa, algo o alguien a quien culpar por estas conductas inesperadas. Decimos, por ejemplo:

- *No me saludó porque no me vio...*
- *Invitó a otro amigo a veranear porque su mamá lo obligó...*
- *Me dijo esas pesadeces sin querer...*
- *Fue al cine con esa niñita y no conmigo, porque ella la presionó...*
- *Se le olvidó llamarme porque estaba cansada y se quedó dormida...*
- *Etc."*

El terapeuta prosigue su relato:

"Y así continúa la vida y pueden pasar muchos episodios parecidos en los que la persona que yo convertí en arbolito de Navidad me muestra que no es el arbolito que yo creía, que ella es de otra manera...".

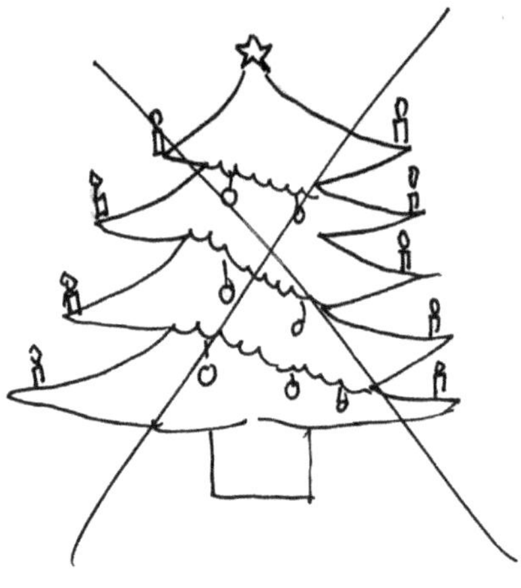

Dibujo 25-3

"Pero yo puedo continuar por mucho tiempo queriendo tener mi arbolito navideño adornado... Me gusta mirarlo y creer que lo tengo... porque me da mucha pena verlo sin guirnaldas ni brillos... Me da pena darme cuenta de que era una invención de mi imaginación y que esa persona, que para mí era una amiga o amigo muy importante, yo la inventé, y le adjudiqué cosas que ella no tenía. Ella no era:

- *Ni tan amorosa*
- *Ni tan amable*
- *Ni tan fiel*

- *Ni tan confiable*
- *Ni tan buen amigo o amiga*
- *Ni tan bueno o buena*
- *Etc.*

"...como yo quise creer..."

"Sin embargo, llega un momento en que empiezo a darme cuenta de que es mejor ver la realidad tal como es y no como yo quiero verla, que las cosas son lo que son y no lo que quiero que sean... Pienso que sí encontraré otras personas que sí sean amables y amorosas, aunque nunca serán perfectas, ni serán como preciosos arbolitos de Navidad... ¡Siempre tendrán lados buenos y lados no tan buenos!".

NOTAS

• Como **actividad complementaria** para niños en edad escolar, no adolescentes, se sugiere realizar lo siguiente:

El terapeuta, sentado con el niño frente a una mesa, o ambos frente a una pizarra, pregunta al niño: *"¿Te gustan los árboles de Navidad?"*.

Luego de plantear la pregunta y conversar sobre el tema de la Navidad y del adorno de los árboles navideños, pide al niño dibujar uno. Si este dice que no sabe, dibuja un pino muy simple.

Dibujo 25-4

Enseguida, le pasa lápices o plumones para que dibuje su propio árbol o agregue adornos o regalos al ya delineado. Después le pide que lo coloree.

Da tiempo al niño para dibujar, adornar a su gusto y pintar su árbol navideño.

Posteriormente, comentan acerca de los diferentes tipos de adornos y de lo entretenido que es realizar esta decoración en la vida real con la familia. Es probable que el niño retome el tema recién tratado, acerca del adorno que a veces hacemos de las personas, tal como con los árboles de Navidad. Si es así, se continúa el diálogo. De otro modo, se le puede pedir que ambiente el árbol navideño recién coloreado.

- Otra **actividad complementaria** puede ser la lectura del cuento de Hans Christian Andersen (1805-1875) *El traje nuevo del emperador*. (http://www.espacioebook.com/cuentos/andersen/Andersen_ElTrajeNuevodelEmperador.pdf).

Actividad #26

Pisando Huevos

INTRODUCCIÓN

La mentira es un tema difícil de tratar con los pacientes. Por lo general, a los niños les cuesta mucho reconocer que han faltado a la verdad[86].

La mentira es frecuente en el mundo contemporáneo. Gómez de Liaño (1989), en su obra *La mentira social: imágenes, mitos y conducta*, señala que en el contexto social es bastante habitual, especialmente en lo relacionado con la adecuación social. Así, ha podido determinarse que la mayoría de las personas mienten, en promedio, al menos una o dos veces al día (DePaulo, Kashy, Kirkendol, Wyer y Epstein, 1996; DePaulo y Kashy, 1998; Feldman, Forrest y Happ, 2002; Kashy y DePaulo, 1996).

La alta frecuencia de la mentira en la vida social conlleva el riesgo de que se constituya en un hábito negativo y que se instale imperceptiblemente en el niño. Asimismo, existe el peligro de que se trivialice su relevancia y no se le atribuya suficiente importancia cuando se presenta.

Los niños pueden mentir por diversos motivos. Pueden aprender a hacerlo a través del modelaje de los adultos o a veces inducidos por ellos, por ejemplo, para ajustarse a las normas de convivencia y no herir a los demás. Así, en el caso del niño que en su cumpleaños recibe un regalo que no le gusta, la mamá le puede enseñar a decir a quien se lo ofreció que el regalo es muy bonito y que le gusta mucho.

También el niño puede mentir por otras razones, como el deseo de llamar la atención de los adultos que lo rodean, el temor a defraudar a sus padres cuando estos plantean altas y tal vez excesivas exigencias, el temor al castigo, la imitación de los adultos, entre otros (Bussey, 1992).

86 Este es un tema muy amplio, que se puede enfocar desde diversas perspectivas: ética, sociológica, religiosa, evolutiva, entre otras. Aquí nos restringimos solo al ámbito de la clínica infantojuvenil..

A partir de los siete años, el niño empieza a tener mayor conciencia de la realidad (Kohlberg, 1981) y se da cuenta de que a veces, falseando la verdad, puede conseguir algunos beneficios personales.

Por otra parte, la mentira puede ser una alerta de que al niño le pasa algo y esté con algún problema que no puede expresar. También puede ser síntoma de alguna problemática o patología más severa o bien estar enmarcada dentro del desarrollo de una personalidad más patológica.

Los niños que han sufrido una experiencia dolorosa algunas veces recurren a la mentira y a la fantasía como formas de relacionarse con la realidad y de asegurar su omnipotencia frente a ella, dada la imposibilidad de conectarse con el dolor que esa experiencia o su recuerdo les producen. Desde la psicología dinámica, la mentira es concebida como la imposibilidad de conectarse con el dolor que una experiencia traumática[87] o su evocación le provoca; señala la incapacidad del niño para poder enfrentar el dolor (Weinshel, 1979).

Pisando Huevos es una actividad que surgió en nuestra práctica clínica para proveer al niño un espacio donde pueda abordar el tema de la mentira de manera concreta y no culpabilizante. Un espacio donde se reconoce lo fácil que es mentir y acostumbrarse a ello, como forma de solucionar un problema o para no enfrentarlo.

La actividad utiliza la imagen de pisar huevos para ilustrar la sensación de inseguridad e incomodidad que muchas veces produce mentir. Ayuda al niño a sentirse reconocido en sus sentimientos y avanzar hacia la toma de conciencia de las complicaciones de la mentira. Del mismo modo, le permite percatarse de que la mentira generalmente ayuda muy poco y, por el contrario, acarrea consecuencias negativas.

Es útil para abordar este tema con aquellos niños que están mintiendo desde algún tiempo, y en los que se ha observado que la mentira está relacionada principalmente con el temor al reto o castigo y a no cumplir con las exigencias.

87 La presente actividad no está concebida para el trabajo con aquellos pacientes en que la mentira es un síntoma de algún problema emocional más severo, relacionado, por ejemplo, con alguna experiencia traumática presente o pasada que el niño no ha podido elaborar. En este último caso mentir es un síntoma que probablemente seguirá presente mientras persista el problema, o mientras el paciente no haya procesado dichas experiencias. Tampoco está diseñada para los pacientes en quienes la mentira es parte de una constelación de síntomas, relacionados con un trastorno severo de la conducta, ni para aquellos que podrían estar desarrollando un tipo de personalidad más bien patológica, donde se requiere un tratamiento más especializado.

Esta actividad se suele realizar cuando el tema surge de manera espontánea durante la sesión.

OBJETIVOS

Acompañar al niño a reconocer y validar sus sentimientos de incomodidad, inseguridad y ambivalencia cuando dice una mentira; ampliar su mirada respecto de ella y hacerse consciente de los costos que mentir puede tener para él, a nivel personal.

PROCEDIMIENTO

Sentados el niño y el terapeuta en el escritorio o frente a un pizarrón, el terapeuta, atrayendo la atención del niño, le dice algo como:

"¡Mira lo que vamos a trabajar ahora!".

Y comienza a dibujar en forma rápida y esquemática muchos huevos y luego esboza, de manera muy simple, un niño que intenta andar sobre ellos, como haciendo equilibrio.

Dibujo 26-1

Dice:

"A veces, a la mayoría de las personas nos pasa que nos sentimos caminando por la vida como si fuéramos por un camino lleno de huevos, y que para poder avanzar por el camino tratamos de hacer equilibrio para no pisar los huevos, porque ¡no es muy agradable pisar huevos!

"Nos podemos sentir así en muchos momentos... No sabemos qué decir… o cómo decir lo que realmente queremos decir… o tenemos miedo de decir algo y que eso moleste o enoje a otra persona, etc.

"Eso también nos pasa cuando decimos una mentira... Nos sentimos preocupados y nerviosos… Andamos inseguros y asustados… Tenemos miedo de que nos vayan a descubrir".

Da espacio para comentarios o aportes del niño al relato…

Luego continúa:

"A muchos nos ha pasado que alguna vez, en alguna etapa de nuestra vida, nos hemos puesto a mentir. Eso nos ha sacado de apuro… Nos ha ayudado a solucionar un problema y nos ha resultado….

"Y podemos empezar a creer que es de harta ayuda… pero no nos damos cuenta de que podemos caer en la trampa de acostumbrarnos a mentir. Entonces uno puede mentir a cada rato y por cualquier cosa: a la profesora con la tarea, a la mamá o al papá cuando no hemos obedecido, a un amigo que nos prestó algo y no se lo hemos devuelto o lo hemos perdido…

"El problema es que haciendo esto nos vamos metiendo más y más y no sabemos cómo salir… y, además, ¿cómo nos sentimos?".

Espera la respuesta del niño… Por lo general este contesta: "¡Mal!" o "No muy bien".

Terapeuta y paciente dialogan a partir de lo que este vaya expresando… Enseguida el terapeuta expresa:

"Sí, nos sentimos bastante mal, nos complicamos… Uno igual está nervioso y preocupado de que lo vayan a pillar, tratando de acordarse de lo que uno dijo… Hablando de manera vaga, poco precisa… para no ser descubierto… Y si lo pensamos bien, siempre los problemas que tenemos se pueden solucionar de muchas formas…

"Aunque en un principio estemos tentados de mentir, porque puede parecernos lo más fácil, después nos empezamos a sentir mal… preocupados… cansados… como en una trampa…".

Entonces el terapeuta plantea la pregunta:

"Pero en realidad, ¿qué será mejor?: ¿que lo pillen a uno cuando miente o que no lo pillen?".

Espera la respuesta del niño… y continúan analizando el tema.

- ***Qué pasa en el caso de que a uno NO lo descubran:***

"Si es así, entonces uno se sentirá todo el rato inseguro, preocupado, con miedo a que lo pillen, duerme intranquilo y pensando que en cualquier momento lo podrán descubrir... Uno se acuesta preocupado y amanece preocupado... Cuando uno miente, uno anda todo el rato asustado, como si estuviera castigado por dentro".

Dibujo 26-2

- ***Qué pasa en el caso de que a uno SÍ lo descubran:***

"En ese caso, al principio uno está muy asustado por el miedo a que lo reten o lo castiguen... Pero al final, después de que a uno lo han descubierto, la situación termina, y aunque lo reten, uno se siente aliviado porque se acabó la preocupación y la tensión.

"Entonces, parecería que es mejor que nos descubran, porque así podemos sentirnos liberados, tranquilos, 'pisando más firme', sin necesidad de estar dando excusas o preocupados constantemente porque nos puedan pillar.

"Además, así vamos aprendiendo poco a poco que la mentira nos entrampa, porque después nos cuesta salir, y podemos convertirnos en personas mentirosas sin darnos cuenta... Y finalmente, a los mentirosos siempre los descubren".

En este trabajo lo central es llevar al niño a reflexionar sobre la mentira y que pueda hacerse consciente de la tensión y la preocupación que esta comporta, así como los costos para él en términos de seguridad, de imagen personal, de percepción de los otros acerca de él, entre otros. Es importante que el menor pueda darse cuenta de que hay o que tiene otras alternativas para enfrentar una situación difícil, aun cuando reconozcamos que todos, a veces, podemos estar en circunstancias en que nos dan ganas de mentir.

Al igual que en las demás actividades, no se aconseja concluir la sesión con lecciones o sermones del tipo: "Acuérdate de que no hay que decir mentiras", "es muy malo hacerlo", etcétera.

NOTAS

- Recordar que este trabajo no es apropiado para pacientes en que la mentira es sintomática de un problema emocional más grave, del tipo del estrés postraumático.
- Como **actividad complementaria** se puede leer con el niño el cuento *Pedrito y el lobo*, de Sergei Prokofiev, o el libro de literatura infantil *¿Vale la pena mentir?*, de Neva Milicic (2007).

Actividad #27

Asumiendo mi Responsabilidad

INTRODUCCIÓN

Es importante que los niños, desde pequeños, puedan ir desarrollando sentido de culpa[88] o responsabilidad por sus acciones; que aprendan a ver, admitir y asumir su parte en los asuntos que les conciernen y no adquieran la costumbre de culpar a los demás por los hechos negativos en que han estado involucrados.

Asumir su parte y darse cuenta de haber provocado, aun sin querer, dolor en los demás, ayuda a niños y jóvenes a desarrollar empatía y a tener consideración con los sentimientos y emociones de las otras personas. Esto es crucial para establecer sanas relaciones interpersonales, tanto entre pares como con adultos y hermanos (Debray y Nollet, 2011; Millon et al., 1998).

En el mundo de hoy se aprecia con frecuencia que a muchos niños les cueste ver su parte y se les haga difícil asumir la responsabilidad que les corresponde en ciertas situaciones de conflicto o en algunos problemas. Suelen estar tan centrados en sus deseos, o en sí mismos, que les resulta muy difícil situarse en la perspectiva del otro y mirar las cosas de una manera diferente a la propia[89]. Por

88 En esta actividad nos referimos a la culpa como sentimiento de responsabilidad por un daño causado y no al estado afectivo en el cual se experimenta un conflicto por haber hecho algo que uno cree que no debió hacer, estado que origina opresivos sentimientos de culpa, difíciles de disipar, que pueden hacer sufrir toda la vida (Alice Miller, 1979/2009). Según Miller, estos intensos sentimientos tienen su origen en períodos tempranos de la vida, al sentir el niño no comportarse a la altura de las expectativas de sus padres. Tampoco abordamos aquí la experiencia disfórica que se siente al romper las reglas culturales (religiosas, políticas, sociales, familiares de un grupo de pertenencia o por el pensamiento de cometer dicha transgresión). Del mismo modo, no nos referimos a la culpa como responsabilidad penal.
Es importante señalar que la presente actividad no está diseñada para ser trabajada con niños que han sufrido abuso, donde, como es evidente, los niños no tienen ningún tipo de responsabilidad, aunque frecuentemente puedan sentirse culpables. Tampoco está concebida para aliviar a los niños que tengan exceso de sentimientos de culpa ni para ayudar a aquellos que suelen pedir perdón constantemente como forma de obtener atención de sus figuras significativas.

89 Ver actividad *29. Desde el Camino.*

ejemplo, en una pelea con un compañero, un niño puede decir: "Él me pegó y yo no le hice nada", sin mencionar que previamente, durante mucho rato, él había estado molestando con burlas y diciéndole cosas hirientes e irrespetuosas a ese compañero, el cual con paciencia se había controlado y no le había contestado.

A menudo advertimos niños y jóvenes que se niegan a reconocer haber cometido un error, que no pueden admitir haber efectuado algo indebido o haberse comportado de manera grosera o inadecuada, aun cuando esas conductas fueron públicas y percibidas por varios observadores. Jóvenes que tienden a minimizar los hechos, a justificarse o a culpar a los demás por los problemas que ellos mismos han causado; que están poco dispuestos a pedir perdón y a arrepentirse. Les cuesta mucho empatizar con el otro y ver su parte en el problema.

Por otra parte, en la clínica infantojuvenil observamos cada vez más a niños muy sobreprotegidos por sus figuras parentales, que tienen dificultades para asumir sus responsabilidades, puesto que estas figuras, con el afán de protegerlos, tienden a justificar sus conductas negativas, aun las más evidentes, culpando a los demás: compañeros, profesores, vecinos. De este modo, por ejemplo, los padres pueden declarar responsables a los maestros de los problemas escolares de su hijo (porque no sabrían enseñar); o culpar a los compañeros de curso y amigos de sus problemas de adaptación social.

Advertimos también algunos casos en que los padres, en un afán protector, tienden a justificar las faltas de responsabilidad de su hijo en edad escolar porque "es tan inmaduro, tan niño… pero ya va a madurar". Pasan los años y el niño, simpático y seductor, puede continuar sin hacerse cargo de sí mismo y de sus deberes. No asume sus responsabilidades académicas, pero tampoco se hace cargo de su parte en un problema o conflicto con otros (profesores o compañeros), porque siempre aparecen papá o mamá a protegerlo, justificarlo y solucionar la situación en conflicto. Más tarde, cuando termina el colegio, continúa sin hacerse cargo de las cosas, pues no ha desarrollado su independencia ni su propio sentido de responsabilidad.

Este tipo de padres no se percatan de que este modo de actuar no beneficia el desarrollo de la empatía ni de la conciencia de sí de su hijo. No lo ayudan a hacerse cargo de sí mismo y de sus acciones. Tampoco contribuyen al desarrollo normal y necesario de la culpa, lo que puede tener repercusiones negativas en su futuro. Sin querer, pueden estar favoreciendo en su hijo la formación de una personalidad narcisista (Debray y Nollet, 2011; Kernberg et al., 2001; Millon et al., 1998), que le dificultará el establecimiento de relaciones interpersonales sanas, adecuadas y duraderas[90]. No se dan cuenta de que con esta actitud negadora no están reconociendo la realidad de su hijo, y no le están dando a él la oportunidad de aprender maneras genuinas y honestas de comunicarse y de preocuparse de relacionarse bien con los demás.

Ellos están viendo el hijo que quieren ver, y no el que es y que se está mostrando a sus ojos y frente a los demás. Al no verlo, no pueden ayudarlo a desarrollar su identidad ni a hacerse cargo de su realidad, pues le están proporcionando una imagen de él que no corresponde. Según Sieguel y Hartzell (2004), estos padres están entregando al niño una realidad parcial, que no le permite ver y aceptar que la existencia de los otros es tan válida como la propia.

Como puede observarse, los padres tienen un rol fundamental en la formación de la responsabilidad y de un claro sentido moral y ético en sus hijos (Haeussler, 1999; Osterrieth, 1999).

Asumir su culpa o responsabilidad para un niño implica tener la valentía para dar la cara y no esconderse cuando ha realizado alguna conducta negativa. Al mismo tiempo, implica no culpar a otro en un intento de deshacerse de su responsabilidad frente al hecho. También conlleva tener suficiente empatía, es decir, la capacidad de ponerse en el lugar del otro, estar dispuesto a valorar la experiencia del otro, entendiendo su punto de vista, para comprender cómo aquel percibe la situación. Es darse cuenta de que cada persona puede ver lo ocurrido de manera diferente, y que ambos pueden tener parte de razón (Sieguel y Hartzell, 2004).

La presente actividad facilita el acercamiento al tema de que a todos nos cuesta aceptar que tenemos parte de responsabilidad o culpa por un problema donde hemos participado, que por lo general la responsabilidad es compartida y que en una primera instancia nos sale más fácil culpar a los demás y no asumir nuestros errores.

Asumiendo mi Responsabilidad es una actividad de sensibilización al tema, útil para ser trabajada con niños de más de siete u ocho años a quienes les cuesta reconocer su parte en un problema o conflicto en el que están involucrados, que tienden a negar su responsabilidad y que suelen estar

90 En otro extremo, hay padres que culpabilizan en exceso a sus hijos y estos pueden desarrollar fuertes sentimientos de culpa, pidiendo en cada momento perdón a sus padres, lo que tampoco es sano.

convencidos de que pueden no tener nunca la culpa de nada ("ser cero falta"). También les ayuda a darse cuenta de que la percepción de las situaciones de los otros es tan válida como la propia.

OBJETIVO

Favorecer en el niño la toma de conciencia de que en las relaciones entre las personas generalmente la culpa o responsabilidad por los problemas es compartida. Asimismo, ayudar a que el niño pueda llegar a ver su parte de responsabilidad en los hechos donde él ha participado.

PROCEDIMIENTO

El terapeuta parte abordando el tema con el siguiente relato:

"A todos nosotros nos gustaría llevarnos bien con todo el mundo y no tener problemas con nadie…".

Mientras dice eso, hace varias caras sonrientes esquemáticas.

Dibujo 27-1

Continúa:

"Pero desgraciadamente sabemos que todas las personas tenemos a veces algún problema, una discusión, un desacuerdo con un amigo, hermano, un profesor o profesora, o nuestro papá o nuestra mamá…

"Cuando pensamos en el problema sucedido, creemos que, en verdad, nosotros tenemos razón y que el otro está equivocado…

"Sentimos que nosotros pusimos todo de nuestra parte para que el asunto resultara y que el otro lo echó a perder….

"Estamos enojados y dolidos, ¡y nos cuesta mucho escuchar y aceptar que el otro venga a decir que es culpa nuestra!".

Y afirma el terapeuta:

"Porque, de hecho, uno siente que la responsabilidad del problema es 90% del otro y 10% mía…".

Mientras lo dice, escribe en el papel o en la pizarra:

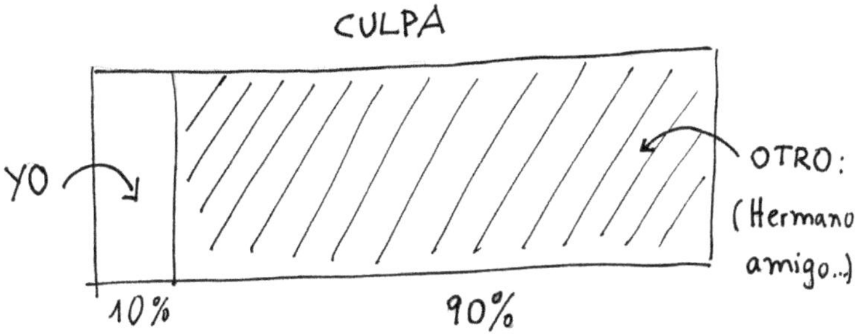

Dibujo 27-2

Y continúa:

"Pero resulta que mi amigo o mi hermano o mi papá ¡siente lo mismo que yo!".

El terapeuta se detiene un instante y señala:

"Él piensa que la culpa es 10% de él y 90% mía".

Mientras, escribe en el pizarrón o en el papel:

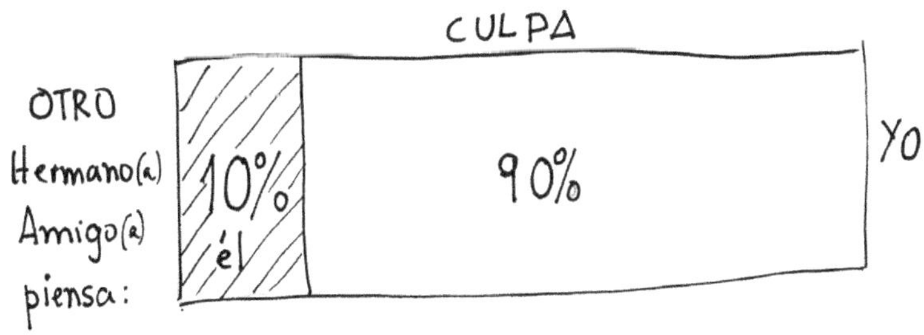

Dibujo 27-3

Prosigue:

"¿Qué pasará? ¿Por qué ocurre esto?".

Explica el terapeuta:

"Lo que sucede es que todo depende desde qué ángulo, desde dónde, miramos un problema...

"Cada uno, de acuerdo con su propia visión de la situación, puede pensar que no tiene mayor culpa o responsabilidad en el problema...

"Uno cree que lo hizo bien y que fue el otro el que se equivocó o actuó mal...

"Además, uno tiene rabia porque está frente a un problema, frente a una situación real, importante para uno, que no está resultando bien...

"Entonces uno, que se ha esmerado por hacerlo bien, no quiere oír que le digan que uno lo hizo mal y que puede haber contribuido al problema...

"Es más fácil negarlo, no buscar ni ver cuál podría ser mi parte en esto... Prefiero no detenerme a reflexionar en qué lo hice mal o qué hice que no correspondía... y así, cómodamente, pienso que fue otro...

"Es comprensible sentir eso... Pero hay que darse cuenta de que en todas las relaciones entre las personas la responsabilidad por lo que sucede es compartida... Si queremos que una relación resulte, los dos debemos contribuir de igual manera...

"Y si la relación falla o fracasa, o hay un problema, también la culpa es compartida... Es decir, podríamos decir que la mitad de la responsabilidad es de cada uno".

El terapeuta se detiene un momento y dice:

"O sea, 50 y 50".

Luego escribe:

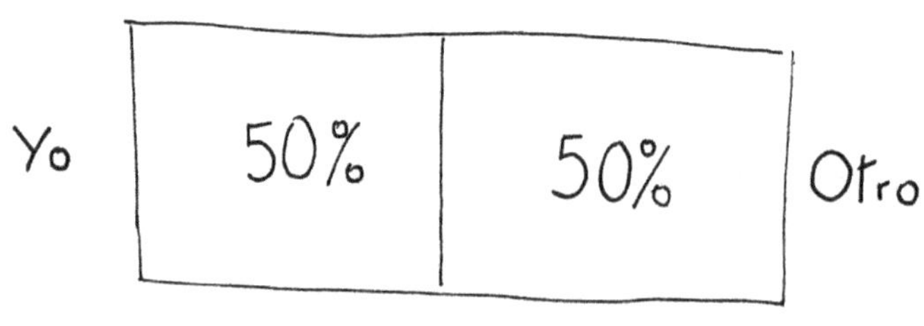

Dibujo 27-4

Y sigue:

"Aunque yo sienta que es 90 y 10... y aunque yo de verdad sienta que me esforcé y que lo hice muy bien... tengo que aceptar que el otro tiene tanto derecho como yo a tener razón y a ver las cosas desde otro lado que el mío...

"Yo no poseo la verdad…

"Mi punto de vista no es el único…

"Yo no soy el centro del mundo…

"El problema es que yo no me veo a mí mismo, y puedo no darme cuenta de que tal vez lo que yo dije o hice le dolió al otro, lo hizo sufrir, le molestó, le enojó… Y que, entonces, el otro está viendo las cosas desde un lado muy diferente al mío, etc.

"Nadie quiere verse enfrentado a un problema… Todos han querido que las cosas resulten… Por lo tanto, cuando estamos frente a un problema y algo no ha salido bien, más que mirar y buscar de quién es la culpa, lo primero que tenemos que hacer es reconocer que estamos frente a un problema, que algo no ha salido bien, que es algo que no deseábamos.

"Esta es una responsabilidad compartida porque a ambos nos interesaba que las cosas resultaran. Para ambos es triste, es un desagrado, pero no sacamos nada con buscar de quién es la culpa, quiénes son los culpables, ¡menos fuera de nosotros mismos!

"Siempre la responsabilidad o culpa es compartida… Podríamos decir que: MITAD Y MITAD".

El terapeuta escribe:

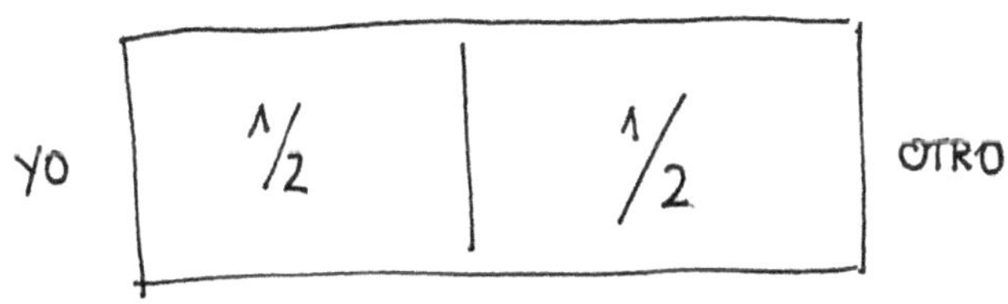

Dibujo 27-5

Después de este relato, continúan conversando libremente acerca del tema y de las eventuales experiencias que el niño ha tenido al respecto.

Actividad #28

Blanco y Negro

INTRODUCCIÓN

Si percibimos el mundo en forma polarizada y ante cualquier evento creemos que la única posibilidad que tenemos es optar entre dos alternativas opuestas, como: blanco/negro, bueno/malo, lindo/feo, etc., corremos el riesgo de adoptar este modo de mirar el mundo ante diversos acontecimientos y aplicarlo igualmente a relaciones interpersonales: amo a mi amigo o lo odio... Deseo estar todo el tiempo con alguien o me arranco de él. Esta visión puede transformar nuestra vida en un continuo sube y baja, poco tranquilo y relajado, que puede ser bastante cansador y tensionante, interfiriendo en nuestra relación con los demás y con nosotros mismos.

Los modelos muy exigentes y críticos pueden llevar al niño a construir una visión del mundo en términos polares, puesto que en sus exigencias perfeccionistas no cabe el término medio: todo debe ser perfecto, máximo. Es así como niños expuestos a ese tipo de modelos suelen llegar a terapia con actitudes muy dicotómicas y excluyentes. Por ejemplo, frente a un control en el colegio, solo imaginan dos posibilidades: "Me fue bien en la prueba" o "Me fue pésimo". Del mismo modo, comparándose con sus pares en cuanto a rendimiento escolar, o se perciben excelentes alumnos, manifestando, por ejemplo: "Soy el mejor"; o, si tienen resultados en el promedio o regulares, señalan: "Soy el peor de mi curso". Se observa en ellos la inclinación a pensar en términos de **siempre** y **nunca**, diciendo, por ejemplo: "Siempre hay lentejas" o "Nunca hay un postre rico". Se olvidan de que, en cuanto a experiencias, la vida siempre ofrece muchas posibilidades frente a cada situación.

Visualizar varios aspectos de un acontecimiento permite poner las cosas en perspectiva y tener una visión más ajustada a la realidad. Cada cosa que hacemos puede ser mirada desde diferentes puntos de vista. Lo que aparece como un problema, a veces resulta beneficioso, y lo que parecía un logro, de repente, tuvo consecuencias negativas (Valles, 1994).

Según Ellis y Grieger (1981), uno siempre puede ver su situación de otra forma, puesto que sabemos que muchos otros lo han conseguido. Uno puede negarse a creer que su vida es una desgracia; puede ser verdad que algunas cosas no están bien, pero eso no nos va impedir ser felices.

Santandreu (2014) señala que nuestro estilo de pensamiento reconoce que nos suceden adversidades, a veces muy serias, pero que necesitamos muy poco para ser felices y que siempre podemos salir al mundo a construir algo y disfrutar de ello. Esa sería para este autor, una de las claves de la felicidad.

Desde Beck (1976/2000) sabemos que la manera en que concebimos nuestra propia experiencia y realidad influye en nuestros juicios y en nuestra conducta. Este autor, creador de la terapia cognitiva, propone el término **esquemas cognitivos** para designar las construcciones subjetivas de la experiencia personal, en forma de significados que guían nuestra conducta y emociones, de manera inconsciente. Del mismo modo, llama **distorsiones cognitivas** a los errores en el procesamiento de la información derivados de dichos esquemas cognitivos o supuestos personales. Estas producen una perturbación a nivel emocional e interfieren en el modo de interpretar los hechos. Para Ellis y Grieger (1981) las distorsiones cognitivas llevan a desarrollar **creencias desadaptativas** que producen una perturbación de la racionalidad y una alteración del pensamiento crítico. Así, las percepciones y pensamientos distorsionados que podemos tener acerca de nosotros mismos, del mundo y del futuro nos pueden llevar a desarrollar estados de ánimo disfuncionales como depresión, problemas de autoestima, conductas obsesivas, etc.

Un tipo de distorsión cognitiva es el **pensamiento polarizado o dicotómico**, pensamiento de todo o nada, que es la interpretación de eventos y personas en términos absolutos, sin tener en cuenta los grados intermedios. Afecta nuestra visión de la realidad de las personas, viendo esta realidad de una manera o de la otra, maneras totalmente opuestas, sin darnos cuenta de que las personas nos movemos a lo largo de un continuo. La visión de la vida en términos opuestos acarrea consecuencias negativas para nosotros: nos rigidiza, nos lleva a ser menos comprensivos, menos empáticos.

El uso de un pensamiento polarizado interfiere también en la toma de decisiones. Si percibimos algo como muy difícil, negativo o desagradable, lo evitaremos, sin ni siquiera plantearnos la posibilidad de llevarlo a cabo. Puede dar lugar a que desarrollemos una visión simplista y negativa de la vida. O puede generarnos dificultades en las relaciones con los demás, pues interpretaciones polares erróneas pueden producirnos conflictos o alteraciones emocionales.

Al colocarnos frente a situaciones duales, y no frente a muchas posibilidades, caemos en la trampa de tener constantemente presente el polo negativo, con el riesgo de ponernos negativos como personas, anticipando posibles problemas, peligros y catástrofes.

Este tipo de pensamiento conduce a ver el mundo en blanco y negro y puede impactar en cómo el niño se juzga a sí mismo. Así, por ejemplo, si no es excelente alumno en la escuela, corre el riesgo de considerar como única alternativa la de ser un fracasado, ya que no se imagina otras posibilidades.

La actividad ***Blanco y Negro*** favorece en el niño o joven toma de conciencia de que puede estar instalado en una visión polar de la realidad, y que esta conlleva el riesgo de perder un sinnúmero de oportunidades para disfrutar de la vida y perderse el percibir lo bueno que tiene cerca. Le ayuda a ver que la realidad tiene matices, que las circunstancias o sucesos de la vida no son extremos, sino que todo tiene una gradualidad y hay muchas alternativas.

Muestra al niño que su percepción del mundo en un determinado momento es solo una de las posibles formas de percibir ese mundo, y no la más enriquecedora.

OBJETIVOS

Ayudar al niño o joven a tomar conciencia de lo perjudicial que resulta el percibir la vida mediante un pensamiento polarizado y ver las cosas, personas y acontecimientos sin matices, en términos absolutos.

PROCEDIMIENTO

Se inicia el trabajo frente a una pizarra o sentados el terapeuta junto al niño en un escritorio, con hojas y lápices a disposición.

El terapeuta dice:

"De repente las personas funcionamos como si frente a cada cosa que nos sucede solo tuviésemos dos alternativas:

"Pensamos que…

"O es BLANCO o es NEGRO… y se nos olvida que entre el color blanco y el color negro no están solo todos los tonos de grises, sino todos los colores del arcoíris, es decir, están el amarillo, el verde, el azul, el rojo y muchísimos más…".

Mientras expresa lo anterior, va escribiendo lo que dice, en forma esquemática en la pizarra o en una hoja, como en el esquema adjunto (ver esquema):

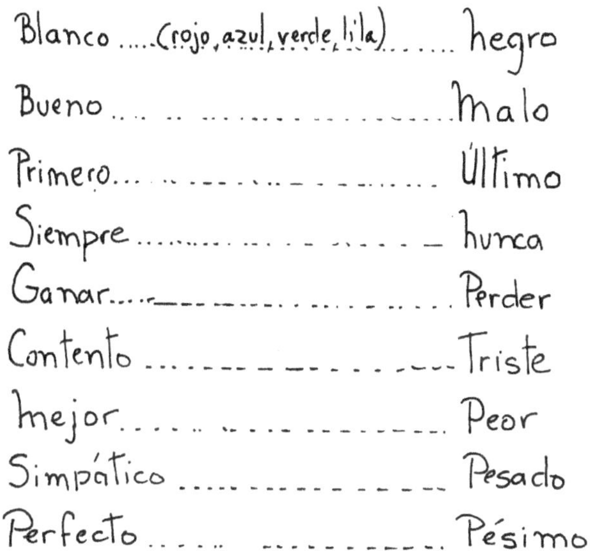

Dibujo 28-1

Dar este ejemplo y los siguientes. El terapeuta se preocupa de promover la participación y el diálogo con el niño, de modo que este pueda dar ejemplos, discutir, mostrar desacuerdo, etc.

Continúa, agregando más ejemplos:

- *"Algo que me sucedió fue…. O totalmente BUENO, o fue MALO… Cuando pudo haber sido muy bueno, bastante bueno, regularmente bueno, un poco malo, etc.*

- *"En una carrera, en las notas, en un juego… O fui el PRIMERO… o si no, siento que fui el ÚLTIMO… Cuando pude haber sido el segundo, el tercero, dentro de los mejores, en el promedio, bajo el promedio, etc.*

- *"Si no sale todo exactamente como yo espero o deseo, siento entonces que nunca me salen las cosas bien… O SIEMPRE obtengo todo lo que quiero o… si no, entonces siento que NUNCA me dan lo que quiero, etc. Cuando puede pasar que a veces me salen bien las cosas, y otras, no tanto; a veces me dan en el gusto y en otras ocasiones no, a veces me atienden de inmediato, y otras tengo que esperar, etc.".*

La idea es ir introduciendo a través de los ejemplos que hay muchas alternativas frente a cada suceso de nuestra vida, y que el limitarse a dos posibilidades extremas es una trampa, que nos confunde y limita.

Prosigue el terapeuta:

- *"En una prueba, o en un paseo… O me fue BIEN, o si no, siento que me fue MAL… Cuando también me puede haber ido bastante bien, más o menos bien, en algunas cosas bien y en otra no tanto, etc.*

- *"En una carrera o juego, siento que… O puedo GANAR o si no… puedo PERDER… Cuando a veces no gané, pero tampoco perdí, sino que quedé en el promedio, o bien gané en algunas cosas y perdí en otras… Además, pude no ganar ni perder la carrera o el juego, pero pasé un buen momento con mis amigos, me reí, disfruté, conocí otros niños, etc.*

- *"Cuando en familia hemos recibido los regalos de Navidad podemos pensar… O recibí el MEJOR regalo, el más lindo o más valioso… o si no es así, pienso que me tocó el PEOR y que tengo muy mala suerte, cuando me pudo tocar un regalo muy práctico, o entretenido, o algo inesperado, etc.*

- *"En los trabajos de arte en el colegio o lo hice PERFECTO y el profesor y los compañeros me felicitan y obtengo las mejores calificaciones o, si no, siento que lo hice PÉSIMO, cuando tal vez el trabajo era muy bueno, o bastante bueno, y además me entretuve haciéndolo, aunque no obtuve una excelente nota…*

- *"Después de salir de paseo y llegar a casa, cuando ya se acabó el aire festivo, puedo pensar que ya no estoy FELIZ, CONTENTO… Y si no siento esa euforia, entonces puedo sentir que estoy TRISTE… sin darme cuenta de que no son los únicos estados de ánimo posibles… Porque uno puede estar feliz, eufórico, tranquilo, contento, relajado, alegre, con momentos de alegría y otros de mayor seriedad, un poco tristes, un poco aburridos, un poco molestos, un poco cansados, etc.".*

Luego el terapeuta puede proponer al niño:

"Ahora, veamos un caso real de pensamiento en BLANCO y NEGRO que ilustra lo que no hay que hacer".

Y dice:

"El jugador argentino Lionel Messi, después de la final de la Copa América de 2016, decidió retirarse de la selección argentina porque perdió un penal y su equipo no ganó el campeonato".

Pregunta al niño:

"¿Qué te parece la actitud de este jugador? ¿Por qué actuó de esta forma?".

Espera su respuesta y comentan la conducta del jugador. El terapeuta puede entonces resaltar la actitud de baja tolerancia a la frustración, de falta de sentido de equipo y de individualismo del famoso jugador.

El terapeuta muestra al niño que el pensamiento polar o dicotómico pudo haber llevado al deportista a percibir la situación solo con dos alternativas: GANAR y SALIR PRIMERO o, si no, PERDER. Y entonces su reflexión pudo haber sido: "Si no GANÉ saliendo primero, entonces PERDÍ", cuando en realidad su equipo salió segundo en el campeonato, lo que es un excelente resultado para un equipo.

A través del humor como recurso, el terapeuta intenta que el niño se dé cuenta de que ver la realidad que nos rodea en dos polos opuestos, con solo dos posibilidades, es una trampa en la que podemos caer. Esta trampa nos hace pasarlo mal, pues nos da muy pocas posibilidades, nos deja sin alternativas, nos paraliza y no tiene en cuenta que SIEMPRE hay más de dos posibilidades.

NOTAS

- Esta actividad no está indicada para los niños y jóvenes que presenten un cuadro depresivo más severo, al igual como lo hemos señalado en otras, o que hayan vivido una experiencia traumática, que están sumidos o inmersos en un negativismo paralizante y que pese a sus esfuerzos, y a tener conciencia de esto, no pueden cambiar su percepción.
- En algunos casos, y especialmente con pacientes adolescentes, puede abordarse a continuación el tema de **la dificultad de cambiar la mirada negativa** de lo que nos sucede y lo cómodo que puede resultar continuar con la queja y seguir manteniendo la misma actitud. Lo que muestra que, en el fondo, puede haber un deseo subyacente de preferir que todo siga igual y de permanecer en la mirada negativa.
- El paciente puede tener poca conciencia de las ventajas que esta mirada negativa y quejosa acarrea para las relaciones interpersonales, en términos de lograr la atención de los demás. Le puede ayudar a hacerse consciente de

las ventajas que tiene, por ejemplo, ser el malhumorado en la familia: todos le "miran la cara" y todos están pendientes de sus enojos, críticas y rabietas.

En relación a este tema François Roustang (2000), connotado psiquiatra e hipnoterapeuta francés, en su libro *El fin de la queja* plantea que nos quejamos porque no queremos que las cosas cambien, porque si de verdad deseáramos que se modificaran, no nos quejaríamos, sino que cambiaríamos.

Actividad #29

Desde el Camino

INTRODUCCIÓN

El artista francés Francis Picabia (2003) decía que nuestra cabeza es redonda para permitir al pensamiento cambiar de dirección. Este cambio sería clave no solo para desarrollar la creatividad, sino también en muchos otros ámbitos, tanto emocionales como cognitivos. La apertura al cambio, de hecho, caracteriza a la psicología humanista, en sus diversas corrientes. Así, sus diversos representantes, como Berne (1985), Fromm (1959), Horney (1950, 1983), Maslow (1994, 1998), Rogers (1972) y muchos otros, introducen por primera vez en la práctica terapéutica conceptos como el crecimiento, la creatividad, la flexibilidad y el amor.

Sin embargo, aun teniendo conciencia de la importancia de dichos conceptos, a las personas nos cuesta mucho movernos de nuestras posiciones y nuestros puntos de vista. A menudo tendemos a instalarnos en una sola o determinada manera de mirar el mundo, y nos incomoda salir de esa perspectiva. Es como si nos pusiéramos unas especies de "anteojeras", con las cuales nos enfocamos en lo que tenemos enfrente, y vemos solo lo que conocemos, deseamos o nos permitimos ver. Nos resistimos a salir de nuestras convicciones, a cambiar, a abrirnos a un pensamiento diferente. De este modo, no percibimos los sentimientos y las sutilezas en las personas que nos rodean y tampoco observamos el entorno natural ni disfrutamos de lo grato y bello con lo que convivimos cada día.

Asimismo, en terapia, observamos en algunos pacientes una resistencia a salir de su manera, por lo general rígida e inflexible, de mirar una determinada situación; vemos que se cierran, y no pueden aceptar otras formas de percibirla. Es el caso, por ejemplo, de un niño que considera que su mamá o un profesor lo retan y castigan solo a él, y expresa que aunque se esfuerce por ser simpático dichos adultos continúan sin prestarle atención y siendo muy pesados con él. A ese niño le resulta muy difícil recordar las veces en que los mayores efectivamente fueron amables con él o lo felicitaron, y sigue pensando que "le tienen mala", por lo que cuesta mucho sacarlo de esa posición. Otro ejemplo sería el de una niña cuyo curso tiene muy mala conducta en clases, y ella atribuye a esta causa sus bajos resultados escolares, sin ser capaz de observar e identificar en sí misma otras posibles causas a sus dificultades académicas y, por ende, no puede vislumbrar otras soluciones.

Esta actitud poco abierta y receptiva se puede tornar cada vez más limitante, puesto que puede llevar a no ver realmente a quiénes están a nuestro lado y gran parte de lo que sucede a nuestro alrededor.

Por otra parte, en nuestro sistema educacional se suele fomentar en los niños un razonamiento de tipo convergente, poco flexible, que propone modos únicos de solucionar los problemas y que tiende a plantear verdades absolutas. Pareciera existir la creencia de que solo hay una respuesta posible y correcta ante un hecho o evento. Este modo de razonar no fomenta la creatividad ni la independencia; más bien conduce a la repetición de lo conocido y a funcionar de manera rígida, entre otros[91]. No contribuye a innovar, abrir la mente, hacer ciencia o encontrar soluciones.

Sabemos que, dado que los seres humanos somos todos diferentes, existen diversos modos de percibir el mundo, y no hay una mejor manera de hacerlo. Cada uno de nosotros tiene un sistema personal de constructos a través de los cuales procesa su realidad. Esto significa que para cada individuo existe una forma de organización o estructura cognitiva interna que es única (Dallos, 1996).

Producir nuevas ideas y entender que un problema puede ser observado desde múltiples ángulos permite desarrollar un **pensamiento creativo, divergente o lateral** que se caracteriza por ser flexible, adaptable a lo nuevo y a los cambios (De Bono, 1991). El corazón del pensamiento lateral, asegura el autor, está en la posibilidad de cambiar en cualquier momento la perspectiva desde la cual se analizan los acontecimientos, para observar cómo se ve el problema desde una perspectiva diferente. El pensamiento creativo o lateral es el generador de ideas alternativas, de soluciones nuevas y originales (Valenzuela, 2007).

91 Lo que, desde la perspectiva humanista, puede llegar a constituirse en neurosis, limitando en gran medida la vida del individuo.

Desde pequeños, los niños son capaces de proporcionar múltiples respuestas ante los sucesos que acontecen en sus vidas. Utilizan los objetos de distintas maneras, más allá de su función principal, mostrando la presencia, desde temprano en sus vidas, de un pensamiento creativo (De Bono, 1991). No obstante, a medida que van creciendo y sumergiéndose en el mundo escolar, familiar y cultural, con muchas reglas y restricciones, van perdiendo esta capacidad, adoptando un pensamiento donde solo existe una respuesta correcta. De esta manera, imperceptiblemente, van adquiriendo mayor rigidez en sus percepciones y pensamientos, lo que es limitante para el desarrollo de la personalidad y del pensamiento e interferente además en las relaciones interpersonales[92]. La poca flexibilidad cognitiva[93] empobrece y limita incluso el desarrollo de la imaginación y la fantasía (Scott, 1962).

La generación y aceptación de ideas alternativas fomentan el pensamiento creativo y empoderan al niño, debido a que este aumenta sus recursos para solucionar problemas de su vida diaria. Al mismo tiempo, lo alivia, puesto que valida su pensar diferente a otros, y, por último, aporta al desarrollo de flexibilidad cognitiva[94] que facilita que el niño pueda aceptar, entender y empatizar con otros.

La actividad ***Desde el Camino*** es útil de realizar cuando el terapeuta observa que el paciente se cierra y no puede salir de su forma de mirar una determinada situación, habitualmente una posición rígida e inflexible. Ayuda al paciente a tomar conciencia de que no hay una manera única y "buena" de ver las cosas, que todo depende desde dónde uno está observando algo, y de la importancia de abrirse a otras miradas[95]. También contribuye a desarrollar flexibilidad en la percepción del mundo y de las personas.

---

92 De hecho, los niños con enfermedades psicosomáticas tienden a ser concretos y muy poco flexibles, careciendo de libertad para fantasear, crear e imaginar, aunque aparecen socialmente adaptados (Kreisler, 1992).

93 La neuropsicología ha mostrado que la conducta perseverativa es común en la infancia temprana, disminuye en la niñez y es muy escasa en la adolescencia (Chelune & Baer, 1986; Levin et al., 1991; Welsh et al., 1991).

94 El pensamiento reversible y la capacidad de realizar tareas multidimensionales de conmutación mejora sustancialmente entre siete y nueve años de edad y continúa mejorando durante la niñez y adolescencia (Osterrieth 1999).

95 La capacidad de aprender de los errores y de buscar estrategias alternativas emerge en la infancia y se desarrolla durante la niñez media (Anderson, 2002).

OBJETIVOS

Favorecer en el niño el darse cuenta de que su perspectiva, su manera de mirar el mundo, es una dentro de muchas posibles. Ayudarlo a comprender lo limitante que es encasillarse en un solo punto de vista, y todo lo que se pierde y se autolimita si no amplía su percepción.

PROCEDIMIENTO

El terapeuta parte el trabajo atrayendo la atención del niño mientras dibuja un camino. Al final de este, esboza esquemáticamente un niño mirando un árbol.

Dibujo 29-1

Mientras está dibujando dice:

"Mira este camino que he dibujado… Imagínate que yo estoy aquí parado mirando hacia allá, y solo miro hacia allá. Miro y digo: ¡Aquí hay un árbol!

"Pero resulta que otra persona, que está cerca de mí, pero no exactamente donde yo estoy, puede decir: '¡Nada que ver! yo veo una montaña'".

Al decir lo anterior, el terapeuta dibuja una montaña.

Y agrega:

"Porque esa persona, que no está ubicada exactamente donde estoy yo, sino a mi lado, desde su lugar, ve otra cosa. Aunque esté cerca de mí, y aunque yo crea que ve lo mismo, ella ve otra cosa…".

Dibujo 29-2

Continuando, dibuja ahora una casa al otro lado del árbol:

"Y otra persona que también está cerca de mí, pero no exactamente en mi lugar, puede decir: '¡No, es una casa!', porque ella, que mira desde otra perspectiva, está viendo algo diferente… aunque yo pueda creer que ve lo mismo que yo".

Dibujo 29-3

"Y otra persona que está mirando el lugar puede decir: '¡No, yo no veo una casa, veo un edificio!'. Porque ella, desde su lugar, ve otra cosa que yo".

Diciendo esto, esboza un edificio al lado de la casa, y expresa:

Dibujo 29-4

"Luego otra persona, que está mirando desde otro lado, puede decir: '¡No, yo veo un pato!'. Porque desde su lugar ve otra cosa que yo".

Al afirmar lo anterior, el terapeuta delinea un pato al lado del edificio.

Dibujo 29-5

Y así sucesivamente el terapeuta va agregando nuevos dibujos de objetos simples que pueden verse desde el camino, como un auto, una flor, un perro, un niño u otros, para ir reforzando la idea de que, en distintas perspectivas, se ven cosas diferentes.

Puede seguir de esta forma el tiempo que estime necesario, permitiendo e incentivando la participación del niño, con ejemplos y a través del dibujo.

Dibujo 29-6

Luego, el terapeuta dice:

"El niño puede quedar atónito, impresionado, porque él creía que allí solo había un árbol, y no se había dado cuenta de que, si se movía un poquito de su lugar, si cambiaba de perspectiva, podía ver cosas muy distintas. Entonces puede empezar a recorrer el lugar y a admirarse de todo lo que había… que él ¡nunca había visto! (O nunca se había fijado que estaban en ese lugar)".

Continúa la conversación con el niño acerca de lo importante que es no encerrarse en una sola forma de mirar las cosas, y de lo necesario que es salir de uno mismo y de su lugar y observar las cosas desde otras perspectivas.

Puede expresar, por ejemplo:

"Tendemos a creer que lo que vemos nosotros es lo que ven los demás, pero no siempre es así. Al salir de nuestro encasillamiento, podemos apreciar que los otros, desde su lugar, su manera de ser, su historia personal, sus experiencias, etc., pueden ver las cosas de una manera muy distinta a la mía. Y esa mirada, que es diferente y que ve otras cosas, es tan valiosa como la nuestra".

Análisis en conjunto de situaciones reales

A continuación, paciente y terapeuta analizan algunos ejemplos de casos reales, ojalá aportados en la situación terapéutica; casos donde una persona se tiende a cerrar a ver las cosas desde otro ángulo y no ve lo que puede ganar si amplía su mirada.

Ejemplos como:

- Si un amigo una vez no me contestó una pregunta, puede no significar que esté enojado conmigo. Puede ser que haya estado distraído y no me escuchara, que

le doliera el estómago, que estuviera preocupado porque no hizo una tarea y tenía miedo de que la profesora lo castigara, etc.

- Si mi papá salió con mi hermano (y yo me di cuenta después, porque estaba ocupado en otra cosa), puede no significar que no querían salir conmigo, sino que salieron apurados porque había que solucionar algo, ir a comprar algo rápidamente, y yo no estaba ahí, disponible para salir de inmediato.

- Si una compañera no me invita a su cumpleaños, puede no significar que le caigo mal, sino que a lo mejor tenía que hacer una celebración muy chiquitita y solo pudo convidar a sus más íntimas.

- Si a lo mejor yo tengo puesto un pantalón, o llevo una mochila con muchos colores... y alguien lo queda mirando... Tal vez no significa que lo encuentre feo, ridículo o de mal gusto, sino que puede ser que lo encuentre lindo, creativo u original.

Al conversar acerca de ejemplos se trata de hacer hincapié en que no solo mi mirada, mi forma de encarar una situación es válida, sino que hay otras, y que a veces la de los otros puede enriquecernos.

También, poder visualizar que a menudo es mejor preguntar a los otros cómo ven ellos una situación o problema en lugar de hacer suposiciones, sacar conclusiones o hacer juicios, y que no todas las miradas de los demás hacia nosotros son necesariamente negativas.

Como en todas las actividades aquí propuestas, es importante que el tema fluya y no termine con lecciones ni moralejas, sino que quede abierto, para su reflexión y asimilación de acuerdo con las experiencias e historia personal del niño o joven.

NOTAS

• Con niños que tengan alguna capacidad de mirarse a sí mismos y una cierta capacidad de ponerse en el lugar del otro, puede realizarse como **actividad complementaria** el ***Juego del Cambio de Silla*** (inspirado en la Técnica de la Silla Vacía de Fritz Perls, 2002; 2013).

Este ejercicio se efectúa sentados el niño y el terapeuta, frente a frente, cada uno en su silla, habiendo una tercera silla vacía al lado del niño.

El terapeuta propone:

"Ahora, vamos a hacer una actividad diferente, un juego.

"Imaginemos que ayer tuviste una gran pelea con tu hermano (hermana, o amigo, o profesor u otro).

"Yo te pido que, tú, sentado en esa silla, que es tu lugar, recuerdes una pelea que tuviste con él y me cuentes en detalle cuál fue el problema desde tu punto de vista… qué sentías tú en ese momento… qué hiciste tú… cuál fue la causa del problema en tu opinión…".

Espera la respuesta del niño… y comentan lo que expresa.

Luego el terapeuta, mirando la silla vacía, dice:

"Esta silla donde tú estás sentado es tu silla, tu lugar, tu punto de vista. Esa silla vacía va a ser la silla de tu hermano… Ahora vamos a sentar ahí a tu hermano…".

Agrega:

"Por favor, cámbiate de silla e imagínate que tú ahora eres tu hermano…".

Luego, el terapeuta, dirigiéndose al "hermano" representado ahora por el propio paciente, le dice:

"Ahora te pregunto a ti (XXX, diciendo el nombre del hermano)… *¿me podrías tú contar lo que pasó en tu opinión? Cuéntame los detalles de la pelea... ¿Por qué crees tú que llegaron a esa pelea? ¿Cómo te sentías tú?".*

Espera la respuesta del niño… Pide que ojalá entregue el máximo de detalles.

Después, le solicita que vuelva a su silla y le pregunta:

"¿Ven ustedes las cosas igual? ¿Sienten lo mismo? ¿Ven los mismos detalles? ¿Les importan las mismas cosas? ¿ Cómo te sentiste al estar sentado en la silla de XXX?".

A partir de lo recién experimentado, dialogan sobre las diferentes maneras de ver las cosas de cada persona, y sobre cómo la visión va cambiando cuando uno se pone en la perspectiva del otro.

Lo ideal es que este ejercicio pueda efectuarse cuando el niño espontáneamente, en el transcurso de alguna sesión, relate un problema que tuvo con un profesor, un compañero, un hermano u otro. También puede realizarse cuando surja, en sesión, el tema de las distintas maneras de mirar las situaciones.

Actividad #30

Roles Inamovibles

INTRODUCCIÓN

Desde Bateson (1951) y el surgimiento de la terapia familiar sistémica en sus diversas corrientes (Boscolo, Cecchin, Hoffmann y Penn, 1990; Elkaim, 2006, 2014; Minuchin, 1998; Selvini-Palazzoli, Boscolo, Cecchin y Plata, 1988; Sluzki, 1996; Watzlawick, 1994; entre otros) sabemos que, dentro de los grupos o sistemas sociales donde el ser humano convive, se atribuyen a las personas ciertos roles, de los cuales estas se hallan, además, poco conscientes. Entendemos un rol como la forma de actuar y reaccionar de un individuo ante situaciones específicas, determinadas en gran medida por el contexto social en que este se desenvuelve. Involucra también ciertas conductas esperadas, permitidas o prohibidas e implica funciones asumidas o asignadas por el resto del grupo a esa persona.

Durante el período de la infancia, el niño construye una representación de la realidad en que cada uno juega un rol bien delimitado dentro del escenario familiar y la distribución de estos roles se hace sin que los participantes sepan los roles que se les atribuyen. Esto puede transformarse en una "trampa" y conducir a instalar un sistema rígido, en el cual cada uno se siente preso, y donde algunos miembros de la familia sufren y empiezan a tener síntomas y enfermedades (Elkaim, 2006; Groddeck, 2014; Kreisler, 1992).

Es así como el niño puede tener adjudicado en su familia, o en su grupo de pares, un cierto rol o posición, positivo o negativo, como "el inteligente", "el bueno" o "el artista", pero también "el llorón", "el flojo" o "el pesado". Con el correr del tiempo, esta posición tiende a rigidizarse y el niño tiene dificultades para abandonar el rol que desempeña, aunque lo intente. La conducta que él ha asumido o se le ha asignado es funcional para el grupo y, de acuerdo a la teoría sistémica (Hellinger, 2001; Minuchin, 1998; Watzlawick, 1989; Weber, 1999, entre otros), el niño, al desempeñar dicho rol, contribuye a mantener el equilibrio u homeostasis del sistema familiar o social (muchas veces se sacrifica para ello, sin saberlo). Los roles atribuidos lo obligan internamente a comportarse siempre de una misma manera, lo inmovilizan en una posición, se pueden constituir en una etiqueta, le quitan libertad y pueden provocar altos costos personales.

El rol que un niño siente o tiene asignado en un determinado grupo —por ejemplo, en su familia— no siempre va a serle asignado en otros grupos. Puede ser el niño "llorón" en su hogar y no con sus pares o, por el contrario, ser el "pesado" en el grupo de amigos y no en la familia. Un niño puede a veces llorar, no estar conforme, mandar en exceso o no ser muy amable. El problema aparece cuando el grupo le atribuye un rol fijo y el niño o joven lo asume y se siente obligado, inconscientemente, a representarlo, sin poder cambiar de rol, como si no tuviese otras alternativas de conducta, como si fuera algo propio o una característica personal suya y no una conducta que él puede cambiar. Entonces, se comporta de acuerdo a lo que el grupo está esperando. En cualquier caso, ejercer dichos roles rígidos tiene costos emocionales para el niño que los asume. Sus sensaciones internas suelen ser de desagrado, molestia e inconfortabilidad, aunque puede no tener conciencia de ellas. Tampoco percibe estar entrampado ni realizando conductas que, en el fondo, no lo favorecen, sino que benefician a otros.

Para salir de esa situación, una de las primeras cosas que requiere es conectarse con la sensación de desagrado que está experimentando, y darse cuenta de la "trampa" en la cual está inserto, en la que cayó inconscientemente, pues, sin saber cómo, empezó a asumir dichos roles. También es necesario que se haga consciente de que esa posición o rol no es favorable para él, pero que muchas veces es beneficiosa para otros miembros del grupo. Por lo tanto, los otros no van a tener mayor interés en colaborar para que él cambie. Debe saber que es él quien tendrá que hacerse cargo de buscar una salida, y cambiar el rol que le ha sido asignado.

Sabemos que los roles no son fijos, que un rol que nos es atribuido podemos abandonarlo, que la situación tiene una "salida" y no se mantendrá así para siempre. Desde el momento en que nos hacemos conscientes de la modificabilidad, la situación puede cambiar.

La toma de conciencia ayuda también a desarrollar estrategias y buscar conductas alternativas: facilita al menor pensar en lo que sucederá si deja de ocupar ese lugar o ejercer el rol, lo ayuda a observar el comportamiento de los otros y lo estimula a incorporar la sensación de poder desarrollar las habilidades necesarias para ir saliendo de esta situación, entre otros efectos positivos.

La actividad ***Roles Inamovibles*** se refiere a los roles en que nos encasillan y a las etiquetas que se ponen a las personas en las familias y otros grupos. Presenta al niño y al joven la posibilidad de salir de los encasillamientos y etiquetas, y ayuda a darse cuenta de que no siempre hay que actuar desde el lugar en que "nos ponen" los demás.

OBJETIVOS

Proporcionar al niño la posibilidad de reconocer el rol que está desempeñando en el grupo familiar o social, y percibir que muchas veces ese rol no es favorable ni confortable para él, aunque sí lo sea para los otros. Paralelamente, ayudarlo a hacerse consciente y reconocer los sentimientos que estas situaciones le producen, junto a desarrollar estrategias para salir de la situación de entrampamiento en la que se siente ubicado.

PROCEDIMIENTO

El terapeuta conversa con el niño acerca del funcionamiento de los grupos y de los roles que desempeñamos dentro de ellos, muchas veces de manera inconsciente. Da ejemplos de la sala de clases en que casi siempre es un niño el que ayuda a la profesora, uno que hace de payaso, otro de rebelde, etc. Del mismo modo, en la familia, con los abuelos, suele haber un nieto que es el desobediente, otro el ayudador, otro el desordenado. Comentan que es algo común y que sucede a todos.

Entonces el terapeuta señala:

"El problema ocurre cuando esos roles o papeles se hacen fijos, cuando uno no puede salir de ese papel. Por ejemplo, un niño que es instalado en el rol de 'flojo', porque algunas veces no hizo sus tareas; un primo que en la familia siempre es culpado de lo malo que ocurre, o una profesora que es colocada por el resto de sus colegas en el rol de la 'crítica', y el resto de los profesores, en las reuniones pedagógicas del equipo docente, esperan que sea ella quien critique los proyectos educativos".

Continúa:

"Pero nadie quiere quedarse instalado en un rol fijo, menos, negativo. Nadie quiere ser el flojo, el pesado o el crítico en un grupo. Eso nos hace sentirnos mal. Quedamos encerrados y atrapados ahí y lo peor es que sentimos que no podemos salir. El atrapado está en el medio del grupo, encerrado, rodeado de todos los otros, como en este dibujo".

El clínico dibuja varios círculos pequeños alrededor de un círculo central negro que representa al atrapado en un rol negativo; los otros círculos representan a las demás personas del grupo.

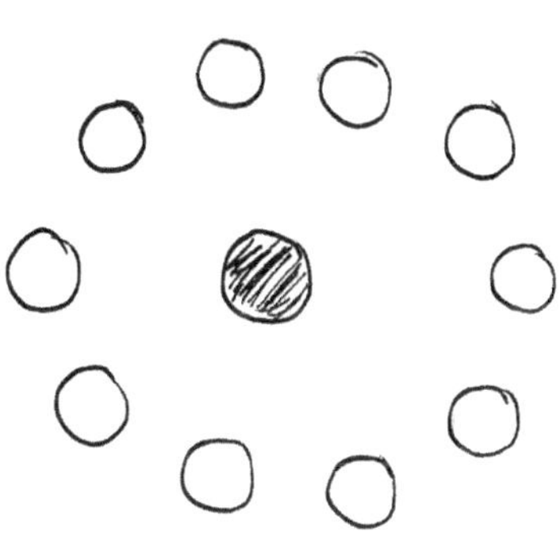

Dibujo 30-1

El terapeuta, apuntando al círculo negro, expresa:

"En este dibujo, al medio está una persona que cayó en la trampa de ser, por ejemplo, el pesado del grupo...

"Veamos, si él es el pesado del grupo, los otros que lo rodean (muestra los círculos en blanco que rodean al negro)... *¿qué van a ser?".*

Espera la respuesta del niño... Por ejemplo, puede decir: "Los simpáticos, los amorosos".

"¿Y habrá alguien que quiera dejar de ser amoroso?".

Da espacio para respuesta del niño...

"¡Parece que no! Por lo tanto, a todos les conviene que él sea el pesado, porque así los otros creen ser los simpáticos...

"Entonces, en el grupo, nadie lo va ayudar a salir de un rol negativo, porque a los demás les conviene que sea otro el pesado y no ellos.

"Uno se da cuenta de que no es muy agradable estar ahí, y uno no sabe que, siendo a veces pesado sin darse cuenta, les está haciendo un enorme favor a los otros, para que ellos sean los amorosos, los simpáticos (y uno, el pesado)".

Y sigue:

"Estos roles que uno asume sin querer pesan con cadena de fierro, porque no dejan moverse, no dejan salir de ahí, son una trampa".

El terapeuta dibuja un niño o un señor que tiene colgando del cuello una pesada cadena con un cartel.

Dibujo 30-2

"¿Por qué será que inmovilizan?... ¿Por qué será una trampa?".

Espera la respuesta del paciente... El niño puede señalar algo como: "Uno no puede salir, nadie lo va ayudar, a todos les conviene que uno esté ahí...".

El terapeuta acoge y comenta lo que el niño dice y luego explica:

"Sí, es una trampa porque: si yo soy el malo, los otros son los buenos... Si yo soy el pesado, ellos son los simpáticos, etc.

"Entonces, tengo que salir de esa trampa y tendré que hacerlo solo. A nadie le conviene que yo salga... porque si yo salgo, otro puede caer en ese lugar...

"Y ¿cómo voy a salir?

"¡Dejándolos a todos 'con cuello'! Es decir, ¡sorprendiéndolos! ¡No comportándome como ellos esperan! Haciendo algo completamente distinto a lo que yo hago siempre...

"Ellos esperan que yo continúe siendo pesado, no ayudador, molestoso, etc.".

Entonces, en este momento, el terapeuta vuelve a dibujar el círculo negro rodeado de círculos blancos, y va dando ejemplos de cómo "dejar con cuello" (o sorprender, dejar atónitos), de cómo impresionar a los otros. Al mismo tiempo, va dibujando dos rayas frente a cada círculo blanco.

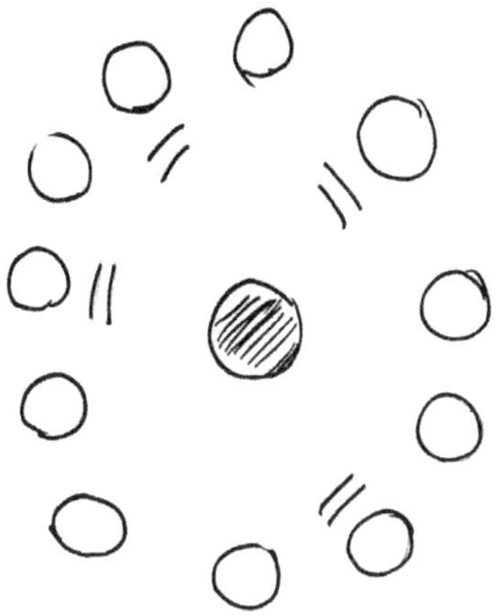

Dibujo 30-3

Dice, por ejemplo:

"¡Quieren que yo sea pesado! Pues no voy a serlo, seré muy amoroso cuando me pidan algo, entonces, 'cuello' (o '¡sorpresa!')". Y el terapeuta traza dos rayas frente a un círculo blanco….

Prosigue:

"Me piden mis cosas, porque saben que digo que no… y, ¡'cuello'!, las presto altiro.

"Esperan que yo sea el mandón siempre y, ¡cuello!" les digo: "¿Qué prefieres hacer tú…?"

"Me piden ayudar, porque saben que siempre digo que no; pues, esta vez, sí lo haré de inmediato… Entonces, ¡cuello!". El terapeuta hace, nuevamente, dos rayas frente a otro círculo blanco y, de esta misma forma, continúa dando así más ejemplos:

"¡Yo los sorprendo y no van a entender nada!...

"De este modo, poco a poco, voy teniendo la posibilidad de cambiar las cosas… NO estoy obligado a ser siempre amoroso, pero puedo hacerlo cuando yo quiera…. sorprenderlos y mostrar lo que yo quiero y puedo hacer y… ¡salir de la trampa!".

Sigue:

"Entonces, paulatinamente, voy a dejar de ser el pesado, el mandón o lo que sea, y otros también irán ocupando ese lugar. Ya no va a ser mi papel o mi rol… Yo puedo hacer otras cosas".

Algunos posibles roles a menudo asumidos por los niños:
- Pesado
- Molestoso
- Mandón
- Llorón
- "Mañoso"
- Peleador

También pueden ocuparse en forma rígida roles, como ser el:
- Bueno
- Inteligente
- Serio...

El terapeuta continúa el trabajo con el niño, dando diferentes ejemplos, comentándolos con él, escuchando sus acotaciones y comentarios, hasta asegurarse de que el niño ha entendido, pero cuidando no darle una moraleja final.

NOTAS

- Para realizar la presente actividad se necesita que el niño tenga un cierto nivel de autocontrol, pues requiere estar muy alerta y controlarse cuando esté en las situaciones de entrampamiento y, de este modo, poder hacer evolucionar la situación.
- En este trabajo, las situaciones presentadas al niño no deben ser amenazantes para él, ni hacer referencia explícita a su contexto familiar, escolar o social ni al rol desagradable que él pueda tener asignado. Es el niño quien, poco a poco, debe descubrir la posición poco grata en la que está inserto. Este descubrimiento lo podrá ayudar a salir de ese rol incómodo y a sentirse mejor.

Actividad #31

Los Diez Mandamientos

INTRODUCCIÓN

Es difícil querer a alguien que no conocemos. Para conocer a una persona, necesitamos compartir y convivir con ella, tenerla cerca, observarla, ver sus reacciones y su manera de comportarse en diferentes situaciones, conocer lo que le gusta y lo que no, conocer en parte su historia de vida, aceptar sus aspectos negativos, etc. Poco a poco, comenzaremos a saber a quién tenemos enfrente, entender su conducta e incluso predecir cómo se conducirá. Al mismo tiempo, nos iremos convirtiendo en su amigo.

El proceso de descubrimiento del otro, del amigo que se acerca a nosotros paulatinamente a medida que lo conocemos y apreciamos, es semejante al que debemos hacer con nosotros mismos (Jung, 1957; Lewis et al., 1989).

Descubrir quiénes somos es la única manera que tenemos para llegar a amarnos y conectarnos en profundidad con nosotros mismos (Miller, 2002, 2009b). Amarse no significa sobrevalorarse, ser orgulloso o soberbio, o menospreciar y descalificar a los otros[96].

Quererse a uno mismo implica un proceso de autoconocimiento en el que uno se da la oportunidad para descubrir las propias habilidades y debilidades, siendo honesto consigo mismo.

De hecho, amarse implica ser empático y tolerante, saberse digno y capaz, conocerse y reconocer sus diferentes características y aspectos, aceptándose como uno es. También involucra ser consciente de las propias imperfecciones, tener seguridad y confianza en sí mismo y en los demás, tenerse paciencia y tener paciencia, junto con reconocer y poder enmendar sus errores, sin limitarse

96 Rutter y Hersov (1985) indican que detrás de un niño que muestra conductas sobrevaloradas, descalificadoras o soberbias frecuentemente se observan encubiertos profundos sentimientos de insuficiencia personal.

a autoculparse o a culpar a otros. Conlleva el aceptar la necesidad de ayuda por parte de terceros, sin sentirse disminuido, pues al reconocer el propio valer se descubre más fácilmente el valor de los demás (Haeussler y Milicic, 2014). "El amor a sí mismo está inseparablemente ligado al amor a cualquier otro ser", señala Eric Fromm (1959, p. 86). Y el autor agrega: "El respeto a la propia integridad y unicidad, el amor y la comprensión del sí mismo, no pueden separarse del respeto, el amor y la comprensión del otro individuo" (1959, p. 86).

Quererse a sí mismo y desarrollar una sana autoestima es un proceso donde los adultos significativos (padres, otros familiares, profesores, etc.) tienen un rol central. Sentirse competente, querido y aceptado por dichas personas, así como haber tenido relaciones de apego seguras, constituyen bases sólidas para que un niño pueda amarse y entonces ser capaz de amar realmente a los otros[97].

Por el contrario, el no estimarse con todo lo que uno es, incluyendo los aspectos positivos y los negativos, probablemente se traducirá en sentimientos de tristeza, inseguridad, enojo o resentimiento y en dificultades para vincularse con otras personas. Además, es posible que el niño sienta que el mundo es injusto, o que se compare frecuentemente con los otros, sintiendo que son mejores. En consecuencia, le resultará difícil ser capaz de amar a los demás y, por tanto, se tenderá a sentir solo e incomunicado.

La terapia facilita el proceso de autodescubrimiento, pues el paciente empieza a despertar a sí mismo y a las propias emociones y también, como lo hemos señalado anteriormente, a aceptar sus dolores y dificultades. Es decir, comienza a conocerse y a poder llegar a la propia profundidad.

Este proceso puede durar toda la vida y es tan importante que ya en la antigua Grecia, el conocimiento de sí mismo era considerado la base de la sabiduría.

El trabajo de autoconocimiento y el desarrollo de una autoestima sana, realista y positiva constituyen un proceso complejo, profundo y largo de realizar. Tiene diferentes niveles según la etapa evolutiva. Aquí se proponen algunos primeros lineamientos, mostrando, en forma muy concreta, la importancia de quererse a uno mismo, para sentirse confortable a nivel emocional y de relaciones interpersonales.

El tema que presentamos a continuación, ***Los Diez Mandamientos***, utiliza la conocida historia bíblica de Moisés y la imagen de las tablas de la ley

97 Es más difícil llegar a quererse si el niño vive en un clima emocional donde prima la crítica y el rechazo, en lugar de cariño y aprobación (Haeussler y Milicic, 2014).

para mostrar al niño que desde hace miles de años se conoce el valor y la importancia de conocerse y quererse a sí mismo[98].

Es una actividad sencilla, que conviene realizar en los inicios del proceso terapéutico. También puede efectuarse en otros momentos, cuando el terapeuta piense que es necesario enfatizar al niño el amor y el respeto hacia sí mismo.

OBJETIVOS

Ayudar al niño a hacerse consciente de la importancia que tiene en la vida conocerse, valorarse y quererse a sí mismo.

PROCEDIMIENTO

La actividad se inicia estando el terapeuta y el niño sentados en la mesa o frente al pizarrón.

Dice el terapeuta:

"Hoy te contaré una historia que tal vez es conocida para ti... ¿Conoces la historia de los diez mandamientos?".

Espera respuesta del niño y sus comentarios.

"¿Viste la película?".

Aguarda a la respuesta del niño.

Prosigue:

"Bueno, te voy a contar la historia de Moisés. Dice la Biblia que hace muchísimos años Dios, en el desierto, le entregó a Moisés, el jefe del pueblo judío, unas tablas donde estaba escrita la ley de Dios. Es decir, lo que las personas tenían que hacer y cumplir para ser buenas. Estas leyes, los diez mandamientos, estaban grabadas o escritas en unas tablas de piedra...

"¿Te acuerdas de que te hayan hablado de los diez mandamientos, como no robar y no matar?".

El terapeuta dibuja entonces dos piedras o tablas con los números de los mandamientos y anima al niño a comentar el tema o intervenir el dibujo.

---

98 En la cultura occidental, las historias de la Biblia y, en particular, la historia de Moisés son conocidas por una gran mayoría de personas. En los casos en que este relato sea desconocido habría que tratar el tema del amor a sí mismo de otra forma.

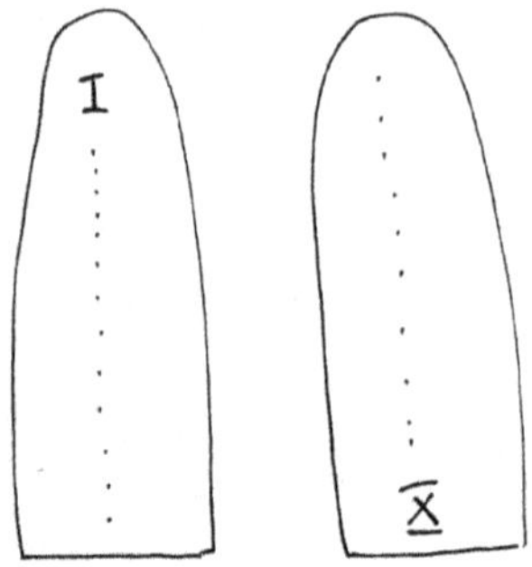

DIB 31-1

Y continúa:

"Los mandamientos son diez, pero... ¿recuerdas que se pueden resumir en dos? ¿Cuáles son esos dos? ¿Recuerdas?".

Deja tiempo para que el niño responda...

El terapeuta entonces señala:

"1-El primero dice que hay que amar a Dios sobre todas las cosas.

2- El segundo dice que hay que amar a los demás (al prójimo) como a ti mismo.

"¿Qué quiere decir que hay que amar a los demás COMO a ti mismo?".

Espera que el niño se exprese.

"Quiere decir que hay que querer a los otros IGUAL que a mí, tanto como me quiero a mí; ni más, ni menos...".

Al explicar lo anterior el terapeuta va haciendo un esquema que resume lo dicho, como lo muestra la figura adjunta.

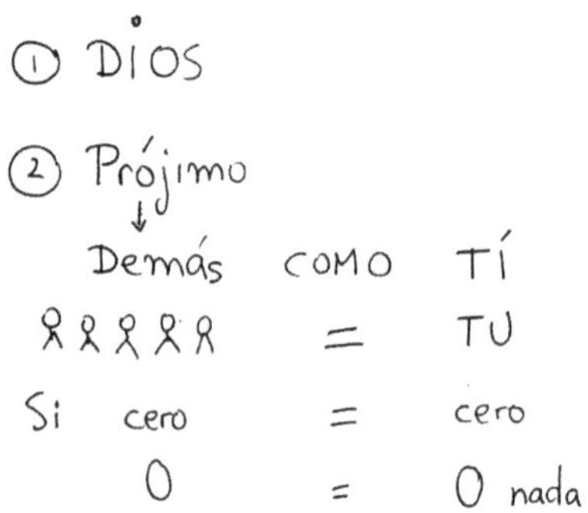

Dibujo 31-2

Prosigue:

"Los mandamientos NO dicen que hay que querer a los otros MÁS QUE A MÍ, sino que indican que hay que quererlos IGUAL que a mí, COMO a mí…

"Es decir, indican que yo debo ser importante para mí y que debo quererme y valorarme, y de esa manera seré capaz de amar a los demás.

"Porque… si yo no me quiero, si yo me quiero CERO [99]*, si yo no sé quién soy, no me conozco, no me valoro… entonces tampoco seré capaz de querer a los demás, de valorarlos, porque sabemos que cero es igual a cero… Lo que significa que quiero cero a los demás… Y lo que puede pasar es que ellos tampoco me quieran a mí…".*

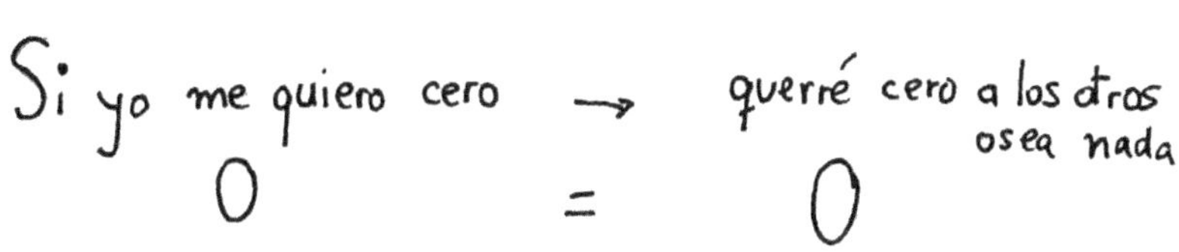

Dibujo 31-3

El terapeuta deja espacio para comentarios y preguntas.

Luego continúa, expresando:

"Para querer a alguien necesito conocerlo"[100], y escribe lo siguiente:

Dibujo 31-4

99 En su libro *El arte de amar* Erich Fromm (1959, p. 87) señala: "Si un individuo es capaz de amar productivamente, también se ama a sí mismo; si solo sabe amar a los demás, no sabe amar en absoluto".

100 Como es evidente, las personas no quieren a todos los que conocen, pero el conocer a la persona es condición necesaria para amarla.

"Porque... ¿puedo yo querer a alguien que no conozco?".

Espera respuesta del niño; generalmente este manifiesta que no, que no es posible.

"Parece imposible, ¿verdad? Porque si yo te dijera: '¿Por qué no te haces amigo del hijo de una amiga mía que vive en Sudáfrica?', ¿qué me dirías tú?".

Lo más probable es que el niño conteste: "¡Cómo!... si no lo conozco, ¿cómo voy a poder ser su amigo?".

Entonces el terapeuta reafirma al niño diciendo:

"Claro, para tener la amistad de ese niño... necesito saber quién es, conocerlo, convivir con él; si no, imposible".

Y prosigue:

"De igual forma... ¿cómo me voy a querer a mí mismo si no sé quién soy? Imposible... Para poder quererme, debo conocerme, saber quién soy. Cuáles son mis características..."

"Saber qué cosas buenas y no tan buenas tengo. Si yo me voy conociendo y voy sabiendo cómo soy, qué puedo y no puedo, qué sé y no sé, y reconociendo mis características, podré apreciarme más fácilmente. Así me voy a sentir más seguro..."

Aquí el terapeuta puede esbozar un dibujo muy simple de una niña o niño esquemático y escribe alrededor algunas características personales como: "Simpático, amistoso, medio enojón, bueno para correr, etc.". Lo van comentando. Puede que el niño se motive y desee en ese momento hacer un dibujo de sí mismo.

Dibujo 31-5

Después de lo anterior, el terapeuta complementa el tema agregando:

"Paralelamente, es importante ser bueno con uno mismo, no criticarse ni exigirse en demasía, hacerse cariñitos, ser amoroso…

- Si uno se equivoca, uno puede decirse: 'Bueno, te equivocaste no más, no es tan terrible, a todos nos pasa…'

- Si a uno le retan, uno puede decirse: 'Bueno, a todos no retan alguna vez…'

- Si uno obtiene una mala nota: 'Bueno, a todos no pasa…'

"Uno puede cometer errores, equivocarse, pero eso no significa que uno sea una mala persona y que no merezca quererse".

Destaca con el niño la importancia de no exigirse en demasía ni echarse la culpa.

Finalmente, puede cerrar la actividad refiriéndose a la trascendencia de conocerse a sí mismo en la historia de la humanidad:

"Es tan fundamental este tema que, por ejemplo, en la Grecia antigua, que era como la capital del mundo durante varios siglos, por su cultura y sus gentes, había un lugar importante, un santuario, llamado Delfos, donde muchos iban a consultar a los dioses sobre su futuro. A la entrada de ese santuario, que estaba ubicado en un lugar maravilloso, en medio de las montañas, había un inmenso letrero que se veía desde lejos, que decía: ***'Conócete a ti mismo'****.*

"Eso era hace más de dos mil años… Pero hoy en día, sigue siendo válido que el conocernos a nosotros mismos es la base de la sabiduría y de la capacidad de comprender a los demás y al mundo".

Letrero de Delfos, en Grecia antigua:

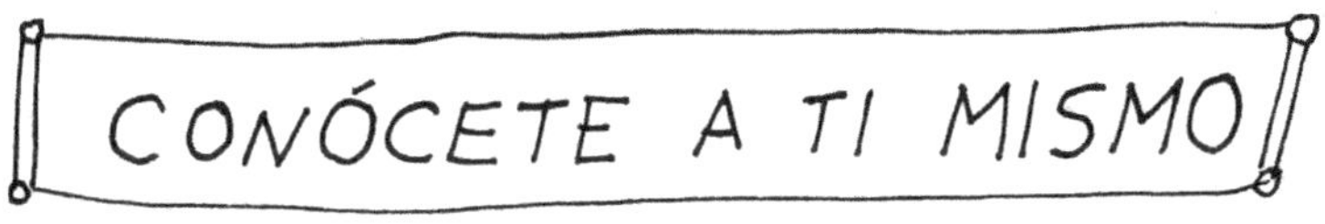

Dibujo 31-6

Actividad #32

Luz y Sombra

INTRODUCCIÓN

La mayoría de las personas tiende a identificarse con los rasgos más positivos, agradables y atractivos de su personalidad y a rechazar o negar aquellos considerados inferiores o poco valiosos, los cuales son empujados hacia la parte más oscura del sí mismo, hacia la sombra.

Una de las ideas más interesantes y aportadoras de la psicología junguiana es el concepto de sombra. Zweig y Abrams (2013, p. 35) destacan:

> La sombra es aquella parte del psiquismo inconsciente, continua a la consciencia, aunque no necesariamente aceptada por ella. La personalidad de la sombra, opuesta a nuestras actitudes y decisiones conscientes, representa una instancia psicológica negada, que mantenemos aislada en el inconsciente, donde termina configurando una especie de personalidad disidente.

En su mayor parte, la sombra se compone de deseos reprimidos e impulsos incivilizados que hemos excluido de nuestra autoimagen, es decir, de cómo nos vemos a nosotros mismos. Estas motivaciones son percibidas como moralmente inferiores para el "ideal" de lo que creemos que somos, por lo que también depositamos en la sombra fantasías y resentimientos. De esta manera, la sombra abarca todas aquellas cosas de las cuales uno no se siente para nada orgulloso. Es algo así como la basura que metemos debajo de nuestra alfombra consciente.

Enfrentar, reconocer e integrar nuestra sombra es necesario para el conocimiento y la realización de uno mismo, lo que Jung denominó proceso de individuación. Jung (1974) señala que percibir nuestra sombra es como mirarse en un espejo que nos muestra los recovecos de nuestro inconsciente y, por lo tanto, aceptar nuestra sombra es admitir el "ser inferior" que también habita en nuestro interior; en definitiva, es aceptar el sí mismo total.

Iluminar la propia sombra es una necesidad terapéutica y un requisito para dejar de proyectar en otros nuestros aspectos negados y lograr una integración y equilibrio personal.

Es un proceso que nos permite llegar a un acuerdo con esa parte oscura que hay en nosotros, que está en nuestra naturaleza, que no aceptamos, que nadie nos mostrará, y que nosotros mismos jamás admitiríamos si no lo efectuamos. Al respecto, Jung (1957) decía que uno no se ilumina imaginando figuras de luz, sino haciendo consciente su propia oscuridad.

Necesitamos aceptar que tenemos una sombra[101], es decir, que existe una parte de nosotros que nos empuja a hacer o decir cosas que no queríamos, que a veces nos desconcierta, que no nos gusta y que no deseamos conocer, pero que, si no reconocemos y aceptamos, terminamos por adjudicársela a los demás. Jung (1981) señala que cuando miramos nuestra propia sombra nos damos cuenta (muchas veces con vergüenza) de cualidades e impulsos que negamos en nosotros mismos, pero que podemos ver claramente en otras personas.

Estas características no reconocidas en uno a menudo las percibimos en los demás a través del mecanismo de proyección, el cual consiste en observar las propias tendencias inconscientes en otras personas. Debido a la dificultad de reconocer y aceptar nuestra propia sombra, este mecanismo de proyección es una de las formas más recurrentes y negativas de no asumir los propios defectos y adjudicarlos a los demás.

Si aceptamos nuestras partes negativas, ganamos en seguridad personal y libertad y, al mismo tiempo, perdemos muchos miedos. De esta manera, según Carl Rogers (1972), podremos ser de verdad quienes somos, dejando de lado las máscaras, los "debería", dejando de satisfacer expectativas impuestas y deseos de agradar a los demás.

Lo anterior es especialmente importante en el niño, pues la construcción de su personalidad se ve afectada cuando se niega a aceptar la existencia de aspectos negativos en sí mismo. Puede llenarse de barreras y malgastar su energía interna en reprimir los contenidos que no puede tolerar. Además, al no incorporar dichos aspectos al sí mismo, no se desarrolla como una persona integrada.

101 La aceptación de la propia sombra parece muy difícil en Occidente, no tanto en Oriente, señala Junichiro Tanizaki (1933) en su libro *El elogio de la sombra*.

La presente actividad constituye una aproximación muy inicial al tema de la sombra, a través de una analogía de lo que ocurre con ciertos fenómenos de la naturaleza, como el sol cuando ilumina una parte de la tierra, y que necesariamente hace que la otra parte quede en la oscuridad, en la sombra. Es decir, a partir de la idea de que en la tierra siempre habrá luz y siempre habrá sombra, nos acercamos, en forma metafórica, a la idea de que los seres humanos también tenemos una parte luminosa y una parte oscura, la sombra, que necesitamos conocer y aceptar.

Luz y Sombra es una actividad que ayuda al niño a tener una primera aproximación al tema de que todos los seres humanos tenemos **aspectos luminosos** —que aceptamos con facilidad— y **aspectos más oscuros, de sombra** —que nos cuesta reconocer y que rechazamos—.

Favorece la reflexión sobre la importancia de aceptar nuestras acciones y características negativas, errores y equivocaciones como partes nuestras. Por último, ayuda a visualizar el hecho de que, si no aceptamos nuestros aspectos negativos, muchas veces culparemos a los otros de nuestras conductas.

La actividad puede realizarse con niños a partir de los ocho años de edad, dependiendo de su problemática y de su capacidad de reflexionar sobre sí mismos.

OBJETIVOS

Acercar al niño a reconocer y aceptar la existencia en sí mismo de aspectos negativos y poco agradables (que constituyen la sombra), los cuales coexisten con sus partes positivas y luminosas. Asimismo, ayudar al niño a hacerse consciente de que las partes negativas que no reconocemos y aceptamos como propias tendemos a proyectarlas en los demás.

PROCEDIMIENTO

Sentados el niño y el terapeuta en el escritorio, este último comienza diciendo:

"Hoy vamos a hablar de algo bien especial, partiremos hablando de los planetas, de la tierra y del sol, y luego hablaremos de la luz y de la sombra:

"¿Te has fijado que todas las personas tienen partes o características muy agradables y amorosas?... Partes entretenidas, alegres, simpáticas... que son atractivas, que nos gustan... Podríamos decir que tienen partes de luz... Pero

también todas las personas tienen partes poco agradables: enojonas, mal genio, pesadas, poco amables… Podríamos decir que son la parte oscuras de las personas, que están en la sombra…

"Ahora vamos a referirnos a la parte de luz y la parte de sombra que tenemos las personas… Pero, antes, vamos a trabajar el tema de la luz que el sol le da a la tierra.

"El sol ilumina la tierra, ¿verdad?

"¡Mira, este es el sol!". (El terapeuta dibuja un sol).

"¡Y aquí está la tierra!". (Dibuja la tierra al lado del sol).

Dibujo 32-1

"Ahora, cuando el sol ilumina una parte de la tierra, esa parte va a estar de día… Pero la otra parte de la tierra va a estar oscura, en la sombra, puesto que el sol no le llega…".

Continúa:

"Así, cuando el sol está iluminando nuestro país y es de día aquí, en otras partes del mundo es noche y están en la oscuridad, porque no les llega la luz del sol. Como el sol no puede iluminar toda la tierra al mismo momento, la tierra siempre va a tener una parte con luz y otra oscura, en la sombra".

Mientras dice lo anterior, el terapeuta esboza sombra en la tierra en la parte opuesta al sol.

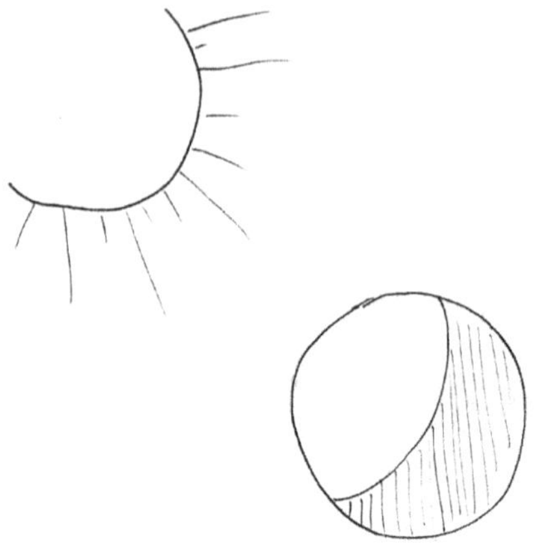

Dibujo 32-2

Y sigue:

"Siempre la tierra va a tener un lado con luz y otro con sombra, oscuro, porque no le llega el sol. No puede estar con sol la tierra entera".

Da espacio para conversar con el niño acerca del tema de la luz y la oscuridad, del día y la noche, los movimientos de la tierra alrededor del sol, etc., acogiendo los comentarios y explicaciones que él da.

Incluso el terapeuta puede proponer un breve **Juego de imitación de los movimientos del sol y la tierra:**

El niño representa a la tierra y gira dando vueltas sobre su propio eje frente al sol. El "sol" puede ser el terapeuta parado de pie frente al niño, o un objeto de la sala designado para este efecto, que se instala en el suelo. El niño va girando en torno a su propio eje y cuando está frente al sol dice: "Día", y cuando le da la espalda dice: "Noche". Como el movimiento es rápido, se percibe una sucesión de movimientos corporales, acompañados de la verbalización: "Día-noche-día-noche día-noche", etc.

Después de un rato de este juego, vuelven ambos al escritorio y el terapeuta dice:

"Ahora veamos si esto mismo ocurre con las personas... ¿Crees tú que sea posible que nosotros solo brillemos, que seamos solo luz, como el sol, o sea, que tengamos puras cosas buenas? ¿Será posible que todo nos salga bien, que siempre estemos contentos, que seamos siempre buenos alumnos, o que nada nos moleste ni desagrade?".

Da tiempo para que el niño responda y se exprese al respecto...

Enseguida señala:

"Parece que no es muy posible…".

Agrega:

"¿No será que las personas, además de una parte de luz, atractiva, que brilla como el sol, tenemos también una parte más oscura, que no nos gusta de nosotros mismos?

"Es decir, ¿no será que algunas veces podemos ser amorosos, estamos contentos, somos agradables con los demás, y otras veces somos pesados o desagradables? ¿Algunas veces somos generosos y otras egoístas?... Sí, porque algunas veces vamos a ser buenos con todos en la casa y otras no tanto".

Espera respuesta y comentarios del niño acogiendo sus ideas y explicaciones. Intenta dar ejemplos relacionados con su temática.

Continúa:

"Así como la tierra frente al sol siempre va a tener un lado iluminado y otro en la sombra, a los seres humanos nos ocurre algo parecido. Nosotros tenemos un lado más luminoso, con luz, y otro más oscuro, más sombrío. Yo puedo hacer muchas cosas bien, pero no puedo hacerlo siempre todo bien, no puedo no fallar, no equivocarme, no enrabiarme, no tener celos, etc. Soy un ser humano… Todos los seres humanos tenemos partes oscuras, todos tenemos una sombra".

En función de la edad del niño, el terapeuta puede incorporar una breve explicación acerca de la teoría de Jung y de su concepto de sombra, destacando la importancia de conocer y aceptar la propia sombra y de lo que sucede si no lo hacemos.

"Y lo que sucede, según Jung, es que las cosas o partes negativas de nosotros mismos que no asumimos las proyectamos en los demás (se las atribuimos a los otros). Y después, ¡no sabemos que muchas veces las actitudes y conductas que nos molestan de los demás son nuestras propias características que no reconocemos ni aceptamos en nosotros!".

NOTAS

- Como **actividad complementaria**, el terapeuta puede pedir al niño o joven imaginar cómo sería la propia sombra, cómo la representaría… ¿Sería una persona? ¿Un animal? ¿Qué forma podría tener? ¿De qué forma podría aparecer en nuestros sueños? Solicitar al niño o joven que, con lápices de colores o témperas, dibuje y pinte su sombra, tal como la imagina. También podría pedirle realizar un **Collage de la sombra.**

Actividad #33

Yin Yang

INTRODUCCIÓN

El yin yang es un principio que proviene de la antigua filosofía china y muestra la dualidad de todo lo existente en el universo. Surge a partir de la observación de la naturaleza y describe, entre otros, el hecho de que todos los seres humanos y los fenómenos naturales tienen su propio opuesto que lo complementa. Muestra cómo en la vida está siempre presente la dualidad[102]: día y noche, dolor y placer, vida y muerte. El yin y el yang son dos energías opuestas que se necesitan, se complementan y se alternan; la existencia de una depende de la existencia de la otra. Estas dos energías tendrían su origen en el principio generador de todas las cosas, el Tao, que es la totalidad, la armonía, el ordenamiento ideal del universo, y que, junto con incluirlas, regula su alternancia. En la antigua China el símbolo del yin yang constituía una representación completa del ciclo del universo, conteniendo el recorrido del sol, las cuatro estaciones y la circulación de la energía. El soplo del yin y el yang mueve a la naturaleza y al ser humano (Granet, 1959).

El yin no puede existir sin el yang (no hay sombra sin luz), y el uno sucede invariablemente al otro, así como el frío al calor, la muerte a la vida, la revolución al orden, en el ritmo perpetuo del universo. Al respecto, el libro de Chuang-tse[103], escrito en el siglo IV a. C., señala poéticamente que hay un tiempo de plenitud y un tiempo de decrepitud, un tiempo de vida y un tiempo de muerte, un tiempo de abatimiento y un tiempo de resurrección.

102 Según Suzuki (1914), el dualismo básico fue el primer esbozo de filosofía china. Aparece incluido en el antiguo libro de oráculos *I Ching*, cuyos textos más antiguos se remontan al segundo milenio antes de Cristo. Muchos de los aforismos contenidos en los trigramas para la adivinación que allí se mencionan se basan en la oposición de conceptos antagónicos como fuerza-debilidad, alto-bajo, rigidez-flexibilidad, etc.

103 Hay muchas versiones de este libro, por ejemplo, la de Martin Palmer y Elizabeth Brouilly (2001). *El libro de Chuang Tse*. Madrid: EDAF.

Para lograr bienestar y armonía la clave está en el equilibrio de la dualidad; nada es totalmente un polo o el otro, nada es completamente claro o completamente oscuro, bueno o malo. Esto se aplica no solo a las realidades de la naturaleza, sino también a las personas. Así, todos tenemos una parte luminosa y una oscura y ambas son necesarias en nosotros; la una no puede existir sin la otra. Ellas nos completan como seres humanos.

En relación con el tema de las polaridades, el analista junguiano James Hillman (1962, citado por Zweig y Abrams, 2013, p. 17) dice:

> El inconsciente no puede ser consciente, la luna tiene su lado oscuro, el sol también se pone y no puede brillar en todas partes al mismo tiempo y aun el mismo Dios tiene dos manos. La atención y la concentración exigen que ciertas cosas se mantengan fuera del campo de nuestra visión y permanezcan en la oscuridad. Es imposible estar en ambos lugares al mismo tiempo.

Hillmann (1962) enfatiza que pareciera que debemos aceptar como inevitable y necesario el diálogo entre las partes de nosotros mismos, y reconocer la interacción entre los aspectos positivos y negativos, de cada cosa, en cada momento.

Lo mismo se advierte desde la psicología de la Gestalt: la terapia gestáltica opera sobre la base de una concepción integradora de polaridades (Schnake, 1995). Fritz Perls (2013) destaca la importancia de la dualidad y de la integración de la personalidad fraccionada y disociada; considera que en la personalidad existen dualidades o dos mitades, pero son de un único y mismo todo.

De este modo, parecería ser importante para nosotros conocer y reconocer nuestra propia dualidad, tanto el lado agradable, positivo y luminoso de nuestra persona como el más sombrío, oscuro y rechazado.

Probablemente por influencia de la filosofía cartesiana o por un afán de catalogar, tendemos a mirar las cosas, sentimientos o imágenes con poca sutileza, en forma simplista y en términos de categorías excluyentes. Así, las clasificamos en "buenas" o "malas", sin detenernos a realizar un análisis más fino.

El yin yang se representa en forma gráfica mediante un símbolo circular[104]. El círculo alude al todo, en cuyo interior interactúan las dos energías. Cada energía está representada por un color. La parte oscura, por lo general

104 Símbolo que aparece más adelante, cuando presentamos el trabajo con el niño.

negra, muestra el yin y la parte clara, normalmente blanca, el yang. La línea que las separa no es recta, sino sinuosa, señalando el equilibrio dinámico entre las dos energías y su continua transformación. En este juego armonioso, ambas partes poseen un círculo pequeño en su interior, del color contrario. Simboliza las fuerzas opuestas, complementarias e inseparables de todo lo que existe. Alude a la interdependencia de estas energías y a la necesidad de equilibrio, de un todo, de armonía. Del mismo modo, simboliza la imposibilidad de que las cosas o personas sean puramente buenas o malas, agradables o desagradables.

La imagen permite una visualización concreta de la interacción entre las partes de una totalidad, e ilustra la idea de que lo que parece claro o luminoso en una persona, situación o fenómeno natural puede no ser enteramente claro, y lo que parece oscuro puede no ser solo oscuro. Ayuda a ejemplificar la idea de que es inherente al ser humano poseer tanto virtudes como defectos, que no es posible ser perfecto, que no existen personas, situaciones o conductas enteramente buenas o enteramente malas, y que siempre las partes de un todo van a interactuar.

La actividad ***Yin Yang***, a través de la clásica imagen, lleva al niño o joven a descubrir que, tal como en las demás personas, en él también conviven e interactúan aspectos opuestos. Lo acerca además a reconocer la idea de que, muchas veces, lo que parece bueno no es bueno en su totalidad y lo que parece malo no es únicamente malo. Es decir, esta actividad conduce a desarrollar una mirada más amplia y holística sobre las situaciones y sobre sí mismo.

OBJETIVOS

Ayudar al niño a reflexionar sobre la dualidad existente en todas las personas o situaciones y, en lo posible, a admitir en sí mismo un diálogo e interacción entre sus partes opuestas. A darse cuenta de que los aspectos opuestos pueden ser complementarios y no antagónicos y que lo que parece malo puede tener, a veces, aspectos positivos.

PROCEDIMIENTO

Sentados en el escritorio o frente a una pizarra, el terapeuta, atrayendo la atención del niño, comienza a dibujar la clásica imagen que representa al yin yang.

Si el niño ya conoce la imagen, puede dibujarla, si así él lo desea. A partir de la observación de esta imagen, puede iniciarse un diálogo sobre el tema, donde se puede hacer referencia a la antigua sabiduría china, la dualidad, los opuestos que se necesitan y complementan y dando espacios a las observaciones, comentarios y conclusiones del niño.

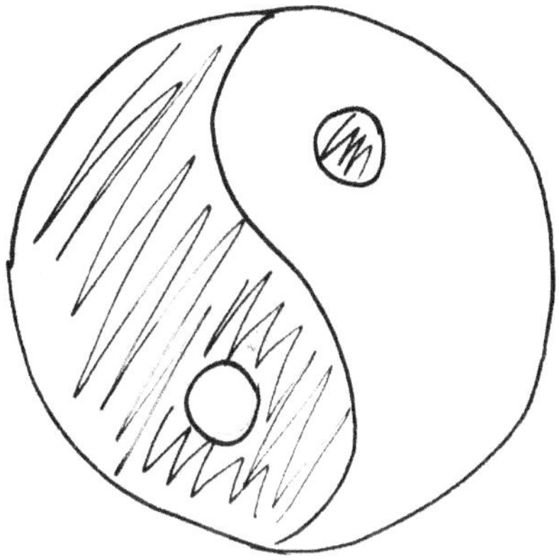

Dibujo 33-1

Dice el terapeuta:

"Aquí, en la imagen, vemos que esta parte es blanca, pero no totalmente blanca, pues en lo blanco vemos un pequeño círculo negro. Y en la parte negra, no todo es negro, pues incluye un pequeño círculo blanco. Es decir, ninguna parte es completamente blanca ni completamente negra. ¿Qué querrá decir esto? ¿Qué crees tú que esto pueda significar? ¿Qué crees tú que nos quisieron decir con esta imagen los antiguos sabios chinos?".

Dependiendo de la edad y características del niño o joven, las respuestas pueden ser muy diferentes y con grados de profundidad muy variables. Puede haber niños que no conozcan el símbolo o no tengan idea de su significado, así como otros que sepan bastante de la sabiduría china. Por lo tanto, el trabajo con el paciente sobre este tema puede variar enormemente de un niño a otro.

Sin embargo, puesto que la imagen es atractiva y llama la atención del niño por su movimiento y simplicidad, facilita llevar la conversación con este a diversos temas relacionados.

El trabajo sobre el símbolo y el tema de la dualidad puede continuarse abordando algunos o todos los temas relacionados que proponemos a continuación.

En cuanto a edades, este tema y sus agregados se pueden trabajar a partir de los diez años, dependiendo de las características del niño y de su problemática. Por otra parte, esta actividad se puede trabajar como un tema en sí, incluyendo los distintos temas relacionados, o ser parcelada, y entonces utilizar, en otras circunstancias, los temas como complemento.

Temas relacionados con yin yang

- **La dualidad existe en todo**

El terapeuta continúa la conversación con el niño diciendo algo como:

"En la vida siempre nos vamos a encontrar con polos, que son opuestos, pero que se atraen entre sí, dialogan y son parte de un todo.

"Por ejemplo:

- *alegría y pena,*
- *tranquilidad e inquietud,*
- *justicia e injusticia,*
- *pobreza y riqueza,*
- *vida y muerte...*

"Esos polos también existen en nosotros:

- No podemos estar felices siempre, tranquilos siempre... A veces estamos calmados, y a veces intranquilos.

- A veces, algunas personas pueden ser injustas con nosotros, pero otras veces, justas. Y nosotros también podemos a veces ser justos y otras, injustos.

- Observamos constantemente cómo la vida sucede a la muerte en los ciclos de la naturaleza: después del invierno viene la primavera y los árboles y flores vuelven a florecer, el sol se aleja y acerca cada día, las mareas se alternan según las fases de la luna, etc. También en nosotros están ***naciendo*** *continuamente cosas nuevas: nuevos gustos, nuevos intereses, nuevos aprendizajes; y* ***muriendo*** *partes: nuestras partes de niño chico, que antes hacía, "pataletas", intereses o juegos que antes nos parecían muy atractivos y ahora no nos motivan, entre otros...".*

- **No es posible que una acción, una situación o una persona sea completamente buena o completamente mala, como lo muestra el diagrama.**

Siempre hay una interacción entre las partes, no puede ser todo bueno o todo malo, todo lindo o todo feo; las cosas se dan mezcladas, con matices, y muchas veces se necesitan y dependen unas de otras.

El terapeuta puede decir, por ejemplo:

"A diferencia de las películas infantiles donde el bueno es totalmente bueno y el malo es enteramente malo, la vida no es así. Muchas veces, un profesor mal genio y estricto puede ser en alguna oportunidad comprensivo y empático con nosotros cuando olvidamos traer un trabajo o tuvimos una mala conducta. Puede también darse el caso de un compañero que molesta y es muy pesado y que, inesperadamente, puede tener un gesto cariñoso, generoso o solidario.

"Asimismo, nosotros tenemos partes agradables, luminosas que nos gustan de nosotros mismos y partes que rechazamos, que negamos, que nos molestan y que quisiéramos ocultar, pero que necesitamos reconocer y aceptar como partes nuestras. Por ejemplo, una persona puede ser muy responsable y cumplidora, pero muy rabiosa y enojona".

- **Muchas veces lo bueno que desarrollamos en la vida fue a raíz de algo malo que nos sucedió o que teníamos.**

Aquí el terapeuta lleva al niño a reflexionar sobre el tema. Puede mencionar casos de personas que lograron cosas positivas en sus vidas a causa de algún problema o dificultad que tuvieron siendo niños.

Puede decir:

"Por ejemplo, el caso del famoso psiquiatra Milton Erickson, quien tuvo tres veces poliomielitis (parálisis infantil) y que estuvo a punto de morirse cuando niño. Desde su silla de ruedas logró ser un magnífico terapeuta, que renovó y cambió por completo la hipnosis clínica. Su enfermedad lo llevó a ser médico y querer ayudar a otros y lo hizo de una manera espectacular.

"O el caso de San Ignacio de Loyola, quien descubrió su vocación religiosa cuando estuvo inmovilizado en cama, por varios meses, debido a las heridas sufridas en una guerra en la cual participó activamente, pues era militar. Años más tarde, él fundó la Compañía de Jesús, la orden religiosa de los jesuitas, que ha sido importante en la Iglesia católica, y que existe hasta ahora".

- **Muchas personas han desarrollado grandes habilidades a partir de alguna dificultad que tuvieron cuando eran pequeños.**

"Por ejemplo, el caso de Juan, niño que tenía bajo rendimiento y escasa motivación escolar, pero al que, sin embargo, le fascinaban las imágenes y la televisión. Al terminar el colegio, le costó mucho convencer a sus padres de su decisión de

estudiar producción audiovisual, pero lo logró, resultando ser un excelente profesional del área. Y el caso de Josefina, niña que fue expulsada de varios colegios por sus dificultades escolares y problemas de conducta, y que después fue una estupenda profesora de educación física y de deportes de alto rendimiento, a la que sus alumnas respetan y admiran.

"También podemos citar a Gary Medel, famoso jugador de fútbol, miembro de la selección nacional, quien tenía bajo rendimiento y se portaba muy mal en el colegio. Él ha señalado que, si no hubiese sido futbolista, probablemente habría sido delincuente. Y a Thomas Alva Edison, el inventor de la ampolleta, quien fue expulsado de la escuela, por falta de interés según su maestro, y a quien su madre le enseñó los conocimientos escolares básicos, pues nunca más fue a la escuela. Sin embargo, llegó a ser un talentoso inventor y gran amante de la ciencia".

NOTAS

- Como **actividad complementaria** puede leerse el cuento "Buena suerte, mala suerte", que aparece en ***Costos y Ganancias***.
- También como actividad complementaria puede realizarse la ***Imaginería Debilidad y Fortaleza*** (J. Stevens, 1973, citado por Winkler, 1976), en la cual se lleva al paciente a efectuar un diálogo entre esas dos partes del sí mismo. Esta actividad puede realizarse a partir de los diez a doce años, dependiendo de las características del niño y de su motivación con las imaginerías.

Imaginería Debilidad y Fortaleza

PROCEDIMIENTO

El terapeuta adopta un tono de voz suave, bajo y melódico, alargando las palabras y dejando espacio entre ellas. Dice:

"Ponte cómodo, cierra tus ojos, y comienza a relajarte... lentamente... Centra tu atención en tu respiración... Respira lenta y suavemente (repetir tres veces)... *Quisiera que hagas una conversación entre la Debilidad y la Fortaleza.*

"Te voy a pedir que seas primero la Debilidad y le hables a la Fortaleza. Puedes comenzar diciendo algo como: 'Yo soy tan débil, y tú tan fuerte, puedes hacer

tantas cosas, etc.'. Sé la Debilidad y háblale a la Fortaleza por un momento. Toma nota de cómo te sientes en tu cuerpo al hacerlo. Observa detalles acerca de cuan débil eres tú y cuan fuerte es ella…

"Ahora cambia de rol y sé la Fortaleza contestándole a la Debilidad. ¿Qué dices tú como Fortaleza y cómo lo dices? ¿Cómo te sientes en este rol? ¿Qué sientes hacia la Debilidad? Ahora cuéntale a ella qué significa para ti ser fuerte. ¿Qué obtienes al ser fuerte?

"Ahora cambia roles nuevamente y sé otra vez la Debilidad. ¿Qué le respondes a la Fortaleza y cómo te sientes al hacerlo? Ahora cuéntale a ella lo que implica para ti el ser débil. ¿Qué ganas al serlo?... Cuéntale de tu fortaleza dentro de tu debilidad. Cuéntale todas las ventajas de ser débil, de cómo tú puede utilizar tu debilidad para manipular a otros y hacer que te ayuden, etc. Habla detalladamente acerca de la fortaleza de tu debilidad.

"Ahora sé nuevamente la Fortaleza y contéstale a la Debilidad. ¿Qué dices tú ahora y cómo te sientes? Ahora habla acerca de la debilidad que hay en tu fortaleza. Habla acerca de las desventajas de ser fuerte, de cómo los otros dependen de ti y agotan tu energía, etc. Habla detalladamente de la debilidad de tu fortaleza.

"Ahora sé nuevamente la Debilidad y respóndele a la Fortaleza. ¿Cómo te sientes ahora y qué es lo que le dices? Continúa este diálogo por un momento. Cambia de roles cuando lo desees, pero mantén este diálogo entre la Debilidad y la Fortaleza un momento más y ve qué puedes descubrir…

"Una vez que hayas terminado esta conversación, este diálogo, entre la Debilidad y la Fortaleza… prepárate para irte despidiendo de esta experiencia… e ir volviendo, poco a poco, a tu vida a esta pieza, a este lugar… Abre tus ojos cuando tú quieras…".

Actividad #34

Integrando mis Características

INTRODUCCIÓN

El desarrollo de la identidad es central en el proceso de construcción de la personalidad. En la base del desarrollo de una identidad sana estaría la aceptación de las propias emociones, especialmente aquellas poco agradables y difíciles de reconocer y asumir (Halpern, 2009; Miller, 1979/2009). También estaría el aceptar que los dolores, penas, miedos, pensamientos y conductas negativas constituyen una parte integral de nosotros mismos (Bourquin, 2011; Foelsch et al., 2015).

En el contacto con nuestra realidad vivencial experimentamos nuestros sentimientos genuinos y accedemos a una comprensión más profunda de nosotros mismos. Los sentimientos nos ayudan a reconocernos y definirnos como personas.

La integración de los diversos sentimientos y experiencias es muy importante en el proceso de formación de la identidad, el que se intensifica a lo largo de la adolescencia y alcanza su resolución en la adultez.

La falta de integración de los distintos aspectos del yo fue denominada por Otto Kernberg (2002) como difusión de identidad, la cual, según este autor, es un criterio central en la definición de varios trastornos de personalidad. De hecho, el DSM-5 acoge este punto como uno de los esenciales en el diagnóstico del trastorno límite de la personalidad (APA, 2014)[105].

Según Kernberg (2002), la difusión de identidad se relaciona con representaciones parciales más que integradas de uno mismo o de los demás, a través de la escisión, lo que permite al individuo evitar la conciencia de características odiadas de sí mismo, o de quienes él ama y necesita.

105 La APA y Nussbaum (2015) en la *Guía para el examen diagnóstico del DSM-5* entrega una serie de preguntas específicas en relación con este factor.

Siguiendo con este punto de vista, Paulina Kernberg, Alan Weiner y Karen Bardenstein, en su libro *Trastornos de la personalidad en niños y adolescentes* (2001), advierten que la integración de los diferentes aspectos amados y odiados es central. Según estos autores, sin esta integración sería posible que en el niño se inicie el desarrollo de un trastorno de personalidad en etapas tempranas de su vida[106]. Indican que diversas características de un trastorno de personalidad, tales como los sentimientos crónicos de vacío, el aburrimiento, la perturbación de la identidad o la intolerancia a estar solo, estarían presentes desde la niñez. En su opinión, la clínica infantil debería considerar el factor de integración como un elemento fundamental en la prevención del desarrollo de un trastorno de la personalidad.

En una línea diferente dentro del tema de la integración, Peter Bourquin (2011) afirma que, para poder integrarnos como personas, es importante aceptar la vida que a uno le tocó. Estima que si uno está siempre disconforme con su propia vida lo único que hace es debilitarse, pues con esa actitud no está acogiendo la vida como es y como ha sido, y, por otra parte, no está asumiendo la responsabilidad de sí mismo. Considera que lo que distingue a las personas satisfechas con sus vidas de las otras es su capacidad de asumir la responsabilidad de sus vidas, actuar conforme a ello y, además, hacerlo cada día.

Bourquin (2011, p. 151) destaca que para llegar a ser seres integrados:

> Es preciso afirmar como propio todo lo que sucede en nuestra vida, en nuestro mundo exterior, especialmente, lo "desagradable". Todo rechazo (de una parte de uno) es una exclusión, un "yo no tengo nada que ver con eso…". Vivir quiere decir ampliar la propia consciencia, dar a todas las cosas el mayor espacio interior posible, acogerlas en el interior. Este movimiento de ampliación de la consciencia no tiene fin porque la vida es mayor que nosotros.

El poeta Rainer María Rilke (1910, 2004, p. 75), reafirmando lo anterior, dice: "Hay que dejar que la vida suceda. Siempre la vida tiene razón".

Sin duda, la integración es un proceso largo y complejo, que involucra aspectos inconscientes, como los vínculos previamente establecidos, el tipo de

106 El tema de los trastornos de personalidad en los niños, si bien es motivo de debate, ha ido cobrando creciente importancia en los últimos años.

relación con los padres y con las familias de origen, las defensas, las características de personalidad, entre otros factores.

La actividad ***Integrando mis Características*** intenta ayudar al adolescente a aproximarse al tema del reconocimiento y aceptación de los propios dolores, dificultades, conductas o aspectos negativos. Por otra parte, lo ayuda a ir, lentamente, perdiendo el temor a mostrarse a los demás tal como es. No pretende lograr una integración del paciente en pocas sesiones, sino que constituye un primer acercamiento a un tema profundo e importante en la formación de la personalidad.

Está indicada para niños sobre doce años.

OBJETIVOS

Acercar al niño o joven a desarrollar la capacidad de reconocer e integrar a sí mismo sus sentimientos, pensamientos, conductas o aspectos negativos, que ha tendido a negar y a no aceptar como parte de su ser. Disminuir el temor a mostrarse a los demás de manera más auténtica (es decir, autoexponerse en una justa medida). En consecuencia, reconocer que se enriquece como ser humano al poder incorporar dichas partes a sí.

PROCEDIMIENTO

El terapeuta inicia el trabajo con una conversación sobre el tema, diciendo algo como:

"A nosotros nos gustaría sentir solo sentimientos agradables, hacerlo todo bien, lograr que las cosas nos resulten siempre, no tener la culpa de nada… ser casi perfectos.

"Por lo tanto, no nos gusta para nada que nos critiquen, se nos hace muy difícil aceptar y asumir la culpa o la responsabilidad de las conductas nuestras que los demás consideraron negativas, especialmente cuando uno no tuvo una mala intención.

"Es fácil reconocer cuando uno ha sido bondadoso, generoso u honesto. Sin embargo, cuesta mucho más reconocer que uno fue hiriente, desatinado o poco simpático con un compañero…".

Dice el terapeuta:

"Veamos el caso de Matías:

"Matías con frecuencia insulta, les pega o se burla de algunos compañeros y le cuesta reconocer lo que hizo y disculparse. Por lo general, tiende a dar explicaciones, diciendo algo como: 'Es que mi compañero me dijo primero una grosería o él me pegó primero'.

"También puede decir: 'Yo nunca soy pesado, yo soy súper amoroso y buen amigo'.

"Es decir, Matías tiende a justificar su conducta negativa, pero no a hacerse cargo de ella. No la reconoce como propia, no la ve como algo que escapó de su control".

Entonces el terapeuta traza el siguiente esquema:

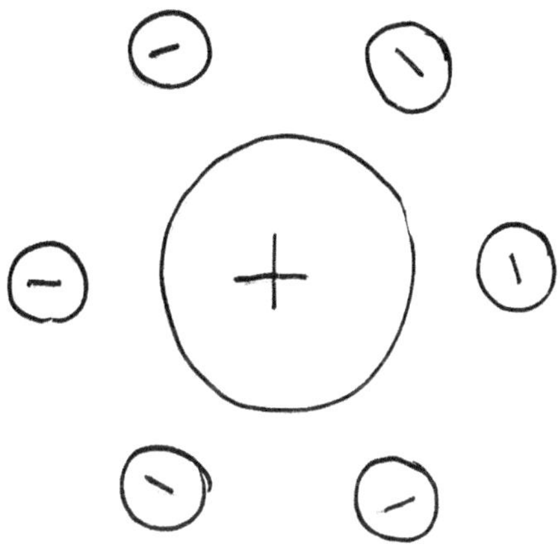

Dibujo 34-1

Y expresa, indicando el esquema realizado:

"Mira este dibujo. ¡A nosotros nos encantaría sentir solo sentimientos alegres y agradables, hacerlo todo bien, no tener ni hacer nada malo! ¡Nos gustaría tener todo bueno, todo positivo! ¡ Ser perfectos!… En lo posible…".

El terapeuta señala el círculo grande central que tiene un signo positivo (+) y manifiesta:

"Es decir, si miramos el dibujo, nos gustaría tener únicamente lo positivo… y poder decir 'Ese soy yo'".

Pregunta:

"¿Será eso posible?".

Espera respuesta del niño o joven…

"¡No!... ¡Pero nos gustaría!".

Comenta:

"En general las personas desearíamos tener solo cosas buenas, ser vistas como personas sin fallas, y queremos ver en nosotros únicamente lo bueno o positivo".

Entonces esboza el dibujo de un ángel y dice:

"Nos gustaría ser unos verdaderos ángeles".

Dibujo 34-2

Continúa:

"A la mayoría nos cuesta mucho reconocer en nosotros mismos cosas negativas, que afecten nuestra imagen personal".

"Y entonces tendemos a poner lo negativo que tenemos y sentimos fuera de nosotros, fuera de nuestra persona, como si no fuera propio, culpando a otro. Tendemos a no tolerar críticas, y casi siempre tenemos una explicación para eximirnos de responsabilidades".

El terapeuta, mirando el esquema de los círculos positivos y negativos antes presentado, apunta a un círculo chico con signo negativo, y expresa:

"Veamos algunos ejemplos:

* *"Si un niño le pegó a un amigo, puede justificarse: 'No es culpa mía, porque él empezó'…".*

Luego, apuntando a otros círculos negativos, indica:

* *"Si una niña mintió acerca de una amiga, puede decir: 'Ella siempre me deja mal con mis compañeras'…*

* *"Si deja sola a una compañera puede expresar: 'Hice grupo aparte porque ella nunca me incluye'…*

* *"Si saca cosas de un compañero, puede explicar: 'Le saqué sus cosas porque él siempre me saca las mías'…*

** "Si no quiere colaborar en el curso puede indicar: 'No ayudo porque a mí nunca me ayudan'…".*

El terapeuta va apuntando a otros círculos con signos negativos del dibujo y, si es necesario, da más ejemplos de conductas negativas que cuesta integrar y que se tienden a justificar.

Después de trabajarse varios ejemplos, niño y terapeuta reflexionan sobre lo que significa no asumir las propias culpas y responsabilidades.

Por ejemplo, de lo difícil que debe ser para las personas que nos rodean cuando uno no ve lo malo que hizo…

El terapeuta expresa:

"En realidad las personas que culpan a los demás de lo negativo que les pasa y que siempre tienden a justificar sus errores no son muy agradables y uno evita estar con ellas.

"Más vale asumir las conductas negativas como propias, y hacerse cargo de ellas, y aceptar que yo soy todas mis conductas: las buenas, las malas y las más o menos".

El terapeuta toma un lápiz y en el esquema anteriormente trabajado va trazando una línea que incluye todo los círculos negativos dibujados, como lo muestra la figura.

Dice:

"Así, en el dibujo, yo soy el círculo positivo del medio, pero también yo soy los círculos negativos de afuera; mi yo incluye todas mis partes, yo soy todo eso".

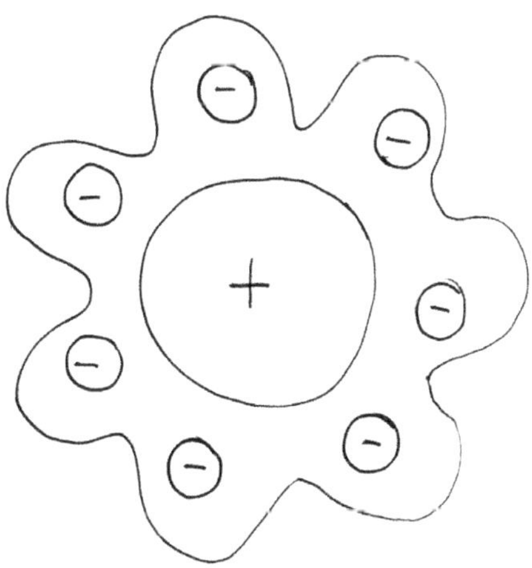

Dibujo 34-3

El terapeuta refuerza la idea de que somos una totalidad que incluye aspectos y sentimientos muy diversos:

"¡No solo somos lo que nos gusta mostrar! Somos todas nuestras conductas y sentimientos: sentimos pena y rabia y no solo amor; tenemos celos, envidia; manipulamos, hacemos a veces cosas poco agradables para los demás; no podemos ser y no somos perfectos…".

Continúa:

"Si aceptamos nuestras diferentes partes, poco a poco, nos iremos conociendo mejor, seremos más amigos de nosotros mismos e iremos perdiendo el miedo a lo que piensen otras personas. Nos sentiremos más auténticos, más libres, y estaremos más dispuestos a darnos cuenta de que los demás nos quieren por lo que somos de verdad, no por lo que mostramos".

Agrega:

"Necesitamos reconocer en nosotros mismos nuestros aspectos negativos. Si no los aceptamos y reconocemos, no vamos a integrar nuestra personalidad, estaremos llenos de barreras internas, gastaremos mucha energía en taparnos a nosotros mismos quienes somos, con el consiguiente empobrecimiento y poco desarrollo personal, y no podremos desarrollar una verdadera autoestima".

En este trabajo, al igual que en otros, lo importante es intentar que el paciente en el proceso terapéutico se abra al tema y participe, no que se aprenda o repita las conclusiones. Ojalá el niño o joven pueda quedarse con el tema en la cabeza durante la semana, y pueda hacer evolucionar sus pensamientos y esquemas cognitivos, conectarse con sus emociones y así llegar a la sesión siguiente más receptivo, más permeable y más abierto al cambio.

Integración de las propias características y perfeccionismo

Al abordar la integración de las propias características, merece hacerse referencia al tema del perfeccionismo, puesto que el deseo de ser perfecto, fantasía recurrente en los niños, dificulta la propia aceptación. El perfeccionismo en el niño puede incluir la creencia de que se puede no sentir ni tener sentimientos negativos.

Aquí proponemos una forma tentativa de acercarse al tema con los niños.

El terapeuta abre la conversación sobre el tema y escucha los planteamientos del niño al respecto. Por ejemplo, puede decir:

"Aunque pueda parecernos atractiva la idea de hacerlo todo bien, sentir únicamente sentimientos positivos, no sufrir o no equivocarnos, podemos darnos

cuenta de que esa idea refleja un pensamiento mágico y fantasioso, como el de los niños muy pequeños. Puesto que nosotros sabemos que no existe ningún ser humano que tenga solo conductas, sentimientos o pensamientos positivos".

Y agregar:

"Cuando una persona quiere ser perfecta y solo acepta de sí misma sus lados positivos y no reconoce los demás, no solo no se ha integrado a sí misma, sino que lo que hace con frecuencia es ponerles a los otros sus partes negativas no aceptadas. Eso al final le va a complicar mucho las relaciones con sus amigos y con otras personas". (Ver actividad complementaria).

NOTAS

• Como **actividad complementaria** se propone realizar la actividad ***Dos personas que aprecio***, que tiene como objetivo el darse cuenta de cómo proyectamos nuestros aspectos negativos en los demás[107].

Requiere que el paciente cuente con el desarrollo de un cierto nivel de *insight* y haya perdido el temor a mirarse y a conocerse. Se realiza de preferencia con adolescentes.

El terapeuta pide al paciente que piense en una persona que él conoce y quiere mucho y que siente cercana. Luego le solicita que piense y escriba dos cosas o características buenas y dos características negativas de esa persona. Le da tiempo para realizar esto con calma y sin presión.

Enseguida le pide que piense en otra persona, amigo o familiar y repite el mismo procedimiento.

El terapeuta revisa y comenta con el niño lo que dijo o escribió sobre esas personas.

Por ejemplo:

Puede señalar en la persona A:

- Como características positivas: amorosa y simpática
- Como características negativas: controladora y pesada

Puede señalar en la persona B:

- Como características positivas: alegre, divertida
- Como características negativas: exigente, crítica

Luego, pide al paciente que piense si él mismo (o ella) presenta las carac-

107 Ver actividad *Luz y Sombra* (número 32), donde nos referimos al concepto de sombra.

terísticas positivas y negativas que acaba de mencionar en relación con las dos personas en que pensó. Después de reflexionar, es muy probable que pueda darse cuenta y reconocer que él también tiene muchas de las características que señaló, especialmente las negativas.

El terapeuta lleva al niño o joven a reflexionar sobre el hecho de que, si no reconocemos y aceptamos nuestras partes oscuras, poco agradables, sombrías, sin darnos cuenta a veces se las ponemos a los demás (las proyectamos en ellos), lo que nos acarrea muchas dificultades y problemas en la relación con las demás personas.

- Otra **actividad complementaria** podría ser realizar la adaptación de la ***Imaginería Las Capas del Yo*** (que favorece el reconocimiento de diferentes aspectos del sí mismo).

Imaginería Las Capas del Yo (Adaptada)

Autores: Puriton-Healy y Whitney, (citados por Winkler, 1976, págs. 298-303)[108].

Esta imaginería ayuda a conocer las propias características, tanto superficiales como profundas, y a la obtención de una mayor capacidad de sentirse confortable y cómodo consigo mismo. Es un ejercicio de fantasía diseñado para llevar a la persona a un viaje a través de sus capas superficiales positivas y sus capas internas negativas, hasta que finalmente entre en contacto con su yo interno único, con su esencia.

PROCEDIMIENTO

Antes de empezar, es necesario dar la siguiente explicación:

"Una forma de entenderse a uno mismo es como si uno fuese una cebolla, es decir, con una serie de capas de sí-mismos, unos dentro de otros. Las capas de afuera son más superficiales y son más fácilmente observables por los demás; las de adentro son más privadas y profundas. Así como la capa externa café brillante de la cebolla, que es lo que se ve, pero lo más rico de la cebolla es lo que está muy adentro.

108 Adaptación nuestra.

"Las capas y la secuencia de las capas de cada persona son únicas, pero en general las capas más externas representan el modo en que nos vemos positivamente y nos mostramos positivamente, la manera en que somos 'buenos'. Ellas son formas de obtener respeto y aprobación de los demás y de obtener cariño de quienes nos interesa.

"Después de esta capa de afuera, comienzan las capas más negativas, que incluyen los miedos, la tristeza y la rabia… Puede incluir sentimientos de debilidad, los deseos de ser tomado en cuenta, los resentimientos por injusticias de la autoridad y la rabia por la imperfección del mundo… A veces incluye el sentimiento de soledad… Estas segundas capas contienen en general los sentimientos o autoimágenes negativas. Mucha gente trata de evitar estas capas de sí mismo. De hecho, mucha gente tiene miedo a volverse loco, de perder el control o de no ser querido si enfrenta estas capas.

"Más allá de las capas negativas está la esencia de uno mismo, las capas únicas del yo, las fuentes de humildad y dignidad de verdad... Estas son las capas que van más allá de los roles y sentimientos en los que quedamos fijados cuando niños… Mientras se sigan evitando las capas negativas no se podrá entrar en contacto con estas capas únicas del yo. Estas últimas capas son generalmente muy metafóricas y se describen en términos de energía, color, movimiento o quietud, luz. Algunas personas pueden incluso ir más allá de dichas capas hasta llegar a la esencia fundamental".

Después de esta explicación previa, el terapeuta da las siguientes instrucciones:

"Ahora te voy a pedir que explores tus capas, de ti mismo… a través de un viaje por la imaginación… donde todo se puede… Es importante que te pongas cómodo y te relajes, pero sin quedarte dormido. Cierra tus ojos y siente tu cuerpo...

"Nota las distintas partes del cuerpo… Observa en qué parte del cuerpo sientes tensión... Donde encuentres tensión, aprieta los músculos, más... aún más... nota la tensión... nota lo desagradable de la tensión... y ahora déjala que suba hasta que empiece a bajar… lentamente… relájate... suelta los músculos cada vez más...

"Disfruta de la relajación y ve si hay otra parte tensa en el cuerpo... Aprieta los músculos... luego suéltalos… Respira… Relájate lentamente, muy lentamente...

"Si no sientes tensión trata solamente de obtener una relajación más profunda.

"Continúa hasta que sientas que estás totalmente relajado. Céntrate en tu respiración... fíjate en la forma en que respiras... trata de respirar más profundamente y un poco más lento. Deja que el aire entre automáticamente…

"Ahora quiero que te imagines a ti mismo con tus amigos en una noche de luna a la orilla de un bosque gigante y mágico... Los árboles parecen cálidos

y excitantes... A medida que caminan descubren un paso secreto que lleva a la profundidad del bosque... Ustedes se sienten sorprendidos y contentos de haberlo descubierto... Sin vacilar deciden seguir el sendero... Esta es una posibilidad muy especial... La luna ilumina el camino muy bien... Ustedes siguen el sendero, que se interna más y más en el bosque.

"Dense tiempo y pongan atención a sus sentidos... Noten cómo se ven y se huelen los árboles... La luna brillante les permite ver bastante a su alrededor... Acérquense a un árbol y tóquenlo... Dense tiempo y disfruten del viaje.

"El sendero llega a una caverna en la base de una montaña... una caverna habitada por ciertos guías mágicos... Ustedes se sienten atraídos por la caverna y se acercan a la entrada... Dentro se pueden ver luces que titilan... Ahora entran a la caverna y se encuentran en una gran pieza con antorchas en las paredes...

"Al fondo de la pieza hay una escalera de piedra en forma de caracol, que llega hasta las profundidades de la montaña... Los peldaños son amplios y están alumbrados con más antorchas... Ustedes comienzan a bajar... La escalera baja dando vueltas y vueltas...

"Llegan a la pieza de una vieja bruja... ella está ahí para conjurar ciertas imágenes para ustedes... imágenes de sus capas superficiales... las capas que sirven para lograr aprobación, estimación, cariño y admiración de los demás... Ella va a conjurar estas imágenes para ustedes, lentamente... Cada vez produce una imagen de un nivel progresivamente más profundo... Miren estas imágenes de su forma de buscar aprobación para recordarlas después, y luego háganle saber que están listos para otra imagen... Ahora miren esta otra imagen...

"Después de un momento, ustedes habrán recibido todas las imágenes que ella cree que están preparados para 'conocer'...

"Hay una imagen que es muy importante para ustedes... pero ella no la va a conjurar porque siente que ustedes no están preparados para recibirla... Esa imagen está dentro de una pieza que está detrás de la puerta que hay ahí... Ustedes pueden ver la puerta de esa pieza... acérquense lentamente... Al otro lado de esa puerta está la imagen de un rol que juegan para obtener aprobación y atención de los demás... Es una imagen importante que deben conocer algún día... Ahora pueden elegir entre abrir esa puerta o no... Aquellos que elijan conocerla, abran la puerta... experiencien la pieza... miren bien a su alrededor... y luego salgan de ella.

"Aquellos que elijan no conocerla todavía, reflexionen y recuerden las imágenes que les mostró la bruja.

"Ahora es tiempo de dejar la pieza de la bruja... Al final de la pieza hay una escalera que sigue hacia abajo... síganla... atiendan a lo que sienten en su cuerpo a medida que bajan... fíjense cómo es la escalera... cómo son las paredes... los sonidos y los olores...

"Ahora llegan a una puerta enorme... Quédense un rato frente a esa puerta... No será fácil abrirla, pero podrán hacerlo... Al abrirla llegan a una pieza muy chica... En el medio de la pieza hay un mago muy viejo y muy sabio que los pondrá en contacto con sus capas negativas... con sus autoimágenes negativas. Él los pondrá en contacto con esas partes en forma muy cariñosa y con mucho cuidado... Experiéncienlas muy profundamente y recuérdenlas... Noten la forma cariñosa en que los pone en contacto con capas más y más profundas del yo... Como un último gesto cariñoso él les muestra el camino hacia una escalera que llega a la parte más profunda de la caverna... Denle las gracias al viejo...

"Empiecen a bajar... Siéntanse a sí mismos acercándose más y más a la última puerta... Ábranla... Ahora están entrando a una pieza muy quieta y muy suave...

"Al entrar sienten que los invade una especie de fuerza personal... Algo de la pieza aumenta el poder de quien entra... Ustedes se sientan en la mitad de una alfombra muy suave... A medida que su fuerza personal crece, se sienten capaces de entrar en contacto con capas progresivamente más profundas de sí mismos, hasta que llegan a su esencia última... Dense todo el tiempo que quieran... Experiencien cada capa profundamente y recuérdenla bien...

"Ahora es tiempo de dejar esta pieza y salir de la caverna...Ustedes se meten por un túnel, que es un camino más corto para regresar... Justo antes de llegar a la salida de la caverna hay una pequeña pieza... A la leve luz de la pieza pueden formar las imágenes de todas las capas que conocieron... Estas imágenes tienen cosas muy importantes que decirse unas a otras... Es importante que se detengan y dejen que estas imágenes se hablen...

"Cuando esta conversación haya terminado, deben despedirse de la fantasía y volver a esta pieza... Dense un minuto volviendo al aquí y ahora... Sientan los colores, la gente y sus propios cuerpos...".

Después de la imaginería se puede dar al paciente una cartulina y lápices de colores y pedirle dibujar y pintar las imágenes de las capas del yo lo más vívidamente posible, tal como las vio en el viaje en la fantasía. El colorearlas ayuda a entrar en contacto con aspectos más profundos y a integrar las imágenes en la conciencia.

Actividad #35

Cuando los Papás se Separan

INTRODUCCIÓN

La separación de los padres es una experiencia significativa de vida por la cual pasan muchos niños en el mundo contemporáneo, dadas las altas tasas de divorcio en la mayoría de los países[109]. Incluso en Chile, en los últimos años se vienen observando anualmente casi tantos divorcios[110] como matrimonios (Baeza, Donoso y Rojas, 2013), y una tasa de 3,6 divorcios por mil habitantes, una de las más altas del mundo (Chaparro y Gálvez, 2016).

Aunque sea cada vez más frecuente, la separación es, de igual modo, una situación difícil de vivir, tanto para los niños como para sus progenitores. En la mayoría de los casos, el abordaje y manejo de esta circunstancia y todo lo que la rodea representa un importante desafío para los padres.

Si bien la literatura señala las posibles consecuencias negativas que la separación y el divorcio pueden tener en los hijos, también indica que muchos niños que experimentan el divorcio de sus padres no desarrollan problemas severos en la adultez (Gustavson et al., 2014; Sobolewski et al., 2007). Y destaca además que, sin desmerecer el dolor y un conjunto de problemáticas asociadas a la separación, el que esta situación no se transforme en un problema para los hijos va a depender de las actitudes de los adultos y de sus redes de apoyo.

En este sentido, la literatura indica que lo que más afecta a los hijos en una separación son los conflictos interparentales que ocurren con posterioridad a esta (Marín, 2010; Ramsey, 2001). Es decir, cuando el proceso de separación es vivido por los hijos como una guerra entre sus padres, sintiéndose forzados a tomar

---

109 Según el estudio *Divorces and crude divorce rates* de la División de Estadísticas de Naciones Unidas (ONU) de 2013, más del 70% de los matrimonios terminan en divorcio en Bélgica, 68% en Portugal, 61% en España, 53% en Estados Unidos, 47% en Costa Rica y 41% en República Dominicana, por ejemplo.

110 Tal vez como consecuencia de la promulgación de la Ley de Divorcio en 2004.

partido y a defender a aquel progenitor con el cual se sienten más identificados, o al que perciben como más débil. Cuando los niños se triangulan (Minuchin, 1998), quedan atrapados al interior de las dificultades de pareja o no saben con cuál progenitor identificarse y alternan su cercanía entre uno y otro, pueden caer en un conflicto de lealtades. Las consecuencias de esta triangulación para el desarrollo y estabilidad emocional del menor serán muchas veces de envergadura.

Como efecto de los conflictos postseparación, se ha observado sintomatología internalizante, como sería el caso de las depresiones, y externalizante, como los trastornos de conducta (Lebow, 2003). A largo plazo, se han descrito consecuencias en la salud física (Katz y Gottman, 1997; Luecken y Fabricius, 2003; Michael, Torres y Seemann, 2007) y también sintomatología ansiosa y depresiva en la adultez (Lebow, 2003; Schmidtgall, King, Zarski y Cooper, 2000).

Los padres no siempre se sienten preparados para enfrentar con tranquilidad y ecuanimidad la tarea de informar a los hijos respecto de su decisión[111] y lo que ella conlleva. Pueden sentirse culpables o vivir la separación como un fracaso en sus vidas. Muchas veces están cansados e inundados por diversas emociones como ansiedad, rabia, pena o frustración. También pueden sentir incertidumbre en cuanto a su futuro personal, como pareja y en su rol de padres, así como inseguridad en el plano económico.

El niño, por su parte, necesita explicaciones concretas y entendibles que le permitan comprender lo que está sucediendo entre sus progenitores, lo cual no siempre es fácil de realizar para estos[112].

Los padres deberían tener la preocupación explícita por dejarle muy claro que son ellos los que se separan y no el niño, que sus padres serán siempre sus padres y que, si discuten o no están de acuerdo, él no puede hacer nada, porque es un problema de los adultos. Deben evitar a toda costa que un hijo pueda decir, por ejemplo: "Nosotros con mi mamá nos separamos de mi papá" o "Mi mamá se separó de nosotros".

Por otra parte, una cosa es informar al niño acerca de la situación y otra, distinta, es acogerlo y contenerlo a él con sus temores, ansiedades y fantasías. Las fantasías y explicaciones que se dan los niños a sí mismos, en especial en circunstancias dolorosas o conflictivas, son por lo general mucho más catastróficas

111 Corresponde a los padres informar a sus hijos de su separación. El psicólogo puede apoyarlos en este proceso.

que la realidad misma y, además, ellos tienden a culpabilizarse de lo que está ocurriendo.

Donoso (2003, p. 11) explicita algunas de las fantasías y creencias más habituales en los niños cuando sus padres se separan:

- Que la mamá, quien con frecuencia queda viviendo con los niños, también lo va a abandonar.
- Qué el papá, quien generalmente no queda viviendo con los niños, se fue porque no lo quería suficientemente, o que no lo va a querer más y lo abandonará para siempre.
- Que él no es digno del cariño de sus padres.
- Que él fue quien causó las discusiones o peleas entre sus padres.
- Que él hubiera podido detener las peleas y prevenir la separación, o puede hacer algo para que sus padres se junten otra vez.
- Que los padres, cuando están peleando, se pueden herir o matar.
- Que él puede ser herido o muerto por la ira que observa en sus padres.
- Que será castigado por sus sentimientos de rabia hacia sus padres.

En la vida de los niños, como vemos, la separación de sus padres, sin duda, implica un cambio de trascendencia, que altera su ritmo y hábitos cotidianos y que genera confusión y preocupación. Muchas veces tienen dudas y temores respecto de la permanencia de los padres cerca de ellos. Aparecen sentimientos de culpa, imaginando que tal vez ellos provocaron el quiebre. En ocasiones, se produce desorientación en cuanto a la posición que tendrán en la nueva configuración familiar.

Cuando los padres se han separado y el niño es llevado a terapia, este en un comienzo en las sesiones puede tender a evitar el tema por lo doloroso que resulta para él. El terapeuta lo va acompañando cuidadosamente en su proceso, facilitando la elaboración de los sentimientos y las fantasías que se generan, para que pueda llegar a una visión más comprensiva de lo que está viviendo.

112 Es aconsejable que los padres, si así lo estiman, pidan asesoría para efectuar el proceso de separación de manera adecuada, apoyándolos para que sus hijos puedan recibir la información en forma clara y tranquila, evitándose, así, ansiedades innecesarias. Esta asesoría puede entregarles recomendaciones concretas acerca de cómo enfrentar la situación con los hijos. Como es evidente, los consejos específicos que se dan en estas situaciones varían de un caso a otro. De cualquier modo, detallar dichas recomendaciones no está dentro de los objetivos de la presente actividad ni de este libro.

Cuando los Papás se Separan es una actividad que provee al terapeuta de una herramienta para ayudar a su paciente cuando necesita entender, elaborar e intentar asumir la separación de sus padres, proceso que muchas veces ha ocurrido bastante tiempo antes de su llegada a terapia.

La actividad se realiza con el niño cuando ya sus padres están separados y ya le han explicado la separación. El terapeuta ayuda al menor a comprender la dinámica de la relación padre-madre y a darse cuenta de que el éxito o fracaso de un matrimonio es una responsabilidad compartida entre ambos padres, y que los hijos no tienen el poder ni la responsabilidad de cambiar la relación entre ellos, por más méritos que hagan.

OBJETIVOS

Brindar al niño una explicación concreta y sencilla que le permita comprender por qué los padres se separan, desde una perspectiva donde la decisión y responsabilidad se centra en los adultos y "desculpabiliza" a los hijos.

PROCEDIMIENTO

Instalados, paciente y terapeuta, en un escritorio con lápices a disposición, o frente a una pizarra, el terapeuta comienza a mostrar al niño cómo se va gestando la relación padre-madre y cómo se puede ir deteriorando a lo largo de la vida. Dibuja esquemáticamente una pareja e inicia el tema, expresando:

"Te voy a contar un cuento: Este es un papá (traza un papá esquemático)*; cuando era joven, estaba en la universidad, o tal vez ya estaba trabajando y… conoció a esta niña…* (esboza una joven)*"*.

Dibujo 35-1

"Se conocieron... se gustaron y empezaron a 'pololear' (ser novios)*...".*

El terapeuta dibuja ahora los mismos personajes más cerca uno del otro, tomados de la mano.

Dibujo 35-2

"Se siguieron gustando, se hicieron novios y se dijeron: '¡Casémonos! ¡Hagamos una familia!'... Ellos querían compartir la vida, tener una familia y una casa".

El terapeuta dibuja entonces una novia y un novio [113].

Dibujo 35-3

"Ellos se querían mucho, entonces, se hicieron novios, se casaron y obviamente ¡ellos querían seguir juntos para siempre! Después que se casaron, tuvieron un hijo o una hija y tal vez, un tiempo después, otro hijo o hija...", etc.

113 Este relato trabaja con las imágenes de novio y novia, que es lo más habitual. Sin embargo, el relato se debería adaptar caso a caso, teniendo en consideración diferentes tipos de familia, convivencia, religión, maneras de hacer pareja, familias recompuestas, etc.

Mientras el terapeuta habla, dibuja unos niños esquemáticos al lado de unos padres esquemáticos.

Dibujo 35-4

Luego dice:

"Y siguieron caminando por la vida".

El terapeuta dibuja un camino que sale de los padres, expresando:

Dibujo 35-5

"Va pasando el tiempo y se van dando cuenta de que son personas muy distintas… Por ejemplo, a la mamá le gusta leer, estar en la naturaleza y escuchar música en la casa… y al papá le gusta hacer asados, jugar fútbol con los amigos, ver televisión y salir en la noche…".

El terapeuta va dibujando en el borde del camino objetos que representan las diferentes actividades que realizan el papá y mamá, adaptando los ejemplos a las características de los padres de cada niño.

Dibujo 35-6

Mientras dibuja dice:

"Pasan los años y llega un momento en que ella lo mira a él y él a ella y se preguntan: '¿Quién eres tú? ¡Parece que no te conozco!... Qué diferentes somos, nos gustan cosas tan distintas'...".

Aquí el terapeuta traza un hombre esquemático que mira a una mujer esquemática que se apuntan cada uno con el dedo.

Dibujo 35-7

Luego señala:

"Lo que ha sucedido es que, poco a poco, con el paso del tiempo, cada uno se fue metiendo en sus cosas y perdió conexión con el otro… Cada uno empezó a tener intereses y gustos diferentes, a cada uno le empezaron a dar lata las cosas del otro, y se fueron alejando, poniéndose cada vez más distintos. Igual como tal vez te puede haber pasado a ti, con un amigo que tenías cuando más chico y que antes le gustaba lo mismo que a ti y lo pasaban bien juntos, pero ahora, él te puede parecer muy aburrido… Y tú te puedes decir: '¡Cómo antes era mi amigo y jugaba con él!'.

"Eso que te puede haber pasado a ti con ese amigo es parecido a lo que les pasa a los papás que se separan: ya no se entienden, ya no se entretienen juntos, se sienten muy diferentes, ya no son tan amigos, ya no se quieren tanto…".

En el fondo, el terapeuta intenta ayudar al niño a ir entendiendo por qué a veces la relación papá-mamá se termina, aun cuando nadie quería que eso sucediera.

Agrega:

"En ese momento deciden decir: 'Ya no podemos estar juntos…'. Entonces, hacen 'Calabaza, calabaza, cada uno para su casa', y cada uno va a tener su casa… Y los niños… van a tener ahora dos casas, una de la mamá y otra del papá". El terapeuta dibuja entonces dos casas esquemáticas.

Dibujo 35-8

"Casi siempre los niños se van a vivir con la mamá y van a casa del papá algunos días, que es lo que dicen las leyes y lo que la mayoría de los papás acuerdan".

Luego, el terapeuta dibuja unos niños en la casa de la mamá y dice:

Dibujo 35-9

"No es que los niños hayan elegido a la mamá, sino que papá y mamá de común acuerdo deciden que sus hijos vivan la mayor parte del tiempo con la mamá y el resto del tiempo con el papá. Y aunque no vivan todos los días con sus hijos, ellos los siguen queriendo igual, y seguirán siendo siempre sus padres".

El terapeuta continúa, preguntando al niño:

"¿De quién será la culpa? ¿De quién será la culpa de que esto haya pasado?".

Espera la respuesta del niño y la comentan.

Sigue:

"¡Este es un proyecto que no les resultó! Los dos querían que les resultara, pero no fue así… Mejor no hablemos de culpa… Pensemos, más bien, de quién es la responsabilidad y es seguro que, como en casi todas las relaciones humanas, es 50 y 50; es decir, ¡la mitad de la responsabilidad por el problema es de cada uno!". (Ver actividad ***Asumiendo mi Responsabilidad***).

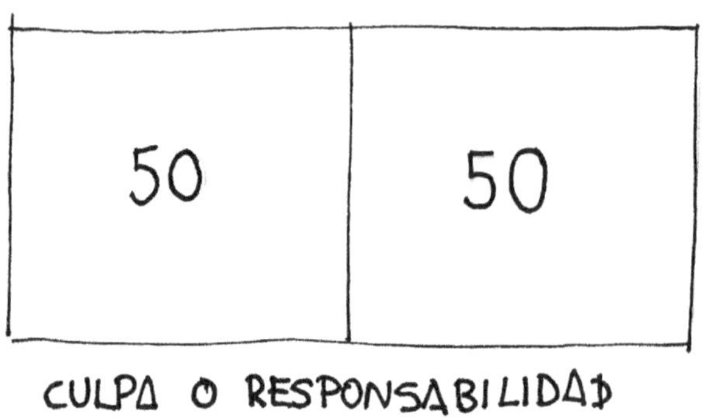

Dibujo 35-10

Aquí el terapeuta intenta ayudar al niño a percatarse de la responsabilidad compartida por el éxito o fracaso de una relación: un matrimonio, una amistad, una pelea con un hermano. Luego aclara al niño que los hijos no tienen ninguna responsabilidad en la relación entre sus padres y que, por más méritos que haga, él no va a poder modificar la situación.

Indica:

"Pero, pese a que el proyecto no les resultó, y que no serán más una pareja, ellos van a seguir siendo padres y van a seguir queriendo a sus hijos hasta que sean viejitos.

"Puede suceder que el hijo, quien desea que su mamá y su papá vuelvan a estar juntos, piense: 'Si yo hago esto bien (estar siempre sonriente, sacarse buenas notas, ganarse premios en el colegio o en campeonatos deportivos), tal vez ellos se puedan juntar; y… si me porto mal, tal vez se separen para siempre…'".

Mientras dice lo anterior, el terapeuta puede dibujar una nota 7, un niño sonriente, una medalla o una copa. Luego expresa:

"Pero esto es FALSO, los hijos no tienen ese poder, es SOLO la responsabilidad de los papás".

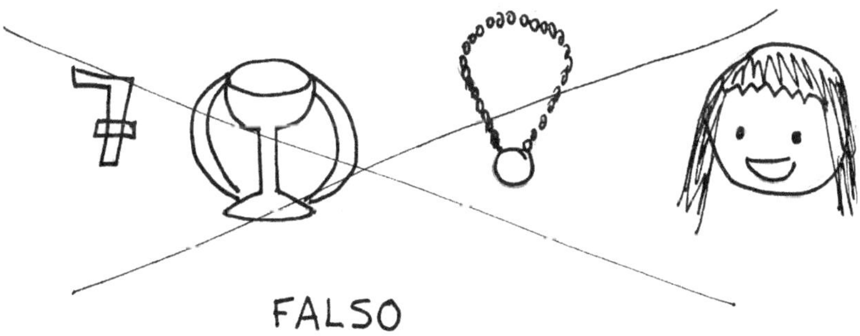

Dibujo 35-11

Hay algunos temas que pueden o no tratarse posteriormente, según sea el caso:

- **Las terceras personas**

Cuando se está explicando al niño cómo sucede que el papá y la mamá se van distanciando, a veces se puede agregar (dependiendo del caso) que en este proceso de ir por caminos cada vez más distintos puede pasar que alguno conozca a otra persona, dejando claro que, por lo general, no es casualidad que esas personas aparezcan en sus vidas.

"¿Y qué pasa si en este camino, en que se van distanciando cada vez más, aparece una 'señorita' o un 'caballero'?

"Seguramente, los 'caballeros' y las 'señoritas' aparecen porque las cosas no andaban bien entre los papás: no se sentían tan bien juntos, se sentían 'nada que ver' uno con el otro, se aburrían, se enojaban mucho, etc.... Siempre ha habido 'señoritas' y 'caballeros' en la vida de todas las personas, pero solo aparecen y son vistos cuando las cosas no andan muy bien o están bastante mal...".

El terapeuta puede agregar:

"Veamos un ejemplo; si tú tienes un mejor amigo y no pelean y se entienden bien, no va a aparecer otro niño a quitarte a tu mejor amigo... Pero si no lo pasan muy bien juntos, si están peleando mucho, si siempre los juegos terminan mal, es posible que de repente tú o tu amigo encuentren a otro, ¿verdad?".

- **Si el niño está muy triangulado**

Antes de abordar con el paciente la presente actividad, es necesario trabajar sutilmente y con cuidado aspectos relacionados con el tema de estar triangulado, al medio de una relación (en este caso la relación entre la mamá y el papá), tironeado por uno y otro lado. De lo contrario, la actividad podría ser vivida o sentida por el niño como bastante amenazante, aunque de hecho sus padres estén separados.

NOTAS

- Como en las demás actividades, aquí el tema se presenta al niño para que reflexione y, en lo posible, para abrir su mente a otras maneras, tal vez más aliviadoras, de observar y enfrentar el problema que está viviendo.

Actividad #36

Cuando se Muere un Ser Querido

INTRODUCCIÓN

La muerte de un ser querido es una de las experiencias más dolorosas por las que puede pasar un niño. En este dolor, él suele quedar solo y falto de explicaciones concretas, pues una pérdida implica generalmente una gran confusión dentro de la familia.

Cuando esto ocurre, los adultos se sienten muy apenados, desarmados y con poca energía, por lo que se les hace difícil hablar del tema con los niños. Además, piensan que no se dan cuenta de su significado y tienden a minimizar su capacidad de sufrir y de comprender la muerte.

Al respecto, Winnicott (1998, p. 82) señala que a los adultos:

> Nos resulta sencillo subestimar los efectos de la pérdida en los niños... Pensamos: ¡los niños se distraen con tanta facilidad y la vida sigue bullendo, les guste o no! Pero la pérdida de un progenitor, un amigo, una mascota o un juguete predilecto, puede quitarles todo amor a vivir... Cuando nos encontramos con un niño retraído y triste por una pérdida, sin duda una operación de sostén comprensivo será más eficaz que arrastrarlo a un estado de olvido y de falsa animación. Si esperamos junto a él, a menudo seremos recompensados por cambios reales, que indican una tendencia natural a recobrarse de la pérdida y del sentimiento de culpa, aun cuando, de hecho, él no haya contribuido al suceso trágico.

La partida de un ser querido suele constituir para el niño su primer enfrentamiento concreto con la muerte y todo lo que ella implica. Empieza a darse cuenta de que los seres humanos no somos eternos, a hacerse preguntas acerca de lo que hay después de la vida, del más allá, y también se pregunta acerca de Dios. Asimismo, es el comienzo de la toma de conciencia de la propia muerte.

Kubler-Ross (2005), que ha estudiado ampliamente el tema, considera que los niños son capaces de un real sufrimiento. Señala que si ellos son lo bastante mayores como para sentir amor, también son mayores para sentir dolor. Según esta autora, son los "dolientes olvidados". Además, destaca que la manera en que los niños experimenten una pérdida temprana se reproducirá en diferentes momentos a lo largo de su vida: la seguridad con la que vean el mundo, el tipo de amistades que tengan y el desarrollo de sus relaciones amorosas.

Lewis y Schonfeld (2002) señalan que hasta los diez o doce años hay una comprensión incompleta del fenómeno y que, cuando los niños se ven enfrentados a la muerte, hay que tener en consideración cuatro aspectos vinculados a ella, que van variando de acuerdo con la etapa del desarrollo [114].

El primer aspecto es que la muerte es irreversible, que no hay recuperación o vuelta atrás de este proceso. De este modo, Cristóbal, paciente de siete años, a quien se le ha explicado que su querida abuela se ha ido al cielo, lugar idílico y maravilloso, expresa que él quiere ir allá, a visitarla y seguidamente, pregunta acerca de cuándo ella va a volver de su viaje al cielo.

El segundo aspecto es que la muerte constituye el fin, el término de un proceso y que implica cesación completa de las funciones vitales. Por ejemplo, Sofía, de seis años, cuyo padre ha fallecido recientemente y a quien le han

---

114 La comprensión del concepto de la muerte varía en función de la etapa del desarrollo del niño. Cid (2011), en *Explícame qué ha pasado. Guía para ayudar a los adultos a hablar de la muerte y el duelo con los niños*, plantea las siguientes etapas:

- En la primera infancia, hasta los dos años: perciben la muerte como una ausencia, son sensibles al estado de ánimo negativo, sobre todo de sus cuidadores principales y de los cambios que puedan ocurrir en su rutina.
- Los niños entre tres y seis años: creen que la muerte es temporal y reversible, no creen que sea universal. Interpretan de forma literal cualquier explicación que se les haga.
- Los niños entre los seis y diez años: entienden que la muerte es definitiva e irreversible. Hacia los ocho años son capaces de comprender que ellos también pueden morir. Se inquietan ante el hecho de que sus familiares cercanos puedan morir, se preguntan si ellos han tenido algo que ver con la muerte, pudiendo desarrollar sentimientos de culpa. Manifiestan interés por las ceremonias y rituales funerarios.
- Entre los diez y trece años: los niños entienden el concepto de muerte en toda su totalidad, surge el interés en el más allá y en las creencias relacionadas con la muerte. Hay una mayor conciencia de los cambios que la muerte traerá a sus vidas y a su futuro.
- Los adolescentes: tienen una plena conciencia del concepto de muerte y de su propia muerte, pueden fantasear sobre ella, con más o menos angustia. En algunos casos, el adolescente puede llegar a negar su propia mortalidad, sintiéndose omnipotente e inmortal y llevando a cabo conductas de riesgo.

explicado que se ha ido al cielo, pregunta si su papá en el cielo se pone pijama cada noche, si tiene frío o si necesita comida.

El tercer aspecto es su inevitabilidad, es decir, la comprensión de que la muerte ocurre a todos los seres vivos y que es inevitable. Así Juan, de siete años, fantasea con la posibilidad de vivir él eternamente.

El cuarto aspecto es su causalidad, es decir, que existe una causa física que provoca la muerte. Francisca, de cinco años, puede creer que su mamá, luego de una enfermedad, puede haber fallecido porque ella se portaba mal.

Reforzando lo anterior, Elizabeth Kubler-Ross y David Kessler en su libro *Sobre el duelo y el dolor* (2006) refieren que los niños no tienen la experiencia ni los recursos para integrar la pérdida en su mundo interno, y que pueden rellenar estos vacíos con ideas como: "De alguna manera tiene que haber sido mi culpa", lo que suele apesadumbrarlos aún más.

Es entonces fundamental conversar sobre la muerte con el niño o joven que ha perdido a un ser cercano (Schonfeld, 1993; Schonfeld y Quackenbush, 2009; Yaloom, 2008)[115]. Al hablar del tema, puede ir conectando emociones complejas y a veces contradictorias con la palabra. Esto puede constituirse en un primer peldaño en la elaboración de la pérdida.

Dado lo difícil y lo necesario que es abordar el tema de la muerte en terapia, a lo largo de los años hemos desarrollado una manera de ayudar al niño a enfrentarlo. Esta modalidad de trabajo[116] es fruto de la práctica y de mucha reflexión, y no se adscribe a ninguna religión ni filosofía en particular, ni pretende sustituirse a ellas, pues se ubica en un plano terapéutico, que es diferente. Lo que aquí presentamos ha ayudado en su proceso de duelo a la mayoría de los pacientes infantojuveniles[117] que hemos tratado por este motivo y creemos que ha respetado su idiosincrasia y forma de encarar la vida y la de

115 La presente actividad, como todas las demás, está centrada en el trabajo del tema en terapia con el niño y no con los padres.
Al igual que con el tema de la separación, no incluimos aquí indicaciones sobre cómo los padres pueden enfrentar el proceso de duelo con sus hijos. Para ello puede consultarse, por ejemplo: Kubler-Ross y Kessler (2006), Milicic y López de Lérida (2006), Schonfeld y Quackenbush (2009) o Cid (2011).

116 Es responsabilidad del terapeuta analizar si esta actividad puede o no serle de ayuda con su paciente en duelo, teniendo en cuenta sus características personales y su entorno cultural y religioso.

117 La mayor parte de dichos pacientes han sido de religión católica, aunque no todos practicantes; también el tema se ha trabajado con niños de familias de otras religiones: evangélica, judía, anglicana y otras, o no creyentes.

su entorno. Es un tema que requiere ser abordado progresivamente, de modo de ir avanzando con el niño, poco a poco, hacia una mayor profundidad e intimidad, en un clima de mucha confianza.

La actividad ***Cuando se Muere un Ser Querido*** consta de dos partes. **La primera** incluye diversos temas y aspectos a los cuales nos parece relevante referirse en la elaboración de una pérdida. **La segunda** se refiere a una manera de concebir lo que sucede después de la muerte, y la relación de la muerte con la vida y con Dios; este modo de abordar el tema ha resultado ser tranquilizador y reconfortante para nuestros pacientes infantojuveniles. Proponemos una mirada psicológica y espiritual de la muerte, que ayude al niño a responderse sus preguntas e inquietudes acerca de este proceso y en relación con lo que podría pasar después de la pérdida y, por tanto, a sentirse más tranquilo y en paz.

OBJETIVOS

Entregar al niño un espacio donde pueda expresar lo que siente ante la muerte de un ser querido y, al mismo tiempo, donde sus preguntas y dudas sean acogidas. Asimismo, ayudarlo a acercarse al tema de la muerte, su relación con la vida y con Dios. Acompañarlo en este proceso con respuestas sencillas y comprensibles que le puedan dar tranquilidad y consuelo y faciliten la elaboración de sus temores y angustias.

PROCEDIMIENTO

Recordemos que esta actividad tiene dos partes:

La primera parte, Temas que ayudan a elaborar la muerte, se refiere a varios contenidos importantes de tratar con el niño que consulta por sintomatología o dificultades relacionadas con la muerte de un ser querido. Estos temas giran en torno a la pérdida, y facilitan la realización del proceso del duelo cuando un niño está enfrentando la pérdida de una persona amada. Pueden abordarse poco a poco en la terapia, no constituyen etapas ni se trabajan en una sucesión temporal y tampoco es necesario tocarlos todos. Tal como se ejemplifica a continuación, sirven para contextualizar la problemática del niño en torno a su ser querido fallecido. Ayudan al menor a expresar sus sentimientos, potenciar el poder sanador de las imágenes, fomentar el recuerdo de experiencias positivas con el difunto, las cuales pueden transformarse en imágenes sanadoras para el paciente, entre otros.

Los temas pueden ir tratándose de acuerdo con las necesidades del niño, en varias sesiones, acompañando paulatinamente su proceso de duelo.

La segunda parte, La vida, la muerte y Dios, se refiere a un intento de explicación a través de relato metafórico acerca de lo que podría suceder después de la muerte, según algunas culturas. Este relato fue surgiendo en la experiencia clínica en los esfuerzos para que los niños puedan alcanzar una cierta tranquilidad y paz en relación al tema y al proceso que están viviendo.

En ambas partes, el terapeuta se preocupa de facilitar la participación del niño, tanto en los dibujos como en el relato mismo, estimulando a que se exprese, haga comentarios y preguntas, formule sus dudas y todo aquello que lo lleve a compenetrarse con el tema y asimilarlo.

Primera parte: Temas que ayudan a elaborar la muerte

- **La confusión y mezcla de sentimientos que se produce ante la muerte**

En estos duros momentos, el niño necesita expresarse y conversar acerca de **lo que siente**, así como sentirse reconocido en su confusión[118]. Eso lo ayudará a conectarse con sus sentimientos más profundos, que suelen ser confusos y contradictorios.

Durante la sesión, el terapeuta intenta estimular la expresión de sus sentimientos, junto con empatizar con lo que el menor está vivenciando.

Por ejemplo, cuando están conversando sobre su relación con la persona fallecida y la pena que está viviendo, puede señalar:

"En estos momentos, uno está muy confundido, y se le mezclan muchos sentimientos en el corazón...

"No solo nos da pena, sino que también nos puede dar rabia o miedo...

"Uno puede decirse, por ejemplo: '¿Por qué te moriste si yo te necesitaba?'... O: 'Y ahora, ¿qué voy a hacer yo sin esta persona a la que yo quiero tanto, y que me quería y ayudaba tanto?'...

118 Las emociones que rodean la situación de pérdida pueden también depender del contexto cultural (Die Trill, 2003).

"Lo peor es que nadie entiende la mezcla de sentimientos que tenemos en el corazón y no la podemos explicar a casi nadie…".

Espera que el niño se exprese, haga algún alcance, comente…

Palabras como estas pueden ayudar al niño a explayarse más, expresar sus sentimientos y poder conectarse con lo que está sintiendo…

Puede también indicar:

"Cuando una persona que uno quiere se muere, uno puede sentir como si el corazón se le hubiera partido en dos, como si a uno le faltara una parte del cuerpo…".

Aquí, si así lo estima, el terapeuta puede dibujar un corazón partido en dos o un dibujo de un niño que le falta un brazo o una pierna…

Dibujo 36-1

"Estos sentimientos se demoran mucho tiempo en irse, uno puede tener muchos sentimientos tristes, durante harto tiempo, hasta que uno vuelve a sentirse uno mismo de nuevo…".

También puede decir:

"Después de que a uno se le muere alguien muy querido, es normal sentirse triste, enojado culpable, asustado y, algunas veces, feliz…".

Y si es del caso, es posible preguntarle, por ejemplo:

"¿Qué sientes tú? O… ¿qué has sentido tú últimamente?".

Algunos ejemplos de posibles sentimientos frente a la muerte que podrían ser útiles de abordar con algunos niños son:

- *"Cuando una persona se muere, en especial cuando se muere de repente, es normal pensar en las cosas que uno hubiera querido decirle y en cosas que uno hubiera deseado no decirle".*
- *"Uno puede desear haber sido más amoroso o más ayudador con ella. Pero es bueno tener la seguridad de que la manera en que nos portamos con ella no hizo morirse a esa persona".*
- *"Es bueno recordar que esa persona nos quería por los que somos, no por lo que dijimos o hicimos".*
- *"Cuando se nos muere alguien querido, es difícil hacer las cosas que hacíamos antes... Tenemos pocas ganas de ver a los amigos o estar en grupo. Nos sentimos muy solos... y queremos estar solos... Para otras personas debe ser complicado hablarnos, porque no saben cómo hacerlo, no porque no les importemos...".*

Este tipo de conversación ayuda al niño a ir conectándose con sus sentimientos, reconocerlos, expresarlos y aceptarlos. Paralelamente, permite sentirse acompañado en su dolor, sentirse entendido y leído.

Por otra parte, actividades como ***La Rabia*** o ***La Bolsa*** pueden ser de apoyo en estas circunstancias.

- **La muerte es un tema difícil de abordar**

Es importante que el terapeuta converse con el niño sobre el hecho de que la muerte es **un tema que se evita**. Las personas cercanas, familiares y amigos, suelen rehuir referirse a la persona fallecida, pensando que el niño va a sufrir si se le toca el tema.

El terapeuta expresa, por ejemplo:

"Nadie quiere hablar del tema, nadie quiere tocarlo, cuando se llega a mencionar, siempre cambian de tema".

Espera y acoge acotaciones y comentarios del niño...

Puede continuar diciendo algo como:

"Además, como todos rehúsan hablar del tema a los niños, ellos terminan pensando o concluyendo que las personas grandes tienen miedo de tocar el tema y que... tal vez, no es bueno hablar de lo que a uno le pasa... Así los niños se van quedando más solos con su pena, dolor o preocupación".

Luego puede referirse a lo incómodo que uno se siente:

"Uno se siente muy incómodo cuando las personas que lo rodean saben que uno está pasando por un momento difícil, pero no le dicen nada... Hay como un vacío incómodo alrededor. Todos lo miran a uno con pena, pero en silencio...".

Estas conversaciones van creando un clima de complicidad con el paciente, en relación con el tema de la muerte y de lo que sucede después de ella; proporciona un acercamiento paulatino y ayuda a su elaboración.

Eso puede verse facilitado con ejemplos dados por el propio terapeuta, en los que este comparte una experiencia personal con la muerte de un ser querido, como:

"Por ejemplo, yo recuerdo que con mi abuelito, a quien yo quería mucho, nos sentábamos a conversar en las tardes de verano en la terraza de su casa, mientras nos tomábamos un jugo de fruta y comíamos queso y galletas. Esos momentos a mí me encantaban. Ahora, muchas veces, cuando preparo con dedicación un aperitivo en mi casa para mi familia, recuerdo a mi abuelo y lo siento muy vivo en mis recuerdos...".

De este modo, a partir de un ejemplo, el terapeuta invita al niño a compartir una imagen o una experiencia.

- **Importancia de la imagen, la memoria y el relato de la experiencia vivida**

Dado que la imagen tiene un gran poder, puesto que amplía la percepción y facilita la relación con otras cosas, es importante impulsar al niño a quedarse con alguna imagen reconfortante a la cual él pueda recurrir; una imagen sanadora que lo ayude a asimilar su pérdida. Esa imagen significativa puede provenir de distintas vías: el terapeuta puede llevar al niño a mirar fotos de la persona amada, recordar alguna experiencia significativa con ella, que le haya dejado una imagen bonita o reconfortante, o alguna imagen que el propio niño haya elaborado durante su proceso terapéutico, entre otras posibilidades.

Una imagen como esa puede ser reconfortante para el niño en su dolor tras el fallecimiento de su ser querido, pues puede retornar a ella en su mente las veces que quiera y encontrar alivio.

Lo mismo sucede con la memoria. La memoria juega un rol clave en la permanencia de la persona fallecida en nuestra mente.

El terapeuta puede reafirmar esta idea diciendo, por ejemplo:

"La persona querida que murió puede seguir viviendo en nosotros a través de las imágenes y los recuerdos de lo vivido juntos. Esas imágenes no se nos olvidarán

nunca, se quedan en nosotros para siempre y también, entonces, de alguna manera, se queda la persona querida...".

Se puede hacer uso de metáforas para expresar esta idea, como lo ejemplifica Marie de Hennezel (2005, p. 58) en su valioso libro *La muerte íntima*: "La muerte es como un barco que se aleja hacia el horizonte. Hay un momento en que desaparece. Pero no porque ya no lo veamos deja de existir".

El terapeuta puede también decir:

"Con el tiempo nos vamos dando cuenta de que ninguna persona querida se va completamente mientras nos podamos seguir acordando de ella... La vida continúa después de su muerte. Las cosas que uno aprendió de ella, lo que uno vivió con ella, queda en nosotros y pasa a ser parte de nosotros".

Es importante motivar al niño a relatar situaciones vividas y experiencias compartidas con la persona fallecida que le hayan dejado un buen recuerdo... Por ejemplo, pedirle mostrar fotos y narrar las historias que están detrás de las imágenes.

Si el niño ha vivido un largo proceso al lado de su ser querido o ha presenciado algún evento en relación con la muerte de este, es necesario darle espacio para referir lo sucedido una y otra vez, si así lo desea y lo requiere, describiendo sus experiencias y vivencias al respecto, contando con la escucha activa del terapeuta... **Elaborar un relato** de lo vivido y experimentado es de gran ayuda en el proceso de duelo.

Puede suceder también que algunos niños pueden tener almacenadas en su mente, asociadas a su ser querido, imágenes bastante traumáticas relacionadas con el fallecimiento del ser querido; por ejemplo, haber visto en el ataúd a la abuela muy demacrada, haber presenciado la muerte de la persona o los llantos desconsolados de adultos a su alrededor. Esas imágenes que los han impactado y que han guardado, les provocan mucho temor y angustia. Es importante dar un espacio para expresar experiencias como estas, para que el niño pueda procesarlas.

- **La muerte es parte de la vida**[119]

Sabemos que morir no es un hecho fortuito o accidental, sino que se encuentra unido de forma indisociable a la vida.

119 Relato adaptado de Thomas (2000): *I Miss You*, Londres: Hodder-Wayland.

El terapeuta se puede aproximar a este tema diciendo algo como:
"Cada día, alguien nace, y cada día, alguien muere".
Puede dibujar un bebé llorando en una cuna, o con su mamá, en brazos.

Dibujo 36-2

Prosigue:

"Todos los seres vivos nacen, crecen, se transforman a lo largo de su vida y, finalmente, mueren".

Estimula al niño a hablar y opinar sobre el tema… de los pajaritos, de diferentes animales, los árboles, las cuatro estaciones…

El terapeuta continúa dando ejemplos acerca de cómo la vida y la muerte se entrelazan… Cómo continuamente están **naciendo** cosas nuevas en nosotros: intereses, cosas que descubrimos, nuevos amigos, nuevos conocimientos… Y también están **muriendo** cosas: las cosas que nos gustaban cuando más pequeños, juegos que antes nos gustaban y ahora no, etc.

Luego se refiere a la muerte en forma más específica:

"En los libros, las películas o en los juegos de video, en general, muere la gente mala. Pero en la vida real, la gente buena también se muere".

"La gente puede morirse por diferentes razones. La mayoría de las personas mueren porque están viejitas. Otras, porque están muy enfermas. Otras, se mueren porque puede suceder algo inesperado y trágico, como un accidente o un terremoto[120] *".*

Da espacio para que el niño se exprese espontáneamente…

Puede preguntarle:

"¿Se ha muerto alguna persona que tú conoces? ¿Sabes de qué murió o cómo murió?".

Da espacio para que el niño relate sus experiencias, si lo desea…

Continúa:

"Después de que una persona muere, se hace una ceremonia para despedirla, que se llama funeral[121]*.*

"En esa ceremonia, la gente que conoció a la persona se junta para despedirla y decirle adiós. Llevan flores, cuentan historias de la persona, cantan, hablan y dicen poesías. Todos quieren hacerle una linda ceremonia de despedida. A la gente que va le puede dar mucha pena que esa persona tan querida por muchos se haya muerto, y ellos piensan que la van a echar mucho de menos…".

Segunda parte: Después de la muerte: la vida, la muerte y Dios

Esta parte puede iniciarse a continuación de la anterior[122].

El tema de lo que sucede después de la muerte preocupa mucho a una gran mayoría de los niños que consultan por un duelo.

Aquí proponemos un relato que intenta explicar al niño la relación de la vida y la muerte con Dios, utilizando algunas metáforas: Dios como el río de la vida o Dios como luz, que nos acoge y nos ilumina.

120 Es importante no dar al niño explicaciones y descripciones muy detalladas ni muy cruentas, pues los niños son muy concretos y fácilmente se pueden retraumatizar.

121 Los ritos son importantes y necesarios, se comparten con otras personas y ayudan a asumir los dolores y las situaciones complicadas de la vida. La asistencia a los ritos funerarios ayuda a los niños a asumir las pérdidas.

122 Al realizar esta actividad se debe mostrar mucho tacto y respeto, así como tener en consideración la cultura y la forma o rituales de despedida de la familia y del niño, al igual que sus creencias religiosas.

Este relato es un cuento creado con fines terapéuticos, que se inscribe dentro del desarrollo de una terapia, y en un niño que está efectuando un proceso de duelo. No pretende en ningún caso constituirse en una explicación de tipo cultural, religioso o teológico, ni apoyar o contradecir ninguna creencia o dogma en cuanto a la muerte de los seres humanos ni a la eventualidad de una vida después[123]. Se trata de un cuento nacido de la experiencia clínica, que ha sido de ayuda para muchos niños y ha facilitado la realización en la terapia de un proceso de duelo sanador.

Para hacer esta parte de la actividad, se instalan niño y terapeuta en un escritorio, con lápices sobre la mesa, o frente a una pizarra, con plumones disponibles.

Dice el terapeuta:

"Aunque la muerte es parte la de vida, hay muchas cosas que nosotros no sabemos de la muerte. Cada cultura tiene diferentes creencias acerca de lo que pasa después de que una persona muere…".

Aquí el terapeuta puede contarle las creencias de diferentes culturas (egipcia, católica, hinduista, aborígenes australianos o de la selva amazónica, mapuches u otras).

Prosigue:

"La muerte de un ser querido nos hace preguntarnos muchas cosas sobre la vida, el sentido de la vida, la existencia de Dios[124]*, el rol de Dios en la vida y la muerte.*

"Ahora vamos a ver algunas formas en que lo podríamos imaginar".

- **Dios como río de vida**[125]

El terapeuta dice:

"Podemos imaginar a Dios como un gran río, con miles de brazos que llevan agua a diferentes partes, a muchísimas partes… Cada uno de nosotros somos como

123 Las diferentes culturas —con su imagen, visión o concepción del ser humano, de su vida y de su muerte— han ido creando formas de representar la muerte y el más allá; estas tienen relación con sus maneras de vivir y sus tradiciones (Die Trill, 2003).

124 Los niños de familias no creyentes, al igual que los demás, suelen hacerse preguntas acerca de lo que sucede después del fallecimiento de una persona.

125 Reiteramos que este relato se entrega en el contexto de una psicoterapia, con todo tipo de pacientes infantojuveniles, y no pretende constituirse en una enseñanza religiosa. Se trata de un intento de acercamiento al tema del después de la muerte que puede ayudar al paciente a asumir la situación que está viviendo.

un pequeño brazo, muy chiquitito, de ese gran río de la vida, que es Dios. Y… cuando una persona muere, vuelve a ser parte del gran río de la vida, del río de Dios, la persona vuelve a Dios".

El terapeuta dibuja de manera muy simple y esquemática un río grande, con muchos brazos[126].

Dibujo 36-3

Deja espacio para que el niño piense, comente, dibuje, haga preguntas…

Luego continúa con otra metáfora, que también puede ser de ayuda para imaginar o visualizar a Dios:

- **Dios como luz**

Expresa:

"También podemos imaginarnos a Dios como luz, como una gran luz que tiene miles de rayos que iluminan a todos, a todas las personas, a todos los corazones… Nos da luz para que podamos entender, ver, comprender, pensar… Cuando una persona muere pasa a ser un brazo, un rayo de la luz de Dios… Pasa a ser parte de Dios y… entonces… esa persona nos va a iluminar ahora a nosotros… a todos los que la queríamos".

126 Como ya lo hemos señalado, es importante que los dibujos sean muy simples y esquemáticos, para que el niño los vaya terminando o los arregle, y no se sienta cohibido por dibujos muy bien hechos, que pueden inhibir su expresión.

Mientras dice lo anterior, el terapeuta dibuja un triángulo (que va a representar a Dios), desde donde salen rayos hacia abajo.

Dibujo 36-4

El terapeuta insta al niño a dibujar con él y comentan ampliamente el tema, lo que el niño se imagina, cómo cree él que esto funciona, cosas que se le ocurren en el momento, lo que relaciona con experiencias de su vida... Comenta cómo se imagina él a Dios y el volver a Dios de las personas o de su persona querida, entre otros....

Más adelante, aborda el relato de un rito de despedida real, caracterizado por ser poético y visual, lo cual ayuda a trabajar el tema con el niño.

- **A orillas del río sagrado**

"En algunos países muy lejanos, cuando las personas mueren, las envuelven en un enorme género dorado, que brilla como el oro, y las ponen en una especie de camilla, sobre unas tablitas de una madera muy olorosa, y las llevan, muy temprano en la mañana, a la orilla de un río muy grande, como un mar... Ese río es, para las personas de esos países, un río sagrado, el río de Dios... A las personas fallecidas las ponen ahí, en la orilla, sobre esa madera perfumada, antes que salga el sol...".

El terapeuta dibuja, muy esquemáticamente, una persona envuelta en un trapo de oro, sobre unas maderas, a orillas de un río...

Dibujo 36-5

Poco a poco, esa madera se empieza a quemar, y la persona fallecida se va transformando en ceniza, y esa ceniza se vuelve al río de Dios… Y… cuando ha salido el sol por completo, la persona ya es parte nuevamente del río de Dios… Ya se incorporó a Dios".

Entonces, el terapeuta dibuja en forma muy simple humo que sale de las cenizas que están a la orilla de un río y un sol naciente….

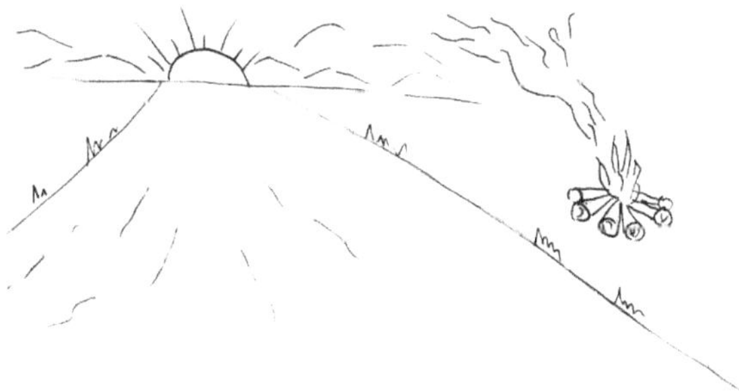

Dibujo 36-6

"A ese río todos los días van muchas personas que viven cerca y también personas que vienen de lugares muy alejados, porque es el río más importante para ellos, es el río sagrado, de Dios. Por lo menos una vez en la vida, quieren estar ahí. Ellos van a lavarse, a lavar su ropa, a purificarse, a hacer sus oraciones y peticiones. Esa agua es para ellos misteriosa, mágica, y ellos creen que también los puede sanar de algunas enfermedades y por eso se lavan con esa agua y se sienten felices".

El terapeuta dibuja ahora un gran río…

Dibujo 36-7

Y continúa:

"*También hay personas que, a veces, toman un bote para ir a ver el amanecer en este río, porque es un amanecer muy lindo, con colores maravillosos, naranjas, rosados, amarillos, lilas… El sol empieza a salir lentamente en medio de esos colores impresionantes, lo que parece un sueño…*".

El terapeuta dibuja entonces un bote en un río y el sol saliendo…

Dibujo 36-8

Dice el terapeuta:

"Esta linda y poética ceremonia que se realiza a diario en esos países lejanos nos enseña a quedarnos con lo más importante de todo esto:

"La idea de que después de la muerte las personas, de alguna manera, vuelven a ser vida, vuelven a Dios, vuelven a formar parte de la energía divina o de la energía de Dios; no desaparecen, se transforman... Y eso es lo bonito... porque si las personas que queremos son ahora parte de la energía de Dios, sabemos que ellas, además de estar en nuestra memoria y en nuestros recuerdos, de algún modo estarán cerca de nosotros, velarán por nosotros, nos cuidarán, nos ayudarán, nos iluminarán...

"En cualquier tipo de rito o ceremonia de despedida que las personas tengan cuando mueren, en cualquier parte del mundo, en cualquier cultura, finalmente lo esencial es que las personas, después de morir, conservan su esencia, su ser seres espirituales, y de alguna manera continúan siendo o participando de la vida y de Dios o de la divinidad"[127].

127 Los cristianos y católicos pueden encontrar en la Primera Carta de San Pablo a los Corintios, 15:35, una aproximación a la muerte como una transformación en energía vital, en espiritualidad. En dicha carta San Pablo señala que, con la muerte, "se siembran cuerpos débiles y resucitan cuerpos llenos de fuerza... se siembran cuerpos puramente naturales y resucitarán cuerpos espirituales... Porque hay un cuerpo natural y también un cuerpo espiritual". Y finaliza indicando: "Esto dice la escritura: el primer hombre, Adán, fue creado como un ser viviente, el último Adán, en cambio, es un ser espiritual que da vida".

Las imágenes y el relato recientemente presentados tienen algo de poesía y evocan algo bello, que puede ayudar al niño a ir asimilando las experiencias dolorosas que ha vivido. Hablan de la muerte del ser humano en un contexto metafórico, que tiene en cuenta la importancia de lo simbólico o arquetípico para referirse a aquello que no puede ser dicho de otro modo (Jung, 1984; 1981). Es una visión creada a partir de la experiencia real de grupos significativos de personas en el mundo, que muestra, de una manera simple y profunda, la relación entre la vida, la muerte, el más allá y Dios. Contribuye a que el niño pueda reflexionar acerca de lo que sucede después de la muerte.

La actividad no se termina con una o varias conclusiones, sino que se va cerrando según lo que vaya sucediendo durante la sesión. Se puede, por ejemplo, pedir al niño que dibuje en el pizarrón lo que a él más le gustó de lo que se trabajó, o que elija una parte de lo tratado y la dibuje a su manera, o que pinte los sentimientos que tiene en ese momento. El dibujo permite al niño organizarse internamente y dar un cierre a lo recién tratado.

NOTAS

- Como **actividad complementaria**, a niños de hasta ocho/nueve años, se les puede dar como tarea (con previa explicación a la mamá o al papá) que durante todos los días de la semana laven con agua y jabón, en un lavatorio de su casa, algunas prendas. Por ejemplo, pañuelos, calcetines, poleras u otros. El agua tiene una función simbólica limpiadora, purificadora y sanadora.

Referencias bibliográficas

ABRAMSON, L., SELIGMAN, M. E. P. y TEASDALE, J. D. (1978). Learned helplessness in humans: Critique and reformulation. *Journal of Abnormal Psychology*, Vol. 87, No. 1, 49-74.

AGUILAR, M. I. (1996). *Trabajo interdisciplinario y cuidado de equipos.* Trabajo presentado en el Seminario Salud Mental y Género, Nuevos énfasis en las estrategias de trabajo. Servicio Nacional de la Mujer, Santiago, Chile.

ALBERTI, R. y EMMONS, M. (1978). *La derecha perfecta: una guía para el comportamiento asertivo.* San Luis Obispo, California: Impacto Editores.

ALLIENDE, F., CONDEMARIN, M. y MILICIC, N. (2014). *Prueba CLP: Formas paralelas.* Santiago: Ediciones Universidad Católica.

AMERICAN PSYCHIATRIC ASSOCIATION (APA) (2014). DSM-5. *Manual diagnóstico y estadístico de los trastornos mentales.* Buenos Aires: Editorial Panamericana.

AMERICAN PSYCHIATRIC ASSOCIATION (APA) y NUSSBAUM, A. (2015). *Guía de bolsillo del DSM-5. Examen diagnóstico.* Buenos Aires: Editorial Panamericana.

ANDERSEN, P. (1998). *Nonverbal communication: forms and functions.* Mountain View, California: Mayfield.

ANDERSON, P. (2002). Assessment and development of executive function (EF) during childhood. *Child Neuropsychology*, 8, 71-82.

ARDITO, R. y RABELLINO, D. (2011). Therapeutic alliance and outcome of psychotherapy: Historical excursus, measurements, and prospects for research. *Front Psychol.* 2: 270.

ARNOW, B. A., STEIDTMANN, D., BLASEY, C., MANBER, R., CONSTANTINO, M. J., KLEIN, D. N. y KOCSIS, J. H. (2013). The relationship between the therapeutic alliance and treatment outcome in two distinct psychotherapies for chronic depression. *Journal of Consulting and Clinical Psychology, 81*(4), 627.

ASOCIACIÓN AMERICANA DE PSIQUIATRÍA (2013). *Guía de consulta de los criterios diagnósticos del DSM-V.* Asociación Americana de Psiquiatría: Arlington, VA.

AZNAR, M. (2009). Intervención con padres en clínica de niños. *Clínica y Salud.* 2:3.

BADY, S. (1985). The voice as a curative factor in psychotherapy. *Psychological Review*, 72, 479-490.

BAEZA, J. DONOSO, M.P. y ROJAS, P. (2013). *Familias fragilizadas en Chile: Propuestas para las políticas públicas y la formación de profesionales.* Santiago: Ediciones UCSH.

BARINGOLTZ, S. (2011). Introducción. *En* Bunge et al.: *Terapia cognitiva con niños y adolescentes. Aportes técnicos.* Buenos Aires: Librería Akadia Editorial.

BARUDY, J. y DANTAGNAN, M. (2010). *Los desafíos invisibles de ser madre o padre. Manual de evaluación de las competencias y la resiliencia parental.* Barcelona: Gedisa.

BATESON, G. y RUESCH, J. (1951). *Comunicación: la matriz social de la psiquiatría.* Nueva York: Norton & Company.

BECK, J. (1976/2000). *Terapia Cognitiva. Conceptos básicos y profundización.* Barcelona: Gedisa.

BELLAK, L. y BELLAK, S. (1980). *Test de apercepción infantil CAT.* Buenos Aires: Paidós.

BENDER-KOPPITZ, L. (1987). *Test guestáltico visomotor para niños.* Buenos Aires: Paidós.

BERNE, E. (1985). *Análisis transaccional en psicoterapia.* Buenos Aires: Editorial Psiqué.

BESANCON, M. y LUBART, T. (1980). *La creativité de l'enfant.* Bruselas: Mardaga.

BIEL, R. (Ed). (2006). *Boltanski: Time.* Darmstadt: Hatje Cantz.

BLEICHMAR, E. (2005). *Manual de psicoterapia de la relación padres e hijos.* Buenos Aires: Paidós.

BLEICHMAR, N. y LEIBERMAN, C. (2001). *El psicoanálisis después de Freud: Teoría y clínica.* Buenos Aires: Paidós.

BLEULER, E. (1911). Citado por Laplanche, J. y Pontalis, J. (1971). *Diccionario de psicoanálisis.* Barcelona: Labor.

BOLTANSKI, C. (2015). *Animitas.* Santiago: Hueders.

BOWLBY, J. (1988). *A secure base: Clinical applications of attachment theory.* Londres: Routledge.

BOLWBY, J. (1988b). *A secure based parent-child attachment and healthy human development.* Nueva York: Basic Books.

BOSCOLO, L., CECCHIN, G., HOFFMANN, L. y PENN, P. (1990). *Terapia familiar sistémica de Milán*. Madrid: Amorrortu.

BOURQUIN, P. (2011). *El arte de la terapia*. Bilbao: Desclée de Brouwer.

BROWNING, D. (2008). *Adolescent Identities: A collection of readings*. Nueva York: Taylor and Francis.

BRYANT, R., MOULDS, M., NIXON, R., MASTRODOMENICO, J., FELMINGHAM, K. y HOPWOOD, S. (2006). Hypnotherapy and cognitive behavior therapy of acute stress disorder: A 3-year follow-up. *Behav Res Ther*. 44(9):1331–1315.

BUCK, J. y WARREN, W. (2013). *TEST HTP. Manual y guía de interpretación del test de dibujo proyectivo*. Santiago: Biopsique.

BUNGE, E. GOMAR, M. y MANDIL, J. (2011). *Terapia cognitiva con niños y adolescentes. Aportes técnicos*. Buenos Aires: Librería Akadia Editorial.

BUNGE, M. (1999). *Las ciencias sociales en discusión. Una perspectiva filosófica*. Buenos Aires: Sudamericana.

BUSSEY, K. (1992). Lying and truthfulness: children's definitions, standards, and evaluative reactions. *Child Development,* 63, 129-137.

CASTONGUAY, L. (2000). A common factors approach to psychotherapy training. *Journal of Psychotherapy Integration*, 10, 263-282.

CASTONGUAY, L. y BEUTLER, L. (2006). *Principles of therapeutic change that work*. Nueva York: Oxford University Press.

CHAMBLESS, D. y OLLENDICK, T. (2001). Empirically supported

psychological interventions: controversies and evidence. *Annu. Rev. Psychol.* 52:685-716.

CHAPARRO, A. y GALVEZ M. (2016.) Divorcios superan por cerca de 10.000 a matrimonios durante 2015 en Chile. *Economía y negocios. El Mercurio.*

CHELUNE, C. J. y BAER, R. A. (1986). Developmental norms for the Wisconsin card sort test. *Journal of Clinical and Experimental Neuropsychology,* 8, 219-228.

CID, L. (2011). *Explícame qué ha pasado. Guía para ayudar a los adultos a hablar de la muerte y el duelo con los niños.* Madrid: Fundación Mario Losantos del Campo.

COHEN, J.A. y MANNARINO, A.P. (2008). Disseminating and implementing trauma-focused CBT in community settings. *Trauma, Violence and Abuse. 9*, 214-229.

COOKE, M. (1999). A space of one's own: autonomy, privacy, liberty. *Philosophy & Social Criticism.* 25 (1): 23–53.

COOLEY, C. (2005). El yo espejo. *CIC: Cuadernos de Información y Comunicación*, 10, p. 13-21. Traducción de un fragmento del cap. 3 de su obra *Human nature and social order*, editado en 1902.

CORBELLA, S. y BOTELLA, L. (2003). La alianza terapéutica: historia, investigación y evaluación. *Anales de psicología, 19* (2), 205-221.

CYRULNIK, B. (2003). *El murmullo de los fantasmas.* Barcelona: Gedisa.

CYRULNIK, B. (2013). *Sálvate, la vida te espera.* Barcelona: Debate.

DALLEY, T. (1987). *El arte como terapia.* Barcelona: Herder.

DALLOS, R. (1996). *Sistema de creencias familiares: Terapia y cambio.* Barcelona: Paidós Ibérica.

DAMASIO, A. R. (1996). The somatic marker hypothesis and the possible functions of the prefrontal cortex. *Philosophical Transactions of the Royal Society B: Biological Sciences.* 351 (1346): 1413–1420.

DE BONO, E. (1991). *El pensamiento lateral.* Barcelona: Paidós Ibérica.

DE LA BARRA, F., VICENTE, B., SALDIVIA, S. y MELIPILLÁN, R. (2012). Estudio de epidemiología psiquiátrica en niños y adolescentes en Chile. Estado actual. *Revista Médica Clínica Las Condes.* 23(5), 521-529.

DEBIEC, J. y LE DOUX, J. (2004). Fear and the Brain. *Social Research.*71, 4, 807-818.

DEBRAY, Q. y NOLLET, D. (2011). *Les personnalités pathologiques. Approche cognitive et thérapeutique.* París: Elsevier-Masson.

DEHART, G., SROUFE, L. y COOPER, R. (2004). *Child development: Its nature and course.* (5thEdition). Nueva York: McGraw-Hill.

DEPAULO, B., KASHY, D., KIRKENDOL, S., WYER, M. y EPSTEIN, J. (1996). Lying in everyday life. *Journal of Personality and Social Psychology.* 70, 979-995.

DEPAULO, B. M. y KASHY, D. A. (1998). Everyday lies in close and casual relationships. *Journal of Personality and Social Psychology,* 74, 63-79.

DEVILLE, G. y SPENCE, S. (1999). The relative efficacy and treatment distress of EMDR and a cognitive-behavior trauma treatment protocol in the amelioration of posttraumatic stress disorder. *J Anxiety Disord.* 13(1–2):131–157.

DIE TRILL, M. (2003). *Psico-Oncología.* Madrid: Editorial Ades.

DOLTO, F. (2005). *La dificultad de vivir.* Barcelona: Gedisa.

DONOSO, T. (2003) *Hijos de padres separados: la felicidad a su alcance.* Santiago: Tierra Mía.

DUNKELBLAU, E., MCRAY, B. y MCFADDEN, M. (2001). "Funny you don't sound like a supervisor, the use of humor in psychotherapy supervision". *En* W. A. Salameh y W. F. Fry, (Eds.): *Humor and wellness in clinical intervention.* West Port: CT: Praeger.

DUNN, J. y KENDRICK, C. (1982). *Siblings: Love, envy, and understanding.* Cambridge, MA: Harvard University Press.

DUNN, J. (1993). *Young children's close relationships. Beyond attachment.* Newbury Park, CA: Sage.

DURRUTY, P. (2005). *Ejes de autocuidado para el terapeuta orientado a la prevención del síndrome de burnout desde la perspectiva de la asertividad generativa.* Tesis no publicada para optar al grado de Licenciatura en Psicología. Santiago: Facultad de Ciencias Sociales, Universidad de Chile.

D'ZURILLA, T. y GOLDFRIED, M. (1971). Problem solving and behavior modification. *Journal of Abnormal Psychiatry. 78*, 107-126.

D'ZURILLA, T. J., y NEZU, A. M. (2007). *Problem solving therapy: A positive approach to clinical intervention* Nueva York: Springer Publishing Company, pp. 33–47.

ELKAIM, M. (2006). *Comment survivre a sa propre famille.* París: Editions du Seuil.

ELKAIM, M. (2014). *Ou est tu quand je te parle ?* París: Editions du Seuil.

ELLIS, W. D. (1938). *A source book of Gestalt Psychology* (pp. 300-314). Nueva York: Harcourt. Reprint en 1997 en Gestalt Journal Press.

ELLIS, A. (1977). Fun as psychoterapy. *Rational Living,* 12, 2-6.

ELLIS, A. y GRIEGER, R. (1981). *Manual de terapia racional-emotiva.* Bilbao: Desclée de Brouwer.

ELLIS, A. (2009). *Razón y emoción en psicoterapia.* Bilbao: Desclée de Brouwer

ENDLER, N., y PARKER, J. (1990). Multidimensional assessment of coping: A critical evaluation. *Journal of Personality and Social Psychology*, 58, 844-854.

ENGLER, B. (1996). *Teorías de la personalidad.* México: Mc Graw-Hill.

EPICTETO. (2014). *Manual de vida.* Madrid: Ariel.

ERICKSON, M. y ROSSI, E. (1980). *The collected papers of Milton Erickson.* Nueva York: Irvington.

ERIKSON, E. H. (1973). *Infancia y sociedad.* Buenos Aires: Ediciones Hormé.

ESCAMILLA, M., RODRÍGUEZ, I. y GONZÁLEZ, G. (2009). El estrés como amenaza y como reto: un análisis de su relación. *Ciencia y Trabajo*, 32, 96-101.

FALKENSTRÖM, F., GRANSTRÖM, F., y HOLMQVIST, R. (2013). Therapeutic alliance predicts symptomatic improvement session by session. *Journal of Counseling Psychology*, *60*(3), 317.

FELDMAN, R, FORREST, J. y HAPP, B. (2002). Self-presentation and verbal deception: Do self-presenters lie more? *Basic and Applied Social Psychology*, Vol. 24 (2), 163-170.

FERENCZI, S. (1932/1997). *Sin simpatía no hay curación. El diario clínico de 1932*. Buenos Aires: Amorrortu.

FIGLEY, R. (1995). *Compassion fatigue: Coping with secondary traumatic stress disorder in those who treat the traumatized.* Nueva York: Brunner/Mazel.

FOELSCH, P., SCHLUTER-MULLER, S., ODON, A., ARENA, H., BORZUTZKY, H. y SCHMECK, K. (2015). *Tratamiento para la identidad del adolescente. Una aproximación integral de la personalidad.* México: El Manual Moderno.

FOLKMAN, S., y LAZARUS, R. S. (1988). Manual for the Ways of Coping Scale. Palo Alto, CA: Consulting Psychology Press.

FONAGY, P. y TARGET, M. (2002). Early intervention and the development of self-regulation. *Psychoanalitic Inquiry*, 22(3), 307-335.

FOSHA, D. SIEGEL, D. y SOLOMON, M. (2009). *The healing power of emotion; affective neuroscience, development and clinical practice*. Nueva York: Norton & Co.

FRANK, A. F. y GUNDERSON, J. G. (1990). The role of the therapeutic alliance in the treatment of schizophrenia. Relationship to course and outcome. *Arch. Gen. Psychiatry.* 47, 228-236.

FREEMAN, J., EPSTON, D. y LOBOVITS, D. (2001). *Terapia narrativa para niños.* Barcelona: Paidós.

FREUD, S. (1926/1980). *Inhibición, síntoma y angustia*. Buenos Aires: Amorrortu.

FROMM, E. (1959). *El arte de amar.* Buenos Aires: Paidós.

FRY, W. y SALAMEH, W. (1993). *Advances in humor and psychotherapy.* Sarasota, FL: Professional Resource Exchange.

GASTON, L., MARMAR, C. R., THOMPSON, L. W. y GALLAGHER, D. (1988). Relation of patient pretreatment characteristics to the therapeutic alliance in diverse psychotherapies. *Journal of Consulting and Clinical Psychology,* 56(4), 483-489.

GIEDD, J. N., y RAPOPORT, J. L. (2010). Structural MRI of pediatric brain development: What have we learned and where are we going? *Neuron, 67*(5), 728-734.

GIL, E. y DREWES, A. (Eds.). (2021). *Cultural issues in play theraphy.* Nueva York: Guilford Press.

GOBL, C. y NI CHASAIDE, A. (2003). The role of voice quality in communicating emotion, mood and attitude. *Speech Communication*, 40, 1-2, 189-212.

GOLDBERG-ARNOLD, J., FRISTAD, M. y GAVAZZI, S. (1999). Family psychoeducation: Giving caregivers what they want and need. *Family Relations,* 48, 1-7.

GOLDSTEIN, A. y MYERS, C. (1986). Relationship-enhancement methods. *En* F. Kanfer y A.P. Goldstein (Eds.). *Helping people change: A textbook of methods.* Nueva York: Elmsford. Pergamon.

GÓMEZ DE LIAÑO, I. (1989). *La mentira social. Imágenes mitos y conducta.* Madrid: Tecnos.

GÓMEZ, P. y PACI, M. (2016). *Psicoterapia en grupo: Enfoque de intervención grupal y clínico parental.* Presentación del proyecto Infanterra: Santiago, junio, 2016.

GONZALO-MARRODÁN, J.L.. (2013). *Construyendo puentes: la técnica de la caja de arena.* Bilbao: Desclée de Brouwer.

GOTTLIEB, B. H. (1997). Conceptual and measurement issues in the study of coping with chronic stress. *En* B.H. Gottlieb (Ed.): *Coping with chronic stress*. Nueva York: Plenum.

GOUIN-DECARIE, T. (1970). *Inteligencia y afectividad en el niño*. Buenos Aires: Troquel.

GOULDING, R y GOULDING, M. (1997). *Changing lives though redecision therapy*. Nueva York: Brunner/Mazel.

GRANET, M. (1959). *El pensamiento chino*. México: UTEHA.

GRODDECK, G. (2014). *El buscador de almas.* México: Sexto Piso.

GROSS, J. y WERNER, K. (2010). Emotion regulation and psychopathology: A conceptual framework. *En* Kring, A. M. y Sloan, D. M. (Eds). *Emotion regulation and psychopathology: A transdiagnostic approach to etiology and treatment.* Nueva York: Guilford Press.

GUSTAVSON, K., NILSEN, W., ØRSTAVIK, R. y RØYSAMBAB, E. (2014). Relationship quality, divorce, and well-being. *Journal of Positive Psychology*, 9(2), 163-174.

HAEUSSLER, I. M. (1999). *Educando en valores*. Santiago: Editorial Dolmen.

HAEUSSLER, I. M. (2006). *Seminario-Taller clínico Hipnosis Ericksoniana*. Dirigido a Psicólogos clínicos, Santiago (no publicado).

HAEUSSLER, I. M. (2015). Boltanski: Una mirada desde la psicología. *En*: *Animitas: Christian Boltanski.* Santiago: Editorial Hueders-Fundación Mar Adentro.

HAEUSSLER, I. M. y RODRÍGUEZ, S. (2005). *Manual de estimulación del preescolar.* Santiago: Planeta.

HAEUSSLER, I. M. y MILICIC, N. (2014). *Confiar en uno mismo. Programa de desarrollo de la autoestima.* Santiago: Editorial Catalonia.

HAEUSSLER, I. M. y MARCHANT, T. (2015). *Test de desarrollo psicomotor: 2-5 años TEPSI.* Santiago: Ediciones Universidad Católica.

HALEY, J. (1994). *Terapia no convencional. Las técnicas psiquiátricas de Milton H. Erickson*. Buenos Aires: Amorrortu.

HALPERN, C. (2009). *Identité(s). L'individu, le groupe, la societé.* Auxerre: Sciences Humaines Editions.

HAMEL, J. y LABRECHE, J. (2015). *Art thérapie: Mettre des mots sur les maux et des couleurs sur les douleurs*. París: Larousse.

HAMMER, E. (1997). *Tests proyectivos gráficos.* Barcelona: Paidós.

HARTER, S., y WHITESELL, N. (1989). Development changes in children's understanding of simple, multiple, and blended emotion concepts. *En* C. Saarni y P. Harris (Eds.), *Children's understanding of emotion.* Cambridge, England: Cambridge University Press.

HEIREMANS, L. A. (1990). *El abanderado.* Santiago: Pehuén.

HELLINGER, B. (2001). *Órdenes del amor*. Barcelona: Herder.

HENNEZEL, M. (1995). *La mort intime.* París: Laffont.

HESSE, A. (2002). Secondary trauma: How working with trauma survivors affect therapist. *Clinical Social Work Journal, 30*, 293-309.

HETRICK, S., PURCELL, R., GARNER, B. y PARSLOW, R. (2010). Combined pharmacotherapy and psychological therapies for post-traumatic stress disorder (PTSD). *Cochrane Database Syst Rev.*7:CD007316.

HILLMAN, J. (1962). *Emotion: A comprehensive phenomenology of theories and their meanings for therapy.* Londres: Routledge.

HOMEYER, L. y SWEENEY, D. (2011). *Sandtray therapy: A practical manual.* Oxford: Routledge.

HONNETH, A. (2007). *Reificación: un estudio en la teoría del reconocimiento.* Buenos Aires: Katz. Versión revisada de las "Tanner Lectures" de 2005.

HORN, B. (2001). *Seeing is believing: Video quality and lie detection.* Disertación doctoral no publicada. Ann Arbor: University of Michigan.

HORNEY, K. (1950, 1983). *La personalidad neurótica de nuestro tiempo.* Barcelona: Editorial Paidós.

HORVATH, A. y MARX, R. (1991). The development and decay of the working alliance during time-limited counseling. *Can. J. Couns.* 24, 240–259.

HORVATH, A. y SYMONDS, B. (1991). Relation between working alliance and outcome in psychotherapy: a meta-analysis. *J. Couns. Psychol.* 38, 139–144.

HORVATH, A. y LUBORSKY, L. (1993). The role of the therapeutic alliance in psychotherapy. *J. Consult. Clin. Psychol.* 61, 561–573.

HORVATH, A. y BEDI, R. (2002). The alliance. En: Norcross J. C., editor. *Psychotherapy relationships that work: Therapist contributions and responsiveness to patients.* NuevaYork: Oxford University Press, 37–69.

HOWE, N. y ROSS, H. (1990). Socialization perspective-taking and the sibling relationship. *Developmental psychology,* 26, 160-165.

HUEBNER, D. (2011). *¿Qué puedo hacer cuando estallo por cualquier cosa?* Madrid: TEA Ediciones.

JAFFE, J., BEEBE, B., FELDSTEIN, S., CROWN, C. L., y JASNOW, M. D. (2001). Rhythms of dialogue in infancy. *Monographs of the Society for Research in Child Development,* Serial N°265, 66, 2.

JUNG, C. G. (1957). *The undiscovered self.* Florence, KY, USA: Routledge.

JUNG, C. G. (1974). *El hombre y sus símbolos.* Madrid: Aguilar.

JUNG, C. G. (1981). *Recuerdos, sueños y pensamientos.* Barcelona: Seix Barral.

KANFER, E.F. y GOLDSTEIN, A.P. (Eds). (1980). *Helping people change: A textbook of methods.* Elmsford, Nueva York: Pergamon Press.

KARVER M., HANDELSMAN J., FIELDS S. y BICKMAN L. (2006). Meta-analysis of therapeutic relationship variables in youth and family therapy: the evidence for different relationship variables in the child and adolescent treatment outcome literature. *Clin. Psychol. Rev.* 26, 50–65.

KASHY, D. y DEPAULO, B. (1996). Who lies? *Journal of Personality and Social Psychology.* 70, 1037-1051.

KATZ, L. y GOTTMAN, J. (1997). Buffering children from marital conflict and dissolution. *Journal of Clinical Child Psychology*, 26, 157–171.

KEIJSERS, G., SCHAAP, C. y HOOGDUIN, C. (2000). The impact of interpersonal patient and therapist behavior on outcome in cognitive-behavior therapy. A review of empirical studies. *Behavior Modification.* 24 (2):264-97.

KENDALL, P. y BOLTON, S. (Ed). (1981). *Advances in cognitive-behavioral research and therapy*. Nueva York: Academic Press.

KERNBERG, O. (1998). *La teoría de las relaciones objetales y el psicoanálisis clínico.* México: Paidós.

KERNBERG, P., WEINER, A. y BARDENSTEIN, K. (2001). *Trastornos de la personalidad en niños y adolescentes.* México: El Manual Moderno.

KLEIN, M. (1962). *Desarrollos en psicoanálisis.* Buenos Aires: Horme.

KLEIN, D.M., y WHITE, J.M (1996). *Family theories: An introduction.* Thousand Oaks, CA: Sage.

KOHLBERG, L. (1981). *The philosophy of moral development. Moral stages and the idea of justice*. San Francisco, CA: Harper & Row Pubs.

KOPPITZ, E.M. (1983). *El Test Guestáltico Visomotor para Niños.* Buenos Aires: Guadalupe.

KOVACS, M. (1985). The Children's Depression Inventory (CDI). *Psychopharmacology Bulletin. 21, 995-998.*

KREISLER, L. (1992). *La psychosomatique de l'enfant.* París: PUF.

KRING, A. y SLOAN, D. (2010). *Emotion regulation and psychopathology: A transdiagnostic approach to etiology and treatment.* Nueva York: Guilford Press.

KÜBLER-ROSS, E. (2005). *Los niños y la muerte.* Barcelona: Luciérnaga.

KUBLER-ROSS, E. y KESSLER, D. (2006). *Sobre el duelo y el dolor.* Barcelona: Luciérnaga.

LAMBERT, M. y BARLEY, D. (2001). Research summary on the therapeutic relationship and psychotherapy outcome. *Psychotherapy, 2001, 38, 4 (357-361).*

LAMBERT, M. y OKIISHI, J. (1997). The effects of the individual psychotherapist and implication for future research; *Clinical psychology science and practice* 4, l, 66-75.

LAPLANCHE, J. y PONTALIS, J. (1971). *Diccionario de psicoanálisis.* Barcelona: Labor.

LAZARUS, R. (1990). Theory-based stress measurement. *Psychological Inquiry*, 1, 13.

LAZARUS, R. y FOLKMAN, S. (1984). *Stress, appraisal, and coping.* Nueva York: Springer.

LAZARUS, R. y FOLKMAN, S. (1986). *Estrés y procesos cognitivos.* Barcelona: Martínez Roca (1° ed. 1984).

LEBOW, J. (2003). Integrative family therapy for disputes involving child custody and visitation. *Journal of Family Psychology.* 17 (1), 181-192.

LEDOUX, J. (1996). *The emotional brain: The mysterious underpinnings of emotional life.* Nueva York: Simon and Schuster.

LEUNER, H; HORN, G. y KLESSMANN, E. (1983). *Guided affective imagery with children and adolescents.* Nueva York y Londres: Plenum Press.

LEUNER, H. (1984). *Guided affective imagery.* Stuttgart y Nueva York: Gorg Thieme Verlag.

LEVIN, H. S., CULHANE, K. A., HARTMANN, J., EVANKOVIC, K., MATTSON, A. J. y HARWARD, H. (1991). Developmental change in performance on tests of purported frontal lobe functioning. *Developmental neuropsychology*, 7 (3), 377-395.

LEWIS, M., SULLIVAN, M. W., STANGER, C., y WEISS, M. (1989). Self-development and self-conscious emotions. *Child Development*, 60, 146-156.

LEWIS, M. y SCHONFELD, D. (2002). Dying and death in childhood and adolescence. *En*: Lewis, M. (Ed.) *Child and adolescent psychiatry*. Baltimore, Maryland: Williams and Wilkins.

LUBORSKY, L., SINGER, B. y LUBORSKY, L. (1975). Comparative studies of psychotherapies. Is it true that "everyone has one and all must have prizes"? *Arch. Gen. Psychiatry*, 32, 8, 995-1008.

LUECKEN, L. y FABRICIUS, W. (2003). Physical health vulnerability in adult children from divorced and intact families. *Journal of Psychosomatic Research,* 55, 221–228.

LUSEBRINK, V. (1990). *Imagery and visual expression in therapy*. Nueva York: Plenum Press.

MAC GHEE, P. (1979). *Humor: Its origin and development*. San Francisco: W. H. Freeman.

MAC WILLIAMS, N. (2011). *Psychoanalytic diagnosis: Understanding personality structure in the clinical process*. Londres: Guilford Press.

MAHLER, M. (1975). *El nacimiento psicológico del infante humano*. Buenos Aires: Marymar.

MALCHIODI, C. (1998). *The art therapy sourcebook*. Nueva York: Mac Graw Hill.

MARCH, J., AMAYA-JACKSON, L., MURRAY, M. y SCHULTE, A. (1998). Cognitive-behavioral psychotherapy for children and adolescents with posttraumatic stress disorder after a single-incident stressor. *J. Am. Acad. Child. Adolesc. Psychiatry*. (6):585–593.

MARIN, M. (2010). Divorcio conflictivo y consecuencias en los hijos: Implicaciones para las recomendaciones de guarda y custodia. *Papeles del Psicólogo,* 31(2), 183-190.

MARTIN D. J., GARSKE J. P. y DAVIS M. K. (2000). Relation of the therapeutic alliance with outcome and other variables: a meta-analytic review. *J. Consult. Clin. Psychol.* 68, 438–450.

MARXEN, E. (2011). *Diálogos entre arte y terapia.* Barcelona: Gedisa.

MASLOW, A. (1994). *La personalidad creadora.* Barcelona: editorial Kairós.

MASLOW, A. (1998). *El hombre autorrealizado: hacia una psicología del ser.* Barcelona: Editorial Kairós.

MENDES, D., MELLO, M., VENTURA, P., PASSARELA, C. y MARI, J. (2008). A systematic review on the effectiveness of cognitive behavioral therapy for post-traumatic stress disorder. *Int. J. Psychiatry Med.*, 38(3):241–259.

MENDEZ, F. J. (2005). *Miedos y temores en la infancia: ayudar a los niños a superarlos.* Madrid: Pirámide.

MICHAEL, K., TORRES, A. y SEEMANN, E. (2007). Adolescents' health habits, coping styles and self-concept are predicted by exposure to interparental conflict. *Journal of divorce and remarriage,* 48 (1-2), 155- 174.

MILLER A. (1979/ 2009). *El drama del niño dotado.* Barcelona: Tusquets.

MILLER, A. (1990/ 2003). *El cuerpo nunca miente.* Barcelona Tusquets.

MILLER A. (2002). *La llave perdida.* Barcelona: Tusquets.

MILLER, A. (2009b). *El saber proscrito.* Barcelona: Tusquets.

MILLON, T. y DAVIS, R. (1998). *Trastornos de la personalidad. Más allá del DSM-IV*. Barcelona: Masson.

MILICIC, N. (2007). *¿Vale la pena mentir?* Santiago: LOM.

MILICIC, N. (2014). *El oso enojoso*. Santiago: Norma.

MILICIC, N. y LÓPEZ DE LÉRIDA, S. (2006). *¿Quién dijo que era fácil ser padres*? Santiago: Planeta.

MINISTERIO DE SALUD DE CHILE. (2013). *Situación actual del suicidio adolescente en Chile con perspectivas de género*. Santiago, Chile.

MINUCHIN, S. (1998). *El arte de la terapia familiar*. Buenos Aires: Paidós.

MONTOYA, A. COLOM, F. y FERRIN, M. (2011). Is psychoeducation for parents and teachers of children and adolescents with ADHD efficacious? *A Systematic Literature Review*, 26(3), 166-175.

MORALES, G., PÉREZ, J. y MENARES, M. (2003). Procesos emocionales de cuidado y riesgo en profesionales que trabajan con el sufrimiento humano. *Revista de Psicología Universidad de Chile, 12(1), 9-25.*

MORATH, J., MORENO-VILLANUEVA, M., HAMUNI, G., KOLASSA, S., SCHAUER, M., ELBERT, T. BURKLE, A. y KOLASSA, I. (2014). Effects of psychotherapy on DNA strand break accumulation originating from traumatic stress. *Psychotherapy and Psychosomatics*, 83, 289-297.

MURRAY, H. A. (1943). *Thematic Apperception Test (TAT) Manual*. Cambridge, MA: Harvard University Press.

MUSSEN, P. CONGER, J. y KAGAN, J. (1977). *El desarrollo de la personalidad en el niño*. México: Trillas.

NAUMBURG, M. (1973). *An introduction to art therapy: Studies of the "free" art expression of behavior problem children and adolescents as means of diagnosis and therapy.* Nueva York: Teachers College Press, Columbia University.

NAUMBURG, M. (1997). La terapia artística, su alcance y función. *En* Hammer, E. *Tests proyectivos gráficos*. Barcelona: Paidós.

NILAMADHAB, K. (2011). Cognitive behavioral therapy for the treatment of post-traumatic stress disorder: a review. *Neuropsychiatr. Dis. Treat..;* 7: 167–181.

NORCROSS, J. (2002). *Psychotherapy relationships that work: Therapist contributions and responsiveness to patients.* Nueva York: Oxford University Press.

OAKLANDER, V. (1992). *Ventanas a nuestros niños.* Santiago: Cuatro Vientos.

ORGANIZACIÓN MUNDIAL DE LA SALUD (OMS). (2019) en prensa. *CIE-11: Trastornos mentales y del comportamiento. Undécima revisión de la clasificación internacional de las enfermedades. Descripciones clínicas y pautas para el diagnóstico*. Ginebra, Organización Mundial de la Salud. El CIE-11 se presentará en la Asamblea Mundial de la Salud en mayo de 2019. Entrará en vigor en 2022.

ORGANIZACIÓN MUNDIAL DE LA SALUD (OMS). (1993). *Manual de clasificación diagnóstica CIE-10, Clasificación de los trastornos mentales y del comportamiento.* Madrid: Editorial Panamericana.

OSTERRIETH, P. (1999). *Introducción a la psicología infantil.* Madrid: Morata.

ORTIGOSA, J., MENDEZ, F. y RIQUELME, A. (2014). *Procedimientos terapéuticos en niños y adolescentes.* Madrid: Pirámide.

PAIVIO, A. (1971).*Imagery and verbal processes.* Nueva York: Holt, Rinehart and Winston.

PALMER, M. y BROUILLY, E. (2001). *El libro de Chuang Tse.* Madrid: EDAF.

PEARLMAN, L. A. y SAAKVITNE, K. W. (1995). Treating therapist with vicarious traumatization and secondary traumatic stress disorders. *En* C. R. Figley (Ed.): *Compassion fatigue: Coping with secondary traumatic stress disorder in those who treat the traumatized.* Nueva York: Brunner/Mazel.

PERLS, F., GOODMAN, P. y HEFFERLINE, P. (2002). Terapia Gestalt. Excitación y crecimiento de la personalidad humana. Ferrol: Ed. Soc. de Cultura Valle-Inclán, Los Libros del CTP.

PERLS, F. (2013). *El enfoque Gestalt y Testigos de terapia.* Santiago: Editorial Cuatro Vientos.

PIAGET, J. (1965). *La construcción de lo real en el niño.* Barcelona: Proteo.

PICABIA, F. (2003). *Escritos en prosa 1907-1953.* Valencia: Generalitat Valenciana.

PIQUERAS, J. A., RAMOS, V., MARTÍNEZ, A. y OBLITAS, L. (2009). Emociones negativas y su impacto en la salud mental y física. *Suma Psicológica,* 16, 2, pp. 85-112.

PLUTCHICK, R. (1980). The nature of emotions. *American Scientist,* 89, 344-350.

POMERANTZ, E. M., RUBLE, D. N., FREY, K. S., y GRENLICH, F. (1995). Meeting goals and confronting conflict: Children's changing perceptions of social comparison. *Child Development,* 66, 723-738.

PURITON, M. HEALY, J. y WHITNEY, B. (1974). Layers of self: a group fantasy technique. *Psychoterapy: Theory, Research and Practice.* Vol. 11.

QUEROL, S. y CHAVES PAZ, M. (2004). *Test de la persona bajo la lluvia. Adaptación y aplicación.* Buenos Aires: Lugar.

RADEY, M. y FIGLEY, C. R. (2007). The social psychology of compassion. *Clinical Social Work Journal, 35,* 207-214.

RAMSEY, S. H. (2001). The wingspread report and action plan: High conflict custody cases: Reforming the system for children. *Family Court Review*, 39, 146-152.

REY, A. y OSTERRIETH, P. (1995). *Test de la Figura Compleja de Rey-Osterrieth.* (Adaptación de Cuetos y Valle). Santiago: Biopsique.

REYNOLDS, C. y RICHMOND, B. (1997). *Escala de Ansiedad Manifiesta en Niños (CMAS-R) (Revisada).* México, D.F.: El Manual Moderno.

RICARD, M. y REVEL, J. F. (1997). *El monje y el filósofo.* Barcelona: Urano.

RILKE, R. M. (1910, 2004). *Los cuadernos de Malte Laurids Brigge.* Barcelona: Losada.

ROBERTS, S., KEERS, R., LESTER, K. J., COLEMAN, J. R., BREEN, G., ARENDT, K., BLATTER-MEUNIER, J., COOPER, P., CRESWELL, C., FJERMESTAD, K., HAVIK, O. E., HERREN, C., HOGENDOORN, S. M., HUDSON, J. L., KRAUSE, K., LYNEHAM, H. J., MORRIS, T., NAUTA, M., RAPEE, R. M.,REY, Y., SCHNEIDER, S., SCHNEIDER, S. C., SILVERMAN, W. K., THASTUM, M., THIRLWALL, K., WAITE, P., ELEY, T. C., WONG, C. C. (2015). Hpa axis related genes and response to psychological therapies: genetics and epigenetics. *Depression and Anxiety, 32*(12), 861-870. http://doi.org/10.1002/da.22430

ROGERS, C. (1972). *El proceso de convertirse en persona.* Paidós: Buenos Aires.

ROMÁN, M., HODGES, J., PALACIOS, J., MORENO, C., y HILLMAN, S. (2018). *Evaluación de las representaciones mentales de apego a través de las historias incompletas.* Revista Iberoamericana de diagnóstico y evaluación psicológica, RIDEP 46, 1, 5-19.

ROSENBLOOM, D. J., PRATT, A. C. y PEARLMAN, L. A. (1999). Helper's responses to trauma work: Understanding and intervening in an organization. *En* B. H. Stamm (Ed.), *Secondary traumatic stress: Self-care issues for clinicians, researchers and educators* (pp. 65-79). Baltimore, MD: Sidran Institute Press.

ROUSTANG, F. (2000). *La fin de la plainte.* París: Odile Jacob.

RUBIN, J. (2009). *Introduction to art therapy: Sources & Resources.* Nueva York: Routledge.

RUTTER, M. y HERSOV, L. (1985). *Child and adolescent psychiatry. Modern approaches.* Oxford: Blackwell.

SAARNI, C. y HARRIS, P. (1989). *Children's understanding of emotion.* Cambridge, England: Cambridge University Press.

SAFRAN, J. y MURAN, C. (2005). *La alianza terapéutica: una guía para el tratamiento.* Bilbao: Desclée de Brouwer.

SALAMEH, W. y FRY, W. (Eds) (2001). *Humor and wellness in clinical intervention.* West Port, CT:Praeger.

SAN AGUSTÍN (1954). *Obras, tomo XII.* Madrid: BAC.

SANTANDREU R. (2014). *Las gafas de la felicidad.* Barcelona: Grijalbo.

SANTIBÁNEZ. M., ROMÁN, M. F., LUCERO, C., ESPINOZA, A. E., IRRIBARRA, D. E. y MÜLLER, A. (2008). Variables inespecíficas en psicoterapia. *Terapia Psicológica, 26* (1), 89-98.

SCHAEFER, C. (2005). *Fundamentos de la terapia de juego.* México: El Manual Moderno.

SCHMIDTGALL, K., KING, A., ZARSKI, J. y COOPER, J. (2000). The effects of parental conflict on later child development. *Journal of Divorce and Remarriage*, 33 (1/2), 149-157.

SCHNAKE, A. (1995). *Los diálogos del cuerpo*. Santiago: Cuatro vientos.

SCHNACKE, A. (2001). *La voz del síntoma.* Santiago: Editorial Cuatro Vientos.

SCHONFELD, D. J. y QUACKENBUSH, M. (2009). *Después que muere un ser querido. Cómo enfrentan el duelo los niños: Y cómo los padres y otros adultos lo pueden apoyar.* Nueva York: New York Life Foundation.

SCHONFELD, D. (1993): Talking with children about death. *Journal of Pediatric Health Care*; 7:269-274.

SCHORE, A. (2000). Attachment and the regulation of the brain. *Attachment and Human Development*, 2, 1, p. 23.

SCHORE, A. (2003). *Affect dysregulation and disorder of the self.* Nueva York: Norton.

SCHULTERBRANDT, J. y RASKIN, A. (1977). *Depression in childhood: Diagnosis, treatment and conceptual models.* Nueva York: Raven Press.

SCOTT, W. A. (1962). Cognitive complexity and cognitive flexibility. *American Sociological Association* 25: 405-414.

SEGAL, H. (1981). *Introducción a la obra de Melanie Klein*. Buenos Aires: Paidós.

SELIGMAN, M. E. P. (1983). *Indefensión.* Madrid: Debate.

SELIGMAN, M. (2002). *La auténtica felicidad.* Barcelona: Ediciones B.

SELVINI PALLAZOLI, M., BOSCOLO, L., CECCHIN, G. y PLATA, G. (1988). *Paradoja y contraparadoja.* Barcelona: Paidós.

SEN, A. (1995). *Nuevo examen de la desigualdad.* Madrid: Alianza Editorial.

SHAPIRO, D. y SHAPIRO, D. (1982). Meta-analysis of comparative therapy outcome studies: a replication and refinement. *Psychological Bulletin, 92,* No 3, 581-604.

SHIRK, S. y KARVER, M. (2003). Prediction of treatment outcome from relationship variables in child and adolescent therapy: a meta-analytic review. *J. Consult. Clin. Psychol.* 71, 452–464.

SHONKOFF, J. y PHILLIPS, D. (2000*). From neurons to neighborhoods: The science of early childhood development*. Washington, DC: National Academy Press.

SHORE, A. y MCINTOSH, J. (2011). Family law and the neuroscience of attachment. *Family Court Review,* 49, 3, p. 501.

SIEGEL, D. (2007). *La mente en desarrollo. Cómo interactúan las relaciones y el cerebro para modelar nuestro ser.* Bilbao: Desclee de Brouwer.

SIEGEL, D. y HARTZELL, M. (2004). *Parenting from the Inside Out.* Nueva York: Tarcher.

SIEGEL, D. y BRYSON, T. (2011). *The whole brain child.* Nueva York: Penguin Random House.

SIEGEL, D. y BRYSON, T. (2015). *Disciplina sin lágrimas*. Barcelona: Ediciones B.

SLOANE, R. STAPLES, F. CRISTOL, A. YORKSTONE, N. y WHIPPLE, K. (1975). *Psychotherapy versus behavior therapy.* Cambridge, MA: Harvard University Press.

SLUZKI, C. (1996). *La red social: frontera de la práctica sistémica.* Barcelona: Gedisa.

SMITH, M. y GLASS, G. (1977). Meta-analysis of psychotherapy outcome studies. *American Psychologist,* 32(9), 752-760.

SMITH, M. GLASS, G. y MILLER, T. (1980). *The benefits of psychotherapy.* Baltimore: John Hopkins University Press.

SOBOLEWSKI, J. M., y AMATO, P. R. (2007). Parents' discord and divorce, Parent-child relationships and subjective well-being in early adulthood: Is feeling close to two parents always better than feeling close to one? *Social Forces, 85*(3), 1105-1124.

SOFRONOFF, K. y FARBOTKO, M. (2002). The effectiveness of parent management training to increase self-efficacy in parents of children with Asperger Syndrome. *Autism: The International Journal of Research and Practice,* 6(3): 271-286.

SPITZ, R. (1965). *El primer año de vida.* Buenos Aires: Editorial Fondo de Cultura Económica.

STAMM, B. (1999). *Secondary traumatic stress: Self-care issues for clinicians, researchers and educators.* Baltimore: MD Sidran Institute Press.

STEINDL-RAST, D. (2014). *La gratitud.* Bilbao: Mensajero.

STEPHENS, J. (1973). *Awareness, exploring, experimenting, experiencing.* Nueva York: Bantam Books. Citado por Winkler; M. I. (1976). *Imaginería y psicoterapia. Una revisión teórico-práctica de la aplicación de imaginería en psicoterapia.* Tesis para obtener el título de Psicólogo, Santiago, Universidad Católica de Chile.

STEWARD, I. (2007). *AT Hoy: Una introducción al análisis transaccional.* Madrid: Plaza.

STRUPP, H., FOX, R. y LESLER, K. (1969). *Patients view their psychotherapy.* Baltimore, MD: John Hopkins Press.

SUPERINTENDENCIA DE SALUD (2015). *Boletín estadístico del año 2013 de Isapres. Licencias médicas año 2013.* Santiago.

SUZUKI, D.T. (1914). *A brief history of early Chinese philosophy.* Londres: Probsthain's Oriental Series.

TANIZAKI, J. (1933). *El elogio de la sombra.* Madrid: Siruela.

TERMAN, L.M. (1960): *Stanford-Binet intelligence scale.* Boston: Houghton Mifflin.

TERMAN, L. M. y MERRILL, M. A. (1975): *Medida de la inteligencia.* Madrid: Espasa-Calpe.

THAPAR, A., PINE, D., LECKMAN, J., SCOTT, S. , SNOWLING, M. y TAYLOR, E. (Eds). (2015). *Rutter's Child and Adolescent Psychiatry, 6th Edition.* Nueva York: Wiley-Blackwel.

THICH NHAT HANH (1991/2014). *El milagro del mindfulness.* Madrid: Oniro.

THICH NHAT HANH (2001). *La colère: Transformer son energie en sagesse.*

París: Dangles.

THICH NHAT HANH (2000). *Le coeur des ensegneiments du Bouddha*. París: La Table Ronde.

THOMAS, P. (2000). *I miss you*. Londres: Hodder-Wayland.

THORNDIKE, R. L., HAGEN, E. P. y SATTLER, J. M. (1986): *The Stanford-Binet intelligence scale: Fourth edition*. Itasca, IL: Riverside Publishing.

TIMON, A. (2016). *Mecanismos de adaptación de la actividad mitocondrial en respuesta al estrés*. Tesis doctoral. Universidad de Valencia.

TOMKINS, S. (1963). *Affect, imagery, consciousness. Vol. 2: The negative affects.* Nueva York: Springer.

TOMICIC, A. BAUER, S., MARTINEZ, C. REINOSO, A. y GUZMÁN, M. (2009). La voz como una herramienta psicoterapéutica: La perspectiva de los terapeutas. *Revista Argentina de Clínica Psicológica,* 18, 3.

TORO, J. y CERVERA, M. (1984). *T.A.L.E. Test de análisis de la lecto-escritura.* Madrid: Visor.

TYSON, P. (2000). *Teoría psicoanalítica del desarrollo: Una integración*. Lima: Publicaciones Psicoanalíticas.

UNITED NATIONS STATISTICAL DIVISION (UNSTAT). (2011). *"Divorces and crude divorce rates"* (PDF).

USLU, R., ERDEN, G. y KAPEI, E. (2006). Psychoeducation and expressed emotions by parents of children with learning disabilities. *Learning Disabilities Research and Practice,* 13(2), 89-94.

VALENZUELA, J. (2007). Habilidades de pensamiento y aprendizaje profundo. *Revista Iberoamericana de Educación,* 46(7).

VALLES, C. (1994). *Ligero de equipaje.* Bogotá: San Pablo.

VICENTE, B., SALDIVIA, S., DE LA BARRA, F., MELIPILLÁN, R., VALDIVIA, M., y KOHN, R. (2012). Salud mental infanto-juvenil en Chile y brechas de atención sanitarias. *Revista Médica de Chile*, *140*(4), 447-457.

VYGOTSKI, L. (1989). *Obras completas.* La Habana: Pueblo y Educación.

WALLON, H. (1987). *Psicología y educación.* Madrid: Vigor.

WAMPOLD, B. E., MONDIN, G. W., MOODY, M., STICH, E, BENSON, K., y HYUN-NIE, A. (1997). A meta-analysis of outcome studies comparing bona fide psychotherapies: Empirically, "all must have prizes". *Psychological Bulletin,* 122, 203-215.

WATZLAWICK, P. (1989). *El arte de amargarse la vida.* Barcelona: Herder.

WATZLAWICK, P. (1994). *El lenguaje del cambio.* Barcelona: Herder.

WEBER, G. (1999). *Felicidad dual.* Barcelona: Herder.

WECHSLER, D. (2005). *Weschler Intelligence Scales for preschool children WISC III.* San Antonio, Texas: Psychological Corporation.

WECHSLER, D. (2005). *Weschler Intelligence Scales for Children WISC-IV.* San Antonio, Texas: Psychological Corporation.

WECHSLER, D. (2014). *WPPSI-IV. Escala de inteligencia de Weschler para preescolar y primaria-IV.* Madrid: Pearson.

WECHSLER, D. (2015). *WISC-V. Escala de inteligencia de Wechsler para niños-V.* Madrid: Pearson.

WEINSHEL, E. (1979). Some observations on not telling the truth. *Journal of the American Psychoanalytic Association,* 27, 503- 532.

WELSH, M.C. PENNINGTON, B. F. y GROSSIER, D. B. (1991). A normative-developmental study of executive functioning: A window on prefrontal function in children. *Developmental Neuropsychology,* 7, 131-149.

WHALEN, P., RAUCH, S., ETCOFF N., MCINERNEY S., LEE, M. y JENIKE, M. (1998). Masked Presentations of Emotional Facial Expressions Modulate Amygdala Activity without Explicit Knowledge. *Journal of Neuroscience.* 18: 411-418.

WILHELM, R. (1976). *I Ching: El libro de los cambios.* (Traducción de Helena Jacoby de Hoffmann). Santiago: Cuatro Vientos.

WINKLER, M. I. (1976). *Imaginería y psicoterapia. Una revisión teórico-práctica de la aplicación de imaginería en psicoterapia.* Tesis para obtener el título de Psicólogo. Santiago: Universidad Católica de Chile.

WINNICOTT, D. (1958). *Escritos de pediatría y psicoanálisis.* Buenos Aires: Paidós.

WINNICOTT, D. (1965). *Los procesos de maduración y el ambiente facilitador. Estudios para una teoría del desarrollo emocional.* Buenos Aires: Paidós.

WINNICOTT, D. (1972/1993). *Realidad y juego.* Buenos Aires: Galerna; Barcelona: Gedisa.

WINNICOTT, D. (1998). *Acerca de los niños.* Buenos Aires: Paidós.

WOLFE, B. y GOLDFRIED, M. (1988). Research on psychotherapy

integration: recommendations and conclusions from an NIMH workshop. *J. Consult. Clin. Psychol.* 56, 448–451.

YALOM I. (2008). *Mirar al sol. La superación del miedo a la muerte*. México: Emecé.

YAPKO, M. (1995). *Lo esencial de la hipnosis*. Buenos Aires: Paidós.

ZEIG, J. K. (1998). *Un seminario didáctico con M. H. Erickson*. Buenos Aires: Amorrortu.

ZEIGARNIK, B. (1938). On finished and unfinished tasks. *En* W. D. Ellis (Ed.): *A source book of Gestalt Psychology* (pp. 300-314). Nueva York: Harcourt.

ZWEIG, C. y ABRAMS, J. (2013). *Encuentro con la sombra*. Barcelona: Kairós.

www.ingramcontent.com/pod-product-compliance
Lightning Source LLC
LaVergne TN
LVHW082056051026
849532LV00011B/3606
9789563246049